基金管理

李顯儀　編著

全華圖書股份有限公司

作者序

　　由於全球金融市場的詭譎多變、以及金融商品不斷的推陳出新，使得投資理財必須具備豐富的知識與經驗，才能跟得上時代的脈動。所以近年來國人的投資理財的觀念，也隨著金融氛圍的變化，由以往較偏愛個人獨自操作，現漸委由專業的經理人代為操作管理。因此基金已是現代人，進行投資理財中不可或缺的金融工具。

　　近年來，全球刮起一股「金融科技」熱潮，且已逐漸影響投資理財的運作模式。當然基金的投資管道，也受惠於「互聯網金融」的發達，讓基金商品能更活躍於各種理財平台，提供投資人更多元的選擇，且也降低交易成本。但現在隨著雲端運算與電腦程式的進步，人工智慧會自我偵測、學習再進化，所以將來基金經理人的工作，可能會被「機器人操盤」(無人基金)所取代。因此現代科技的進步，正在逐漸改變基金產業的運作生態。

　　「基金管理」一書所教授的內容，為大學院校財務金融相關系所，所應學習的重要課程，更是一般普羅大眾投資基金所應具備的常識。所以本書內容乃以實務為軸，酌以理論為輔。本書內容共分四大篇，其中前三篇是以基金投資人的角度撰寫，最後一篇是以基金經理人的角度撰寫。以下為本書的主要特點：

1. 章節架構循序漸進，內容敘述簡明易讀，並輔以豐富圖表，有利讀者自行研讀。

2. 每章節皆附數個「實務案例與其解說」，讓課本內容與實務相結合，以彰顯內容的重要性與應用性。

3. 章末附「練習題」與「證照考題」，讓學生能自行檢測學習情形；另附各章題庫與詳解(教學光碟)，以供教授者出習題與考題之用。

4. 提供每章相關實務影片連結檔與解說(教學光碟)，讓上課內容更加貼近實務，並希望能提昇學習效果。

　　本書能順利完成，首先，感謝全華圖書提供個人創作的舞台；其次，感謝全華的奇勝、芸珊在出版上的協助；編輯諮毓的精良編修、以及美編優秀的排版協助，才得使此書順利出版。再者，感謝同事與家人，在校務與家務的協助，才讓個人能較專心的投入寫作。最後，將此書獻給具教養之恩的雙親——李德政先生與林菊英女士，個人的一切成就將歸屬於他們。

　　個人對本書之撰寫雖竭盡心力，傾全力以赴，奈因個人才疏學淺，謬誤疏忽之處在所難免，敬祈各界先進賢達不吝指正，以匡不逮。若有賜教之處請email至：davidlsy2@yahoo.com.tw或davidlsy3@gmail.com。

李顯儀 謹識

2016年5月

目錄

第一篇　基金基礎篇

○ 第一章　投資理財

1-1 投資概論 1-4

1-2 理財規劃 1-10

○ 第二章　基金概論

2-1 基金的簡介 2-2

2-2 基金的種類 2-5

2-3 基金的收益與風險 2-14

2-4 基金的交易實務 2-18

2-5 國內基金市場的發展 2-23

○ 第三章　投信的業務

3-1 共同基金業務 3-2

3-2 全權委託投資業務 3-5

3-3 境外基金代理業務 3-12

第二篇　特殊基金篇

4

○ 第四章　避險型基金

4-1 避險基金的起源發展 4-2

4-2 避險基金的特性 4-5

4-3 避險基金的操作策略 4-9

5

○ 第五章　證券化類型基金

5-1 指數股票型基金 5-2

5-2 不動產投資信託證券 5-15

6

○ 第六章　雨傘型與組合型基金

6-1 雨傘型基金 6-2

6-2 組合型基金 6-5

7

○ 第七章　保本型與其他類型基金

7-1 保本型基金 7-2

7-2 其他類型基金 7-9

8

○ 第八章　私募與公共類型基金

8-1 私募基金 8-2

8-2 主權基金 8-9

8-3 其他公共類型基金 8-16

第三篇 投資分析篇

○ 第九章　基本面分析

9-1 基本面分析概論 9-2

9-2 市場面分析 9-3

9-3 產業面分析 9-9

○ 第十章　技術面分析

10-1 技術面分析概論 10-2

10-2 線型類技術分析 10-3

10-3 指標類技術分析 10-6

○ 第十一章　投資績效分析、方法與觀念

11-1 投資績效分析 11-2

11-2 基金的投資策略 11-17

11-3 基金的投資觀念 11-26

第四篇　資產管理篇

○ 第十二章　投資組合概論

12-1 投資組合報酬與風險 12-2

12-2 投資組合的風險分散 12-7

12-3 資產配置 12-11

○ 第十三章　投資理論

13-1 效率市場假說 13-2

13-2 效率投資組合 13-5

13-3 投資理論模型 13-11

○ 第十四章　投資策略、風格與行為

14-1 經理人的投資策略 14-2

14-2 基金的投資風格 14-9

14-3 經理人的投資行為 14-12

○ 附錄　中英文索引 A-2

第一篇

基金基礎篇

近年來，國人的理財觀念日趨成熟，投資的相關事務，已逐漸由個人獨自操作，漸委由專業的基金經理人代為操作管理。所以基金投資，已是現代人投資理財中，不可或缺的金融工具。本篇的主要內容為基金基礎篇，其內容包含三大章，主要介紹投資理財的重要性、共同基金的基本常識、以及負責發行基金事務—投信公司的業務內容。這些內容為投資人在利用基金理財時，所應具備的常識。

第一章　投資理財

第二章　基金概論

第三章　投信的業務

Chapter  投資理財

▼ 本章大綱

本章內容為投資理財，主要介紹投資概論與理財規劃。其內容詳見下表。

節次	節名	主要內容
1-1	投資概論	介紹投資的要素、以及商品種類
1-2	理財規劃	介紹理財規劃的重要基本常識、理財風險屬性、以及理財規劃程序

現代人從事工商經濟活動後，將辛苦賺得的收入，除了應付日常生活所需外；若有剩餘，通常會多多少少的進行投資理財活動。通常最常見的投資理財工具，如：股票、基金、定存、外幣、黃金、期貨、選擇權等商品。這些商品各具特性與風險，所以要清楚明瞭確實要花費許多精神、與須具備專業的投資知識與技能。因此近年來，忙碌的現代人，已將專業的投資理財事務逐漸由個人獨自操作，漸委由專業的基金代為操作管理，所以基金投資是現代人投資理財中，一項不可或缺的金融工具。

本書為主要介紹基金投資的相關內容，基金投資是投資理財工具的一環，所以本章仍先簡要的介紹投資人在進行投資理財時，所須用到的常識與觀念。本章將分成兩部分，分別闡述投資的概論與理財規劃的觀念。

1-1 投資概論

　　投資（Investment）是一項常見的經濟活動，個人或企業通常會將身邊多餘的資金進行投資活動，其目的乃期望未來能產生更好的效益。通常這個效益需要多少「時間」與承受多少「風險」，才有此「報酬」產生。這些都是我們進行投資所必須清楚了解的地方。投資的領域裡，有琳瑯滿目的投資商品，到底哪一商品些適合自己，這是投資人在進行投資時，所必須清楚瞭解的。以下本節將依序介紹投資要素以及投資商品種類。

一、投資的要素

　　當我們進行投資時，通常會考慮要投資多久？可以產生多少報酬？以及必須承受多少風險？這是我們所必須考量的投資三要素－時間、報酬與風險。以下將分別說明之：

圖 1-1　投資三要素

(一) 時間

　　投資的效益發生於未來，所以當評估一項投資時，必須考量需犧牲多少現在資金的「時間」價值（例如：定存的收益），去換取未來的收益。因此投資期間多久，攸關需耗費多少資金的時間機會成本。

(二) 報酬

　　投資時能獲取多少報酬，是進行投資時最關心的要素，通常都希望報酬愈高愈好，既使有正報酬，也希望它比資金最基本的時間報酬高（例如：投資報酬需高於定存的報酬）。通常投資報酬來自兩方面，其一為投資本身的增值，另一為本身的額外收入（例如：投資股票可以收取資本利得與股利收益兩種）。

(三) 風險

　　投資時會面臨報酬變動的不確定性，通常實際報酬與預期報酬的差異就是風險。一般而言，風險與報酬成正向關係，高報酬通常伴隨著高風險。投資時每個投資人可以忍受的風險程度並不一致，因此所要求的報酬也會有所差別。

二、投資商品種類

　　一般而言，日常生活中可供投資的商品大致可分為兩大類，其一為具有實體資產性的「實體商品」（Physical Assets），又稱有形商品；另一為具有資產代表性價值的「金融商品」（Financial Assets），又稱無形商品，見圖1-2。以下將分別介紹之：

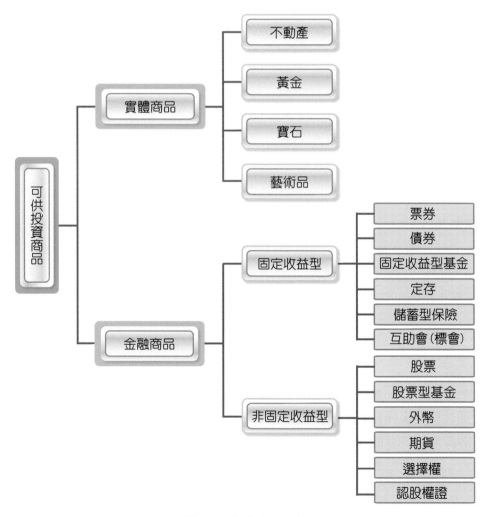

圖 1-2　投資商品種類

(一) 實體商品

通常實體商品具有抗通貨膨脹的特性，且大都具單一獨特性，所以市場流通性與變現性較差，因此並不一定有真正的市場價格，且價格都是較高單價，容易出現市場亂哄價格的現象。以下將介紹幾種常見的投資實體商品。

1. **不動產**（Real Estates）：包含土地與建築物等；通常不動產具有單價高、不易流動的特性，價格容易受到總體經濟景氣與政府政策的影響；且亦受地域性（如：交通性、生活便利性等）與不動產本身的條件（如：屋齡、建蔽率、容積率與結構等）等因素的影響。

2. **黃金**（Gold）：包含金飾、金幣、金條與金塊等；通常黃金具有稀少性、耐久性與可分割性，所以可以將之「標準化」後變成貨幣工具進行交易，這是大部分的實體商品所辦不到的。且國際上有黃金的現貨與期貨市場，可供投資與避險交易。黃金的價格易受到市場供需、各國貨幣政策、美元價格、國際政局動盪、戰爭、恐怖事件等因素的影響。

3. **寶石**（Gemstone）：包含鑽石、紅寶石、藍寶石、祖母綠、珍珠等；通常寶石被視為高單價的奢侈品，價位取決於市場的供需、寶石本身的條件等（如：大小、淨度、顏色、車工等因素）。國際上有專業的寶石鑑定機構（如：美國寶石學院（GIA）、歐洲寶石學院），都可以提供具公信力的鑑定價格。

4. **藝術品**（Fine Arts）：包含古董、雕刻品、字畫等；通常藝術品因具稀有性與唯一性，所以並沒有標準的市場價格可供參考，因此價格取決於買賣雙方的個人認定。但國際上有著名的專業藝術品經紀公司（如：蘇富比（Sotheby's）與佳士得（Chrustie's）），可幫賣主安排拍賣會，進行買賣交易。

(二) 金融商品

通常金融商品會有明確的交易合約與市場，且許多商品都被標準化，所以市場流通性與變現性較好，市場價格較不容易失真。一般而言，金融商品可依投資的風險程度高低分成－「固定收益類型」（可獲取較穩定的報酬）、「非固定收益類型」（以商品價差的報酬為主），以下將依這兩類分別介紹之。

1. **固定收益類型**

   (1) 票券（Bills）：包含國庫券、商業本票、承兌匯票與銀行可轉讓定存單等；此乃由政府、企業與銀行所發行的短期債務憑證。投資人可至票券金融公司進行交易，買賣票券可以獲取固定短期的收益。

   (2) 債券（Bonds）：包含公債、公司債與金融債券等；此乃由政府、企業與銀行所發行的中長期債務憑證。投資人可至證券公司、票券金融公司或銀行進行交易，買賣債券可以獲取固定的中長期收益。

   (3) 固定收益型基金（Fixed Income Funds）：包含「貨幣型」與「債券型」基金等；此乃由投資信託公司發行的受益憑證，其主要標的為票券、債券等固定收益商品。投資人可至投資信託公司、投資顧問公司、證券公司、壽險公司、銀行、基層金融機構與郵匯局進行交易，買賣固定收益型基金可以獲取固定的短、中與長期收益。

   (4) 定存（Certificate Deposit）：包含「定期存款」與「定期儲蓄存款」等；此乃為金融機構吸收資金的方式之一，存款人可至銀行、基層金融機構與郵局皆可承做短、中長期定存，可以獲取固定的短、中長期收益。

   (5) 儲蓄型保險（Saving Deposited Insurance)：此乃壽險公司推出兼具保險與儲蓄的商品；投保人可至壽險公司承做，通常期初繳交或每期定期繳交一筆資金後，可以依投保人需求，選擇一段期間（中長期）後，領回一筆資金或以年金方式領回的一種儲蓄型商品。

   (6) 互助會（標會）（Rotating Savings and Credit Association）：此乃為民間一種小額信用貸款，具有賺取利息與籌措資金的功能。互助會有會首與會員之分，跟會者賺取「期初約定的標金」與「每期所願意出的標金」的差額之總和，通常愈晚得標利潤愈高，但有被倒會的風險。

2. **非固定收益類型**

   (1) 股票（Stocks）：包含普通股、特別股與存託憑證等；此乃企業籌措資本所發行的長期有價證券。投資人可至證券經紀商進行交易，買賣股票除可獲取價差的資本利得外，尚有股利的收入。

   (2) 股票型基金（Stock Funds）：此乃由投資信託公司所發行的受益憑證，其主要標的為股票。投資人可至投資信託公司、投資顧問公司、證券公司、壽險公司、銀行、基層金融機構與郵匯局進行買賣，股票型基金通常以買賣價差的資本利得為主，少部分亦有配息的收入。

(3) 外幣（Foreign Currency）：種類以美元、歐元、日圓、英鎊與澳幣等為主，投資人可至外匯指定銀行承做外幣投資，投資人除可獲取該外幣的利息收入外，尚可賺取外幣匯率變動的匯差利益。

(4) 期貨（Futures）：可分為「商品期貨」與「金融期貨」兩種，為衍生性商品的一種。投資人至證券經紀商、期貨經紀商繳交一筆原始保證金後，進行以小搏大的財務槓桿操作，可以獲取極高的價差利益，但買賣雙方須承擔很高的風險。

(5) 選擇權（Options）：可分為「買權」與「賣權」兩種，為衍生性商品的一種。投資人可至證券經紀商、期貨經紀商繳交一筆權利金（買方）或保證金（賣方），進行以小搏大的財務槓桿操作，可以獲取極高的價差利益，但買方風險有限，賣方的風險較高。

(6) 認股權證（Warrants)：可分為「認購權證」與「認售權證」兩種，為衍生性商品的一種。投資人可至證券經紀商進行交易，具有小搏大的財務槓桿的功能，可以獲取極高的價差利益。

市場焦點

黃金ETF開啟投資黃金新世代

表 1-1　各種黃金投資工具的比較

種類 / 項目	實體黃金 (條塊、金飾)	黃金存摺	櫃買黃金現貨 交易平台	黃金類股基金	黃金期貨 ETF
金價連結	高	高	高	低	高
黃金轉換	○	○	○	×	×
交易管道	銀樓	銀行	證券商	投信或銀行	證券商
相關稅賦	綜合所得稅	綜合所得稅	綜合所得稅	境外：綜合所得稅 境內：無	證交稅 (1‰)
交易手續費 (買賣一趟)	無	無	千分之 2.85 以下	手續費 (約百分之 3 以下)	千分之 2.85 以下
報價方式與頻率	公會牌價為基礎	銀行牌告 (一天約 4 次)	銀行造市商為主	淨值 (一天一次)	證交所集中報價
組成方式	實體黃金	實體黃金	實體黃金	股票	黃金期貨
其他費用	依各銀樓規定 (如飾金回收扣耗等)	依各銀樓規定 (如實體黃金轉換補繳款等)	依各銀樓規定 (如實體黃金轉換補繳款等)	保管經理費	保管經理費

　　元大寶來投信將在本月募集國內首檔黃金期貨ETF，開啟另一新的黃金投資方式！全球第一檔ETF是1993年在美國紐約交易所上市，台灣則是在2003年由元大寶來投信推出的「台灣50」揭開序幕，歷經十多年法規不斷開放之後，去年由元大寶來領先大中華區發行第一檔槓桿反向ETF後；今年又見大中華地區第一檔商品ETF在台灣發行，乃由元大寶來投信所推出的黃金期貨ETF，2015下半年還有石油期貨ETF，預期將有效推升國內ETF市場發展。

　　台灣首檔商品期貨ETF「元大寶來黃金期貨ETF」，將於近期IPO募集，募集上限新台幣50億元，最低申購金額為2萬元。

　　目前市場上包括有實體黃金、黃金存摺、黃金類股基金、黃金交易平台等多種金融商品，但黃金期貨ETF於集中市場單次交易成本為千分之三到千分之四不等，有可能利於投資人進出賺取波動差價，還可融資融券，操作空間與自由度極大，再加上買賣亦完全由市場決定，價格極為透明，將是黃金交易工具中的首選。

　　黃金期貨ETF走勢跟黃金現貨很接近，因此美元強弱、通膨、各國貨幣政策、地緣政治等因素，都會影響黃金期貨ETF價格。且黃金期貨ETF的風險，包含沒有漲跌幅限制、隔夜價差、不是追蹤黃金現貨等等。

　　至於黃金後市，預計今年對黃金的投資態度應是跌多之後的價值投資，宜以樂觀態度看待。在貨幣升貶情況下，黃金於貨幣競貶國度中，具有保值效果，在金融市場的波動中具有分散效益，持有黃金可望度過金融環境的不確定性氛圍，建議可考慮靈活運用黃金期貨ETF，尋找黃金交易的投資契機。且股票市場總是有漲有跌，而黃金、原油的價格，跟股票的價格相關係數相當低，甚至還會有互相相反的走勢，因此商品期貨ETF可跟股票發揮互補作用。

《圖文資料來源：節錄自工商時報 2015/03/11》

....

↺ 解說

　　國內近期推出黃金期貨ETF，此商品基本上是「基金」型態，又投資在黃金的「期貨」商品上，且連結的標的物是「黃金實體商品」的波動。所以此商品的設計結合了基金、期貨與黃金實體這幾種投資商品。

1-2　理財規劃

上節介紹投資的三要素—報酬、風險與時間、與各種投資商品的種類，讓投資人初步了解投資領域，所應該知道的基本常識。接下來本節將利用投資的基本觀念，來進一步說明理財規劃的重要性。

理財規劃（Financial Planning）是指個人估計自己或家庭，現在與未來的收支情形、以及評估自己可以承擔的風險程度，制定人生未來各階段的理財計畫，並依計畫執行與檢視的一套投資理財活動。通常一般人最常見的投資理財規劃：例如：買房規劃、子女教育規劃、退休規劃等。

通常要建立適合自己與家庭的理財規劃，必須要有正確的理財基本常識，這樣才能使理財活動得以順利進行；且要瞭解自己的理財風險屬性，並要有設計一套完整可執行的理財規劃程序，這樣才能確保理財活動順利進展。以下本節將依序介紹理財基本常識、理財風險屬性以及理財規劃程序步驟。

一、理財基本常識

理財就是理一生之財，不僅要針對現在、還要針對未來的收入支出進行規劃管理。通常一般人都希望藉由成功的投資理財規劃，讓自己與家人的生活無後顧之憂，甚至可讓社會更祥和。所以擁有正確的投資理財常識，是現代人不可或缺的課題。一個正確的理財態度，除了要兼顧投資的三要素－報酬、風險與時間外，尚要隨時注意市場的動態，這要才能使理財活動達到完善。以下將介紹幾個重要的理財基本常識。

(一) 掌控投資風險

大部分的人投資理財活動，都首重投資報酬率的高低，其實此觀念比較合適著重在短期規劃；若要進行中長期的理財規劃，則必須首重風險。因為風險高低會牽扯到本金是否會遭受到嚴重損失，所以中長期的財務規劃，必須要將風險控制在自己可以接受的範圍內，且不要讓本金有嚴重損失的風險。因此對風險掌控得宜，是決定理財活動是否成功的重要關鍵因素。通常大部分的理財活動，都會建議將投資進行多角化，以分散投資風險。

(二) 善用時間複利

通常中長期的理財規劃，需要經過比較長時間的等待，才會顯現出時間所帶來的複利效果。我們都知道貨幣具有時間價值，所以善用時間對本金與收益所帶來的複利，將會使得投資效益更具可看性。例如：投資股票時，股票所發放的股票股利，可使股票的收益享有時間的複利效果。

(三) 慎用財務槓桿

通常進行投資理財活動時，都希望獲取高額報酬。要獲取高額報酬，除了可選擇相對高風險的金融商品外（如：股票），甚至可以選擇具高財務槓桿的投資商品（如：期貨、選擇權）。但通常進行高財務槓桿的交易，應以短期理財規劃為主，且金額亦不宜佔所有資產過高的比例。

(四) 注意市場訊息

通常市場訊息的發布，是造成資產變動的重要因素。因為全球金融市場的脈動詭譎多變，所以投資人必須定期或隨時注意市場的變化。若市場的變化對原先的財務規劃，會造成重大的損失時，此時投資人必須隨時更動調整財務規劃內的資產配置，才能使理財活動達到原先的目標。

二、理財風險屬性

每個投資人，因個人的性格、年齡、經歷、工作、財力……等的差別，所以面對投資時所帶來的風險，其承擔的能力並不相同，因此每個人的理財風險屬性是具有差異性的。通常投資理財的風險屬性，大致依風險忍受程度高低可區分為：「保守型」、「穩健型」、「積極型」、「冒險型」等四類，見圖1-3。以下將分別介紹這四種類型的風格屬性、以及所適合投資的商品。

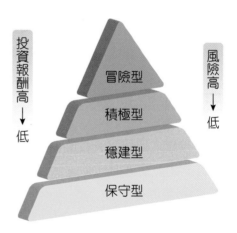

圖 1-3　理財風險屬性

(一) 保守型

通常保守型的投資人對風險忍受度較低,在進行投資時,不希望其所投入的本金遭受到嚴重損失,通常以領取穩定的固定收益為主。其所適合的金融工具,包含:定存、票券、債券、儲蓄型保險、或者投資風險屬性等級[1]為RR1~RR2的基金(如:貨幣型基金、投資級債券型基金等)。

(二) 穩健型

通常穩健型的投資人對風險忍受度適中,在進行投資時,可以忍受本金適度的損失,但希望能獲取還不錯的資本利得報酬。其所所適合的金融工具,包含:投資型保險、或者投資風險屬性等級為RR3~RR4的基金(如:全球股票型基金、高收益債券型基金等)。

(三) 積極型

通常積極型的投資人對風險忍受度較高,在進行投資時,可以忍受本金較大幅度的損失,但希望能獲取較高額的資本利得報酬。其所適合的金融工具,包含:股票、外幣或者投資風險屬性等級為RR5的基金(如:貴金屬基金、新興股市場基金等)。

(四) 冒險型

通常冒險型的投資人對風險忍受度極高,在進行投資時,可以忍受本金巨幅的損失,但希望能在短期內獲取較高額的投機報酬。其所適合的金融工具,包含:期貨、選擇權、認股權證等具高風險、高槓桿的衍生性商品。

三、理財規劃程序

投資人要建立完善的財務規劃,必須要有一套完整的程序步驟,並依序確實執行,才能使理財活動達到完善,見圖1-4。以下將介紹理財規劃的程序步驟:

---

[1] 有關各類基金的風險報酬等級,為國內投信投顧公會所公布,其詳細內容見本書第二章,表2-3的說明。

圖 1-4　理財規劃程序

(一) 估計財務收支情況

通常要進行理財規劃活動時，首先，要掌握現在個人或家庭的所有財務支出與收入情況，並預估未來的收支變動，這樣才會清楚到底有多少或多久的資金可以運用規劃。

(二) 擬訂期限財務目標

其次，針對個人或家庭將來預計要達成的目標計劃，擬定短、中、長期的財務目標與計劃，並規劃好不同期限目標的資金流動。例如：短期的換車計劃、中期的購屋計劃、長期的退休計劃等等，都可以運用不同的投資帳戶來進行規劃。

(三) 選擇合適理財工具

再來，依據個人或家庭不同期限的理財規劃目標，以及評估自己可以承擔的風險程度、且注意市場現在與未來的變動趨勢，選擇合適的理財工具或投資組合進行投資。

(四) 定期診斷財務狀況

再者，投資人必須定期的檢視投資標的物的績效、以及現有的收支情形，並隨時注意金融市場的脈動情形，評估此時的投資組合表現或財務收支狀況，是否符合原先的理財計劃目標。

(五) 適時調整資產配置

最後，若發現現在個人的財務收支情形、或金融市場的變化，與原先的理財規劃目標有所出入時，必須適時的調整投資組合內的資產，以使投資理財計劃能達成預計的目標。

市場焦點

私校教師理財保守　95%寧領定存利率

　　國內總數高達6.4萬名的私校教職員，為了能在退休、離職後，獲得基本的退休生活保障，共同組成了「私校退撫儲金」，累積的245億元以信託方式委託銀行管理，並由私校教師組織的管理委員會選擇投資標的。過去2年間獲利達15億元，平均年報酬率達3%以上。但高達95%的教師理財態度保守，寧可領取六大行庫2年定期存款平均利率，也不想承擔虧損的風險。

　　2010年起，私立學校教職員退休撫卹離職資遣儲金管理委員會，開始委託金融業者辦理私校退撫儲金信託，過去3年均由中國信託商銀獲選，這是國內至今唯一以信託方式辦理的公辦退休金制度，透過信託法的保障，達到「破產隔離」資產保全的效果。去年起，該案並開放私校教職員可以「自主投資」，由信託銀行設計開發專屬網頁，讓私校教職員自行檢測個人理財風險屬性，再由「儲金管理委員會」依據「保守」、「穩健」及「積極」三種風險承受度，規劃適合的投資理財「套餐」，教職員可自行決定投入的資金比重，藉此提升私校教職員退休資產的運用效率。

　　負責「操盤」的退撫儲金管理委員會指出，「自主投資」的第一步，是由管理委員會組成的投資顧問，在數千檔基金中，篩選出520檔優質的基金，再由專家學者組成的「投資策略執行小組」，進一步篩選出數個共同基金配置的投資組合「套餐」。目前的投資組合，還是依據投資者對風險的承受度，分為保守型、穩健型及積極型，教職員可每月轉換一次投資組合。例如：從保守轉往穩健，或是部分資金維持保守、部分採取穩健投資。

　　根據統計，目前6.4萬名私校教職員中，高達95%屬於保守型投資者，只希望獲得政府最低獲利保證的收益率；另有2.5%的穩健型投資人，自去年4月底開放自主投資至今，收益率可達5%；另有2.5%的積極型投資者，因受到去年下半年新興國家因QE退場因素表現不佳，儘管管理委員會已調整配置至全球型基金、美國、日本均有布局，但目前報酬率仍小幅虧損0.03%。

《資料來源：節錄自自由時報 2014/01/06》

↻ 解說

　　每位投資人其所承擔風險的能力並不相同，所以每個人的投資理財風險屬性也會有所差別。國內私校教職員大都比較屬於偏愛安定的族群，所以退休金的管理規劃，亦大都選擇「保守型」的投資組合。

新知速報

➤ 定期定額買基金 "複利達人"教你22K存百萬

https://www.youtube.com/watch?v=1a6JPnllH9k

影片簡介

基金是所有理財工具中，可以橫跨多種金融商品。投資人可以利用定期定額買基金，並藉由時間的複利效果，讓投資人獲取不錯的報酬且風險也相對較低。

➤ 安心退休，究竟要存多少錢

https://www.youtube.com/watch?v=Tpley8cTO6c

影片簡介

影片提及每戶家庭在退休時需留下1,084萬元才夠生活支出。其中多使用保險、股票、定存、基金、不動產、外幣等商品來進行退休的理財規劃。

本章習題

一、選擇題

( ) 1. 下列何者非投資行為的特性？ (A)承擔一定的風險 (B)持有期間較短 (C)報酬來自長期增值或額外收入 (D)須蒐集詳細資訊

( ) 2. 下列何者屬於實體商品？(A)股票 (B)債券 (C)期貨 (D)黃金

( ) 3. 下列何者不屬於固定收益型金融商品？(A)票券 (B)債券 (C)定存 (D)外幣

( ) 4. 下列何者屬於非固定收益型金融商品？(A)貨幣型基金 (B)股票 (C)標會 (D)債券

( ) 5. 下列對於實體商品的敘述何者正確？(A)商品通常被標準化 (B)通常具抗通貨膨脹之特性 (C)市場價格統一報價 (D)通常商品流動性良好

( ) 6. 下列對於金融商品的敘述何者有誤？(A)標會屬於非固定收益型商品 (B)貨幣型基金可以獲取短期固定收益 (C)認股權證具有小搏大的財務槓桿的功能 (D)儲蓄型保險屬於固定收益型商品

( ) 7. 下列何項目在理財時須注意？(A)時間 (B)利率 (C)風險 (D)以上皆是

( ) 8. 通常進行理財規劃時，下列敘述何者有誤？(A)投資組合不應變動 (B)須擬訂中長期財務目標 (C)須考慮個人投資風格 (D)須了解未來收支狀況

證照題 ( ) 9. 下列何種金融工具的報酬率標準差最高？(A)商業本票 (B)公司債 (C)股票 (D)國庫券 【2010-1證券商業務員】

( ) 10. 下列何者為實質資產？(A)公司債 (B)土地 (C)商業本票 (D)股票 【2013-1證券商業務員】

( ) 11. 下列那一項金融工具風險最高，同時亦具有最高的潛在報酬？(A)衍生性證券 (B)普通股 (C)特別股 (D)債券 【2013-2證券商業務員】

( ) 12. 下列何者為金融資產(Financial Asset)？(A)商標 (B)未開發之土地 (C)政府債券 (D)電腦 【2013-4證券商高級業務員】

( ) 13. 投資工具依其風險由低至高排列，下列何者正確？(A)投機股、績優股、有擔保公司債、票券 (B)全球型基金、平衡型基金、有擔保公司債、定存 (C)定存、有擔保公司債、認股權證、平衡型基金 (D)國庫券、有擔保公司債、績優股、期貨 【第21屆理財規劃人員】

（　　）14. 群眾型的投資者較喜歡下列何種理財工具？(A)基金組合　(B)定存　(C)定期壽險　(D)熱門共同基金　　　　　　　【第27屆理財規劃人員】

（　　）15. 下列何者非屬理財之範疇？(A)賺取投資收益　(B)規劃逃漏稅　(C)規劃投資或消費負債　(D)風險管理　　　　　　　　【第26屆理財規劃人員】

（　　）16. 下列何者為較完整的理財定義？(A)理財就是一種投資　(B)理財就是賺錢　(C)理財是理一生之財，也就是個人一生的現金流量管理與風險管理　(D)理財就是運用多餘的錢　　　　　　　　【第22屆理財規劃人員】

（　　）17. 對較保守型的投資人，您提供的投資建議是下列何者？(A)直接購買績優股票　(B)購買股票型基金　(C)購買衍生性金融商品　(D)購買貨幣型基金　　　　　　　　　　　　　　　　　　【第20屆理財規劃人員】

（　　）18. 有關投資類型的描述，下列敘述何者錯誤？(A)保守型的投資人其主要的投資工具為定存、國庫券、票券　(B)穩健型的投資人其主要的投資工具為特別股、公司債、平衡型基金　(C)積極型的投資人其主要的投資工具為定存、國庫券、票券　(D)冒險型的投資人其主要的投資工具為期貨外匯、認股權證、新興股市基金　　　　　　　【第22屆理財規劃人員】

（　　）19. 決定最後投資工具選擇或投資組合配置的關鍵性因素，下列敘述何者正確？(A)理財目標的彈性　(B)資金需要動用的時間　(C)投資人主觀的風險偏好　(D)年齡　　　　　　　　　　　【第24屆理財規劃人員】

（　　）20. 有關理財目標之敘述，下列何者錯誤？(A)進行投資理財規劃前，首先要設定短、中、長期目標　(B)理財目標距離現在越遠，越可適度提高風險性資產的比重　(C)短期目標若是金額確定，應選擇可保障獲利成果的投資工具　(D)投資期間愈長，景氣好壞對於最後投資成果影響愈大

【第24屆理財規劃人員】

二、問答題

1. 請問投資的三要素為何？

2. 通常可供投資理財的實體商品有哪些？

3. 下列哪些商品為固定收益型商品？ A.公司債 B.普通股 C.期貨 D.商業本票 E.定存 F.貨幣型基金 G.股票型基金 H.儲蓄型保險 I.選擇權 J.標會 K.認股權證 L.外幣

4. 呈上題，哪些商品為非固定收益型商品？

5. 請說明一個完善的理財規劃應有哪些程序步驟？

習題解答

一、選擇題

1	2	3	4	5	6	7	8	9	10
B	D	D	B	B	A	D	A	C	B

11	12	13	14	15	16	17	18	19	20
A	C	D	D	B	C	D	C	B	D

二、問答題

1. 時間、報酬與風險。

2. 不動產、黃金、寶石與藝術品。

3. ADEFHJ

4. BCGIKL

5. (1)估計財務收支情況、(2)擬訂期限財務目標、(3)選擇合適理財工具、(4) 定期診斷財務狀況、(5)適時調整資產配置。

Chapter 2
基金概論

▼ 本章大綱

本章內容為基金概論,主要介紹基金的簡介、種類、收益與風險、交易實務以及國內基金市場的發展等。其內容詳見下表。

節次	節名	主要內容
2-1	基金的簡介	介紹基金的源起、特性與發行。
2-2	基金的種類	介紹基金的六種基本類型。
2-3	基金的收益與風險	介紹基金的投資收益與風險、以及基金風險報酬等級的分類標準。
2-4	基金的交易實務	介紹基金的買賣(申購贖回)、管理費用與名稱類別差異之說明。
2-5	國內基金市場的發展	介紹國內不同時期的基金發展概況。

上一章談及投資人進行投資理財時,基金是普遍被使用的投資工具。所以基金的投資基本常識,對投資人而言是一項重要的課題。以下本章將對基金的簡介、種類、收益與風險、交易實務以及國內基金市場的發展等內容進行介紹。

2-1　基金的簡介

共同基金幾乎是現代人最常使用的投資理財工具，它兼具「小額投資」、「風險較低」、「專業化」的優點；且基金種類齊全，適合中長期與多元性投資的投資人持有。由於共同基金能較一般投資人，進行更專業的投資，所以一直深受投資人的青睞，因此全球的基金市場的管理規模，已日益蓬勃發展中。有關共同基金的發展起源、以及基金的基本特性與發行情形，將於本節分述如下。

一、基金的發源

全世界最早的共同基金可追溯至1822年，由荷蘭國王威廉一世所創的私人基金；當時王公貴族聘請理財專業人員，為其管理資產。爾後，隨著英國的工業革命的發展、以及海外殖民地的擴展，使得中產階級累積大量的財富，所以產生了至海外投資的需求；當時礙於人們自行至海外投資的風險較高，因此英國政府於1868年，成立的「國外及殖民政府信託基金」，代委託人投資管理其財富，這才有投資信託制度的發展，也可謂最早的證券投資信託公司的成立。

現在目前一般所見的基金型式，則是1924年美國的麻薩諸塞公司，所設立的「麻薩諸塞投資信託基金」（Massachusetts Investment Trust Fund, MIT Fund），該基金一般認為是現代共同基金的始祖。因為該基金在市場上，一直保持著良好績效，所以投資人對於共同基金的運作模式大感興趣，於是市場上大量的基金公司蜂擁成立。且之後，美國分別於1933年與1940年，訂定了「聯邦證券管理法」與「投資公司法」，更明確制定投資規範，此後才奠定共同基金日後蓬勃發展的基礎。

二、基金的特性

共同基金（Mutual Fund）是指集合眾多小額投資人的資金，並委託專業投資機構代為管理運用，其投資收益與風險則歸原投資人共同享有與分攤的一種投資工具，此又稱「證券投資信託基金」。國內的共同基金，是由證券投資信託公司，以發行「受益憑證」的方式，向不特定的大眾募集資金，而所募得的資金交

由保管機構代為保管,證券投資信託公司則負責做妥善的投資規劃與應用,並建立一個適合的投資組合,以達到獲取最大利潤及分散風險的目的。以下表2-1將進一步說明投資共同基金的特點。

表2-1　共同基金的特點

專業管理	基金團隊較散戶投資人擁有更多資訊與分析工具,所以更能夠掌握最新資訊,並能較正確研判經濟情勢,為投資組合進行專業投資。
商品多元	投資人有時受限法令,無法投資某區域的商品,透過基金投資將可達成;且基金可多元的投資多種商品,投資人可擁有完善的資產配置。
風險性低	基金乃將大眾小額資金集結成大筆資金,可以分散投資於不同標的物,以減少投資風險。且投資基金的風險較直接投資於現貨商品小。
安全性高	通常基金所募得資金或資本利,得都交給保管銀行集中保管;且保管銀行需經國內外的信評單位評定核可才能擔任,因此資金安全性高。
變現性佳	若投資人要將基金辦理贖回,只要在投信規定時間內,完成贖回手續,國內基金約在交易後2~3日,即可領回價款,所以資金變現性高。
投資便利	投資人若要申購或贖回基金,只要透過投信或代銷金融機構的網路、電話或臨櫃皆可辦理;且投資金額很有彈性,小額即可投資。

三、基金的發行

通常基金在發行時,首先會先設定每單位的淨值[1],假設每單位「淨值」10元,若現在總共募集到5億個單位,則基金的「**淨資產價值**」(Net Asset Value, NAV)為50億元(10元×5億)。投信再將這些資金投資於各種金融商品(如:股票、債券、期貨等),若一段期間後,假設基金的淨資產價值增為60億元,則此時基金每單位淨值就由10元漲為12元(60億元÷5億)。所以投資人買賣基金獲利情形,通常都跟淨值高低變化有關。

通常投信公司以受益憑證的方式發行基金,除了封閉型基金是投資人透過「證券經紀商」至「證券交易所」進行買賣外;開放型基金投資人可透過幾種管道去申購基金,分別為「投信公司」、「代銷機構」(通常以銀行或證券商為主)與「代銷平台」(如:基金銷售平台),這三種管道。通常投信公司將所募

---

1 基金淨值即為基金之實際價值。在每一個基金交易日,基金經理公司會根據基金投資組合內的所有資產,包括股票、債券、現金、其他有價證券或資產於特定時點、集中交易市場的報價,來計算基金每日投資資產總值;此資產價值再扣除基金本身所應支付的費用後,除以基金發行在外的單位總數,即可計算出基金淨資產價值,亦為基金淨值。

到的資金與所發行的受益憑證，都交由「保管機構」進行保管，所以基金的發行
與銷售，是由「投信公司」、「保管機構」、「代銷機構（或代銷平台）」與
「投資人」這四者所組合而成。以下有關開放型基金的發行與銷售架構圖，詳見
圖2-1。

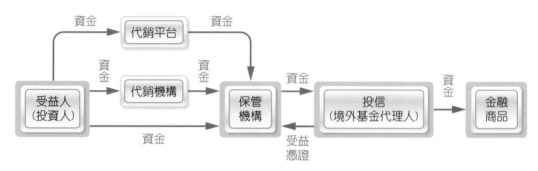

圖 2-1　開放型基金的發行與銷售架構圖

(一) 證券投資信託公司（簡稱投信公司或基金公司）

投信公司是指發行受益憑證，以募集證券投資信託基金，並運用證券投資
信託基金從事證券投資的行業。其所處理的業務包括基金資產的投資、受益憑證
的發行與事務的處理、基金單位淨資產價值的計算及公告、指示保管機構有關基
金資產的保管及處理、召開受益人大會、編製並保存基金帳簿及記錄、編製基金
之月報、季報及年報，年報及月報應呈報金管會，且年報需經會計師簽證後公告
之。

(二) 基金保管機構

保管機構又稱為「保管銀行」，是指受投信公司委託保管共同基金資產之銀
行，並辦理受益憑證簽證事宜，且依投信公司的指示處分基金資產及給付受益人
買回價金，並依有關法令及信託契約的規定行使權利。保管機構如認為投信公司
的指定有違反信託契約及相關法令規定，得可不依投信公司之指示辦理，應呈報
金管會處理。

(三) 基金代銷機構

基金代銷機構乃被委任為代理銷售基金的機構，在國內通常以銀行或券商
居多。臺灣的境內基金，投資人除了直接找投信公司申購外，亦可找代銷機構申
購。但若是境外基金的銷售，國內於2006年後採取「總代理制」，境外基金需

委任國內一家投信公司、投顧公司、證券商擔任「境外基金代理人」，負責境外基金的銷售與募集；同樣的境外基金代理人，亦可再找代銷機構擔任其境外基金銷售機構。所以購買境內與境外基金可以分別直接找「投信」與「境外基金代理人」，亦可全部找「基金代銷機構（平台）」購買。

(四) 基金代銷平台

國內金管會為了基金銷售通路，不用侷限在代銷機構，將於2016年初成立「基金銷售平台」、或說「基金超市」；以後境內及境外基金的發行機構，只要跟國內的「集中保管結算所」簽約後，就可以將基金拿到「基金銷售平台」上架銷售。此舉將提供投信等基金發行機構，更多元的銷售通路，不再受代銷機構（銀行）的牽制，將使得投信更容易募集與銷售基金。

2-2 基金的種類

共同基金依據不同的分類標準，可以分成許多基本類型，以下將分別針對不同種類的基金進行介紹：

一、依成立組織型態區分

(一) 公司型基金

公司型基金（Corporate Type Fund）是由少數具有共同投資目標的投資人，組成投資公司發行股份，投資人透過購買公司股份成為股東，股東將資金交由公司委由專業經理人代為運用投資與管理，至於基金投資所產生的損益為股東共同承擔與享有。通常美國有許多基金（如：避險型基金）都採用此種型式。

(二) 契約型基金

契約型基金（Contractual Type Fund）是由基金以發行受益憑證的方式。通常基金委託人（投信公司）、受託人（保管銀行）及受益人（投資人）三方會訂立信託契約；投信公司在契約規範下運用基金投資，保管銀行負責保管信託資產，至於基金投資所產生的損益為受益人共同承擔與享有。通常臺灣所發型基金是屬於此種型式。

二、依註冊地點區分

(一) 國內基金

國內基金（Domestic Fund）或稱境內基金，乃由國內投信所發行的基金，在國內註冊，以國內投資人為銷售對象，並受國內相關法令的監督管理。基金投資範圍包括國內及國外的各項金融商品，其計價幣別以新台幣為主。

(二) 國外基金

國外基金（Offshore Fund）或稱境外基金，乃登記註冊於我國以外地區，由國外基金公司發行，以全球投資人為銷售對象。基金投資範圍以國外的金融商品為主、並亦有基金投資於國內，其計價幣別以外國貨幣為主。通常境外基金要在國內銷售必須經過金管會核准或申報生效後，才可合法銷售。

三、依發行型態區分

(一) 開放型基金

開放型基金（Open-end Type Fund）基金規模不是固定的，通常自基金發行日起一段時間後，投資人可隨時向基金公司申購或贖回，而基金的規模也隨投資人的買賣變動，買賣的價格以基金的每單位「淨值」來計算。通常申購時以當日每單位淨值計算，若贖回時以次日的每單位淨值計算。通常市面上的基金以此型式的居多。

(二) 封閉型基金

封閉型基金（Closed-end Type Fund）基金在成立後規模（發行單位數）固定，基金募集期間，投資人向投信公司申購，一旦基金之最高淨發行總額全部募足，或募集期間屆滿，並募得最低發行總額，投信公司即將受益憑證申請上市。上市後投信公司不再接受贖回或申購，一切買賣透過證券商以基金當時的「市價」，在集中市場公開買賣交易。通常封閉型基金的每單位市價與淨值不同，常有折溢價情形發生，當市價高（低）於淨值稱為溢（折）價。

臺灣早期基金市場剛成立之時，曾發行30幾檔封閉型基金，但都有嚴重的折價問題。後來1995年證券主管機關同意封閉型基金可以轉型為開放型基金，於是封閉型紛紛轉型成開放型。國內最後一檔「富邦富邦」封閉型基金，也

於2013年底申請改制為開放型。但國內於2003年所上市的ETF與REITs，又是以封閉型基金的型態上市，所以封閉型基金仍在市場佔有一席之地。以下表2-2為開放型與封閉型基金的主要差異。

表2-2　開放型與封閉型基金的主要差異		
	開放型基金	**封閉型基金**
交易方式	向投信申購贖回	需在集中市場交易
申購贖回	可隨時申購贖回	不可隨時申購贖回
基金規模	不固定	固定
買賣情形	依淨值買賣	依市價買賣

四、依投資方針區分

(一) 積極成長型基金

積極成長型基金（Aggressive Growth Fund）是各類型共同基金中最具風險性者。主要投資目的是在追求資本利得的極大化，因此具有高風險、高報酬的特性，其投資標的通常是風險性較高的投資工具。例如：轉機股、投機股，甚至投資在期貨、認股權證、選擇權等投機商品上。

(二) 成長型基金

成長型基金（Growth Fund）主要投資目的在追求長期穩定的增值利益，其投資標的多是經營績效良好，股價有長期增值潛力的高科技股、或具成長潛力的中小型股為主。此基金追求的利潤以資本利得為主，股利收入僅佔小部份。風險性較積極成長型低，蠻受投資人青睞的，目前國內大多數基金皆屬此類。

(三) 成長加收益型基金

成長加收益型基金（Growth and Income Fund）不僅追求投資的資本利得，且重視穩定的利息和股利收入。投資標的以未來前景看好且股利分配穩定的股票為主，如：大型績優股或成熟產業的股票。另外，亦可投資可轉換公司債，因為可轉換公司債是股票與債券的結合，當股票價格上揚時，可轉換成股票，享有資本利得；當股票價格下跌時，則享有公司債之固定收益。此類基金風險性較前二者為低。

(四) 收益型基金

收益型基金（Income Fund）其投資目的主要在追求穩定的固定收益，對於資本利得較不重視，投資標的以具有固定收益的投資工具為主。如：特別股、債券與票券等。國內此類型基金是以「債券型」與「貨幣型」基金為主，此類基金風險甚低，較適合希望藉由投資帶來固定收入的投資人購買。

(五) 平衡型基金

平衡型基金（Balanced Fund）其投資目標是希望同時著重在資本利得與固定收益。其投資標的為「股票」及「債券」兩種，其風險性則由此兩種投資標的的比例決定。此種基金與成長加收益型基金類似，但不同的是成長加收益型基金是投資在股票上，藉由選股達到操作目標，而平衡型基金則將投資組合分散於股票和債券。

根據國內的法令規定平衡型基金須同時投資於股票、債券及其他固定收益證券達基金淨資產價值70%以上，其中投資於股票的金額占基金淨資產價值須介於90%~10%之間。

五、依投資標的區分

國內各投信公司所發行之基金因受金管會對投資標的物之限制，其募集之資金只能投資於有價證券，主要在於股票及債券；而國外基金投資標的物不受限制，所以種類繁多。其投資標的的分類如下：

(一) 股票型基金

股票型基金（Stock Fund）的投資標的物，是以一般的普通股為主，亦投資與股票相關的商品，如：存託憑證（Depository Receipt, DR）等，所以又稱為股票中的股票。通常投資股票型基金，是以資本利得的收入為主，少部分的基金亦有配息的制度[2]。通常投資股票型基金的淨值波動較大，容易受到總體經濟、政治發展、企業營運、利率等多方因素的影響。

---

2 有關基金的配息，通常會採取月、季、年配息，但也有些基金將利息收益累積在淨值內，不另外配息，會顯示為累積型。

此外，股票型基金又依投資策略的積極性分成兩類。一類為積極性（主動式）投資管理策略，其主要是以超越大盤指數或其他基金的績效為主；另一類為消極性（被動式）投資管理策略，其主要是貼近某些指數績效為主，例如：指數型基金（Index Fund）或股票指數型基金（Exchange Traded Funds, ETF）。

根據國內的法令規定股票型基金，必須投資股票總額達基金淨資產價值70%以上者；且股票型基金之名稱，表示投資某個特定標的、地區或市場者，該基金投資於相關標的、地區或市場之有價證券應達基金淨資產價值的60%。

(二) 債券型基金

債券型基金（Bond Fund）的投資標的物，是以固定收益的公債、公司債與金融債券為主，亦投資債券附買回（Repurchase, RP）。通常投資債券型基金，除了有些會收到債券的利息收入（採月、季、年配息，但也有些將利息收益累積在淨值內，不另外支息）外，尚須注意債券的價格會因利率而變動，使得基金的淨值變動。所以投資債券型基金有可能賺到債息收益，但因基金淨值下降也會有資本利得損失。通常投資債券型基金必須注意利率風險、信用風險、通貨膨脹風險。

通常全球的債券型基金，又可依投資標的的風險高低，分為以下三種：

1. **高品質債券**：標的物以成熟市場國家或公司，所發行具投資等級[3]的債券為主。

2. **新興市場債券**：標的物以新興市場國家或公司，所發行具投資等級的債券為主。

3. **高收益債**：標的物以信用等級較低、違約可能較高、且不具投資等級的債券為主。

根據國內的法令規定債券型基金，其資產組合之加權平均存續期間應在1年以上。且債券型基金，除法令另有規定外，不得投資股票、具有股權性質之有價證券。（但轉換公司債、附認股權公司債及交換公司債不在此限）[4]、以及結構型利率商品。

---

3 有關債券的信用評等等級，依據國際知名信用評等公司標準普爾的規定須在BBB以上，才具投資等級。有關債券的評等分級，詳見本章2-4說明。

4 證券投資信託事業運用債券型基金，投資於轉換公司債、附認股權公司債及交換公司債總金額，不得超過基金淨資產價值的10%。

(三) 貨幣型基金

貨幣型基金（Money Market Fund）的投資標的物，是以貨幣市場的商品為主，例如：商業本票、承兌匯票、國庫券、銀行可轉讓定期存單、短天期（一年期以下）債券或債券附買回（RP）等。且根據國內的規定貨幣型基金須將資產的70%以上，投入於銀行存款、短期票券及附買回交易等商品上。通常投資貨幣型基金，大部分是以基金所收到的利息收入換算成穩定的資本利得為主。所以貨幣市場基金具有極低風險、以及收益穩定的特色。

(四) 認股權證基金

認股權證基金（Warrant Fund）的投資標的物，是以認股權證或股票選擇權為主，其槓桿倍數約為一般基金的3～5倍左右，此類基金的淨值波動幅度相當大，風險性及報酬率也較高。

(五) 期貨基金

期貨基金（Future Fund）的投資標的物，是以股票指數、利率、外匯、商品（如：咖啡、原油與黃金）期貨為主。由於期貨基金的買賣進出時機點，通常是利用電腦程式交易系統，來嚴格判斷與執行交易，完全沒有人為感情因素的干擾，並在全球市場找尋不同的多空獲利機會，且注重分散風險，所以其實波動風險並不高。

(六) 礦產基金

礦產基金（Mining Fund）的投資標的物，是以從事開發銷售黃金、白銀等貴金屬；或銅、鋁、鎳、錫等一般金屬的相關的公司股票為主。若基金以貴金屬為主要標的亦稱為貴金屬基金（Precious Metals Fund），由於貴金屬行情常與股票、債券等投資工具呈相反走勢，所以可作為投資組合中的平衡工具。

通常貴金屬基金又以黃金為主，稱為黃金基金（Gold Fund），黃金又是對抗通貨膨脹的利器，所以在通貨膨脹時，特別適合投資此類基金；且黃金基金是分散投資於各國的採金礦的公司，所以比直接擁有黃金的風險要來得小。

(七) 能源基金

能源基金（Energy Fund）的投資標的物，主要是以從事石油、天然氣與煤礦等能源勘探、開發、生產及分銷業務等相關的公司股票；亦可投資於致力於開

發、利用新能源技術之公司股票。通常能源基金的漲跌以原油的走勢爲主，所以國際原油價格漲跌，左右能源廠商的利潤高低。通常原油價格會受國際石油輸出國組織（OPEC）的輸出政策、美國戰備儲油政策、原油使用大國的需求以及油品公司營運策略的影響。

(八) 原物料基金

原物料基金（Materials Fund）的投資標的物，是除了傳統能源、礦產的物料商品外，其餘包含生產、開發、銷售農林漁牧等產業的各種原物料公司股票。通常原物料基金的走勢與經濟景氣變化同步，但也亦受到天氣氣候異常的影響。

(九) 產業基金

產業基金（Sector Specific Fund）的投資標的物，是以某單一產業的股票爲主，常見產業基金分類如：高科技、內需型、地產股、休閒概念、醫療生化等產業。通常產業基金的走勢，端視產業的景氣變化爲主。

(十) 不動產基金

不動產基金又稱爲不動產投資信託證券（Real Estate Investment Trusts, REITs），其標地物是以爲商用或住宅用的不動產建築物爲主。其基金運作方式乃將不動產（如：辦公大樓）的所有權分割成小等份的股權，再將這些股權發行受益憑證，以「封閉型基金」的方式在市場上掛牌交易。投資人購買此基金，等於間接擁有不動產所有權的一部分。投資人買此類基金，除了可享有固定配息（配息的資金來源爲辦公大樓的租金收入）外，也可享有不動產漲價的資本利得。

六、依投資地區區分

(一) 單一國家型基金

單一國家型基金（Country Fund）乃基金募集資金後，以單一國家的證券爲主要投資標的物。當投資人特別看好某個國家具有發展潛力時，可以針對該國選擇國家基金。但此類基金的波動風險會較區域型與全球型高。

(二) 區域型基金

區域型基金（Regional Fund）乃投資於某特定區域內的證券，可分散對單一國家的投資風險。一般常見的區域型基金有大中華經濟圈、亞洲新興國家、北美地區、拉丁美洲及東歐基金等。儘管區域型基金分散投資在區域內各國金融市場，但由於區域內景氣變化與金融市場變化，常常會出現同步的特性，因此投資風險仍比全球型基金高。

(三) 全球型基金

全球型基金（Global Fund）乃在某一國募集資金後，將資金投資遍及全球金融市場，亦可投資募集資金的當地國。通常全球型基金最能夠達到分散風險目的，且投資收益亦最爲穩健。

圖 2-2　國內銀行信託資金的投資情形

在銀行買的共同基金，以後可以像定存單一樣，向銀行質借了。金管會將加速推動放寬國人透過銀行信託資金購買的基金、債券融資限制，傾向以修改自律規範方式鬆綁，將邀相關單位會商後，順利的話上半年可上路。

根據信託公會統計，去年底止，國人透過「特定金錢信託」方式投資國內外有價證券，規模有3.6兆元，其中大部分都是投資基金及債券，合計有3.2兆元。金管會的鬆綁將使高達3兆多元的資金可靈活操作，銀行財管業務商機大增。

銀行業者表示，銀行定存客戶需要現金調度時，可將定存單質押借款，但投資人以特定金錢信託方式投資國內外基金等有價證券，以往卻無法辦理質押，當投資人需要資金，贖回時點又可能面臨虧損，資金調度不夠便利。

近期金管會傾向修改信託公會自律規範放寬。限制放寬後，不但有利銀行發展這項質押貸款業務及衍生相關財富管理業務，對客戶來說，也可提高流動性，財力雄厚者可從事高財務桿槓操作，廠商向銀行貸款時，也多一項副擔保品。不過，投資人也須注意可能的風險，例如：基金淨值波動，會否面臨被追繳擔保品或要求贖回還錢等風險。

《圖文資料來源：節錄自經濟日報 2015/04/07》

↻ 解說

政府近期將開放只要透過銀行信託部，以「特定金錢信託」方式購買的基金，可如同股票或定存單一般，可向銀行質押後融資。此措施確實可以增加投資人資金調度的靈活性，但投資人仍須注意基金淨值波動，會否面臨被追繳或要求贖回還錢的風險。

2-3 基金的收益與風險

　　一般而言，投資共同基金的收益與所面臨的風險，均較投資在現貨商品小，所以相對而言是屬於報酬與風險都相對穩定的金融商品。以下本節將說明投資共同基金所可能得到的收益、以及可能會承擔的風險。此外，本節另外再提供國內投信投顧所公佈的「基金風險報酬等級分類標準」，供讀者參考。

一、基金的收益

　　一般而言，投資共同基金的收益來源，大致包括：資本利得、利息收益及匯兌利得這三種。

(一) 資本利得

　　資本利得是投資基金最主要的收益來源，投資人藉由基金淨值（或市價）的買賣價差計算出損益。通常國內對投資境內基金的資本利得是免課稅的；但對境外基金的資本利得需課稅的，但須與基金的利息收益分配合併課稅；若境外基金的資本利得與利息利益，相加總超過新台幣100萬元，才需要申報課稅。

(二) 利息收益

　　投信針對基金是否配息之規定會載明於公開說明書上，配息的頻率亦由投信所決定。通常投資於境內基金，若有配息且配發的利息部分是來自境內投資收益，則須依各類所得扣繳率標準扣繳。但境外基金的部分，需資本利得與利息收益分配合計超過100萬元，才須繳納基本稅額[5]。

(三) 匯兌利得

　　若投資境外基金會比境內基金，多一種損益就是匯兌損益。所以投資人投資境外基金，若計價幣別出現大幅升值時，會使資本利得與利息收益都有匯兌利得，反之，就會有匯兌損失。

---

5 國內於2010年起，若國人投資海外商品，其利息收益與資本利得合計超過新台幣100萬元，且個人或家庭的所得總額，亦超過新台幣600萬元者，才須針對海外收益進行課稅。

二、基金的風險

一般而言，投資共同基金的風險來源如下：

(一) 市場風險

全球金融市場是詭譎多變的，所以只要有些重大事件發生，通常會造成金融資產價格劇烈變動。雖然基金是投資組合觀念，可以消除個別資產的非系統風險，但市場的系統風險發生時，仍然會使基金的價值產生大幅波動，所以投資人在投資某地區的基金時，須釋慎防該地區的市場風險。

(二) 匯率風險

投資於外幣計價的境外基金，若計價幣別對臺幣升值，則客戶會出現匯兌收益；若該貨幣對臺幣貶值，則客戶會出現匯兌損失。所以投資人須考慮投資基金的幣別匯率變動所帶來的風險。

(三) 利率風險

若投資固定收益類型的基金（如：債券型），須慎防利率變動對債券的資產價值造成損益。且投資債券型基金須慎防債券，因公司信用[6]不佳所造成的違約風險、甚至出現公司倒閉的情形。

(四) 流動性風險

有些封閉型基金在市場上因流動性不佳，或投信公司對某些基金進行買賣的限制，都會影響投資人正常的交易，此時基金便有流動性風險，使其變現性變差。

---

6 有關債券的信用評級，全世界有三家知名的信用評等公司，分別為「標準普爾（Standard & Poor's）」、「慕迪（Moody's）」、「惠譽國際（Fitch Rating）」。其各家信用評等等級與說明如下表所示：

信用等級		標普	慕迪	惠譽	評級結果說明
投資等級		AAA	Aaa	AAA	信譽極好，幾乎無風險
		AA	Aa	AA	信譽優良，基本無風險
		A	A	A	信譽較好，具備支付能力，風險較小
		BBB	Baa	BBB	信譽一般，基本具備支付能力，稍有風險
投機等級	垃圾等級	BB	Ba	BB	信譽欠佳，支付能力不穩定，有一定的風險
		B	B	B	信譽較差，近期內支付能力不穩定，有很大風險
	違約等級	CCC	Caa	CCC	信譽很差，償債能力不可靠，可能違約
		CC	Ca	CC	信譽太差，償還能力差
		C	C	C	信譽極差，完全喪失支付能力
		D	D	D	違約

(五) 制度風險

雖然基金所從事的投資證券活動，主管機關會建立行良善的制度，以保護投資者的利益為優先原則，但仍有可能產生制度或人為的疏失，進而影響投資人的權益。

三、基金風險報酬等級分類標準

國內的投信投顧公會，為了讓基金投資人簡易的明瞭基金風險報酬高低的區分情形，將其等級化，以下為各等級說明與各類型基金的等級說明。

(一) 風險報酬等級

國內投信投顧公會公布「基金風險報酬等級分類標準」，是依基金類型、投資區域或主要投資標的（產業），由低至高，區分為「RR1、RR2、RR3、RR4、RR5」五個風險報酬等級。其中，RR1表低度風險、RR2表中低度風險、RR3表中度風險、RR4表中高度風險、RR5表高度風險。

此外，投信投顧公會提醒投資人此等級分類，是基於一般市場狀況反映市場價格波動風險，無法涵蓋所有風險，不宜作為投資唯一依據，投資人仍應注意所投資基金個別的風險。

(二) 各類基金的風險報酬等級

以下表2-3為國內投信投顧公會，所公佈的國內各類型基金的風險報酬等級說明。

表2-3　各類型基金之風險報酬等級說明

基金類型	投資區	主要投資標的/產業	風險報酬等級
股票型	全球	一般型(已開發市場)、公用事業、電訊、醫療健康護理	RR3
		一般型、中小型、金融、倫理／社會責任投資、生物科技、一般科技、資訊科技、工業、能源、替代能源、天然資源、週期性消費品及服務、非週期性消費品及服務、基礎產業、其他產業、未能分類	RR4
		黃金貴金屬	RR5

基金類型	投資區	主要投資標的/產業	風險報酬等級
股票型	區域或單一國家 (已開發)	公用事業、電訊、醫療健康護理	RR3
		一般型、中小型、金融、倫理/社會責任投資、生物科技、一般科技、資訊科技、工業、能源、替代能源、天然資源、週期性消費品及服務、非週期性消費品及服務、基礎產業、其他產業、未能分類	RR4
		黃金貴金屬	RR5
	區域或單一國家 (新興市場、亞洲、大中華、其他)	一般型(單一國家－臺灣)	RR4
		一般型、公用事業、電訊、醫療健康護理、中小型、金融、倫理/社會責任投資、生物科技、一般科技、資訊科技、工業、能源、替代能源、天然資源、週期性消費品及服務、非週期性消費品及服務、基礎產業、黃金貴金屬、其他產業、未能分類	RR5
債券型 (固定收益型)	全球、區域或單一國家 (已開發)	投資等級之債券	RR2
		高收益債券(非投資等級之債券) 可轉換債券 主要投資標的係動態調整為投資等級債券或非投資等級債券(複合式債券基金)	RR3
	區域或單一國家 (新興市場、亞洲、大中華、其他)	投資等級之債券	RR2
		主要投資標的係動態調整為投資等級債券或非投資等級債券(複合式債券基金)	RR3
		高收益債券(非投資等級之債券) 可轉換債券	RR4
保本型			按基金主要投資標的之歸屬風險報酬等級
貨幣市場型			RR1
平衡型(混合型)			RR3(偏股操作為RR4或RR5)
金融資產證券化型		投資等級	RR2
		非投資等級	RR3
不動產證券化型		全球、區域或單一國家(已開發)	RR4
		區域或單一國家(新興市場、亞洲、大中華、其他)	RR5
指數型及指數股票型(ETF)			同指數追蹤標的之風險報酬等級
槓桿/反向之指數型及指數股票型(ETF)			以指數追蹤標的之風險等級，往上加一個等級
組合型基金			同主要投資標的風險報酬等級
其他型			同主要投資標的風險報酬等級

資料來源：投信投顧公會

➡ 註1 區域（亞洲、大中華）股票型基金係指投信投顧公會委請之專家學者、理柏（Lipper）、晨星（Morningstar）或嘉實資訊（股）公司等基金評鑑機構所作評比資料之基金類型為亞洲或大中華區域者。

➡ 註2 不動產證券化型基金包括不動產證券化之投信基金，與主要投資不動產證券化商品之股票型境外基金。

2-4 基金的交易實務

投資人買賣基金，首先會面臨到須至何地辦理申購與贖回；以及投資時須支付哪些交易手續費或管理費用。此外，在投資境外基金時，因境外基金的名稱類別較多元，所以也應先搞清楚，以避免造成投資上的糾紛。的以下將針對這三點進行說明之。

一、基金的買賣

通常基金的買賣或申購贖回，基本上，封閉型基金與開放型基金的運作方式是不同的。

(一) 封閉型基金

封閉型基金乃首次向發行憑證的投信公司申購後，以後將來的買賣都透過證券商至證券交易所集中撮合交易，並以基金的「市價」進行交易。通常買賣封閉型基金是以受益憑證的張數為單位，在國內一張封閉型基金受益憑證，通常為1,000個單位數。

(二) 開放型基金

開放型基金通常可透過基金的代銷機構（平台）、或直接找投信公司，以基金的「淨值」申購或贖回。通常在國內申購境內或境外基金都是用當日的淨值買入，若贖回境內（境外）基金，則是以次日（當日）的淨值當作計價標準。通常買賣開放型基金大都以「交易金額」為單位，所以投資人買賣開放型基金時，可能會買賣畸零單位數；而非封閉型基金的以1,000為單位的整數單位數。

二、基金的費用

通常投資人買賣基金，須負擔一些交易成本。且有部分的費用已在淨值中先行內扣（如：管理費、保管費與分銷費），所以投資人並沒有查覺；有部分的費用是需要另外額外支出的。投資人需額外支出的費用，就封閉型基金而言，就是「證券手續費」（0.1425%×2＝0.285%）與「證券交易稅」（0.1%）兩者的加總；就開放型基金而言，就是「手續費」與申請轉換基金的「轉換費」。至於有關基金所有可能應付的費用說明如下：

(一) 申贖手續費

基金的申購或贖回手續費（Front-end/Back-end Load）是指申購或贖回基金時所支付的費用；此費用主要用來支付投信公司的投資諮詢服務、以及申購或贖回基金時所有的行政費用。此手續費大部分是申購時就被收取，但也有贖回時再收取的。

通常申贖國內股票型基金的手續費為1.5%，國外股票型基金的手續費為3%，且債券型基金的手續費與股票型基金也會不同；但通常銷售機構會依不同客戶，給與程度不一的折扣。有關國內外各類型基金的申購/贖回手續費，整理於表2-3。

(二) 轉換費

基金的轉換費（Transfer Fee）是指投資人可以將目前的基金，申請轉換為同家投信公司所發行的其他基金，所須支付的手續費用。例如：由股票型基金轉換為債券型基金，通常銀行會收取若干的轉換手續費用。一般而言，國外基金的轉換手續費通常是500元，國內基金則不一定；另外，部份的投信公司也會收取轉換金額的0.5%至1%左右的轉換手續費。

(三) 管理費

基金的管理費（Management Fee），又稱為「經理費」，為投信公司管理該基金資產之管理服務費用，這是投信公司最主要的收入來源。通常基金管理費會從每日投資損益所計算出的淨值直接扣除，所以屬於內含費用，投資人在申購時，有時會忽略此管理費金額的高低。一般而言，基金保管費用會依據各類型基金而有所調整，通常約為0.3%~2.5%左右。有關國內外各類型基金的管理費用，整理於表2-4。

(四) 保管費

基金的保管費（Custodian Fee）是指基金公司支付給保管機構的管理費用。通常基金都會有個資產保管機構（保管銀行），保管機構當然也會對基金收取費用，保管費是從基金資產中自動扣除，投資人不需另外支付。一般而言，基金保管費用約為0.2%左右；但通常此保管費有些基金已將計入在管理費內，並不一定會單獨顯現出來。

(五) 分銷費

基金的分銷費（Distribution Fee）又稱「管銷費」，通常此費用為針對後收手續費B類基金，所收取的一項內含的行銷管理費。此費用會在基金的淨值中內扣，投資人不需再另外支付。

表2-4　國內外各類基金的費用一覽表			
基金類別		申購/贖回手續費	基金管理費
國內基金	股票基金	1.5%	1.5%
	債券基金	0.5%	0.3%
國外基金	全球股票基金	2%~3%	0.6%~1.5%
	單一國家/產業基金	2%~3%	1.5%~2.5%
	債券基金	1.5%~2%	0.65%~1.6%

資料來源：Smart 致富月刊

三、基金的名稱類別

由於境外型基金的投資與銷售範圍較為廣泛，所以既使同一檔基金，也會因基金公司的銷售策略或投資人的需求，有不同的基金代號名稱，以利於基金公司區分管理，但卻也常常造成投資人滿頭霧水。

基本上，境外基金公司大致會針對基金的「計價幣別」、「手續費收取」「配息與否」、「申購族群」等差異，給予不同的基金名稱或代碼。但每一家基金公司，給予相同類型的基金的名稱或代碼，也不一定相同。以下介紹的只是一般較普遍的分類，確實的分類基準，仍以境外基金公司內部的分類為準。

(一) 計價幣別差異

通常同一檔基金，可依計價幣別，分成多檔供投資人選擇。通常會以美元、歐元、人民幣、澳幣計價居多。通常基金公司會在基金標上幣別名稱，但投資人選擇不同幣別計價的基金時，需考慮該幣別將來的升貶值情形。

(二) 手續費收取差異

通常實務上有些境外基金，既使同一檔基金會依據手續費前收或後收，將基金分成A類、B類、C類。此外，A、B、C類基金，除了手續費結構不同外，其管

理費（內扣費用）的收取也不一樣，所以投資人申購基金時須詢問清楚，以免便宜了手續費，但被貴了管理費。以下分別介紹這三類的不同：

1. **A類**：是指為前收型，也就是投資人申購時，就先繳手續費。

2. **B類**：是指後收型，也就是投資人贖回時，再繳手續費，且有逐年遞減的特性（通常投資4年，手續費依4%、3%、2%、1%逐年遞減），也就是投資愈久，手續費愈便宜。

3. **C類**：為後收型，但不須像B類被綁太久，通常只要持有滿1年就不用收手續費，就算1年內贖回也只收1%的手續費。

(三) 配息與否差異

通常投資基金，有部分基金會採取「配息」方式，將利息分配給投資人；但也有部分基金，將利息收益累積在淨值內，採取「不配息」方式。以下介紹各家基金公司對配息、不配息基金的表示方式：

1. **配息**（Distribution, dis）：配息基金的配息方式，可以採月、季、年配息。通常配息基金，在基金代碼會加註「配息、dis」等字眼、或者會在上述A、B、C類之後再被標示為「AT、BT、AM…等等」。

2. **不配息**（Accumulation, acc）：不配息基金，將利息收益累積在淨值內，以複利的方式繼續投資。通常不配息基金，在基金代碼會加註「累積、累計股份、acc」等字眼、或者會在上述A、B、C類之後再被標示「A1、B1、C1、A2、B2、C2…等等」。

(四) 申購族群差異

因基金投資者，有些是財力雄厚的法人，所以基金公司會提供這些大額投資人或法人，較便宜的管理費用或手續費，以和一般的散戶投資人有所區別。因此在基金名稱代碼會標示「I、N、Y…等等」字眼，以區別不同。

市場焦點

後收型基金惹民怨　金管會要管

表 2-5　國內前收與後收型基金的手續費比較情形

基金類別	前收型基金	後收型基金
申購時手續費	最高 3%，多有折扣，實際最高約 2.4%	免收
遞延申購手續費	免收	持有 1 年內贖回：4% 持有 1-2 年內贖回：3% 持有 2-3 年內贖回：2% 持有 3-4 年內贖回：1% 持有 4 年以上贖回：0% （各基金不同）
內扣管銷費用	無此項	最高 1.5%

資料來源：綜合各家業者資料，各家業者、基金收取不同

　　國內規模達數千億元的後收型基金，因強調買基金時不需支付手續費而熱賣，但後收型基金每年會另外多收一筆管銷費用，有部分投資人認為被騙，向主管機關申訴。據悉，金管會已經準備出手，要求所有新送件的後收型基金必須設立「自動轉換機制」，到了約定年限就自動轉換成前收型基金，甚至不排除溯及既往，適用所有後收型基金，讓投資人不再被剝一層皮。

　　前收型基金與後收型基金主要差別在於「費用結構」，前收型基金是投資人申購時就收申購手續費，後收型基金則是申購時不先收手續費，但在約定的年限（多數是4年）內贖回要交4～1%不等的「遞延申購手續費」，若超過約定年限以上，投資人不必繳交任何手續費。儘管如此，後收型基金會多收取每年最高1.5%的「管銷費用」，且多數是採取內扣的方式。

　　業者指出，正因為後收型基金多收取「管銷費用」，讓後收型基金的績效一般來說多落後前收型基金，加上若投資人購買後收型基金達約定年限後，每年還是要扣「管銷費用」，變成長期持有後收型基金，對投資人反而愈不利。因此引起部分資人不滿。有民眾反映，當初想長期投資以省下手續費，但發現持有愈久，基金被扣的管銷費反而大幅影響績效，等於是被扒好幾層皮。

業者表示，對預計投資金額較大，或較無法確定投資時間的投資人，前收型基金可能是較好的選擇，另一方面，目前也有業者推出對投資人有利的後收型基金，例如：某投顧的V股基金到約定年限便可轉換成前收型基金，且基金不收內扣的「分銷費用」，由業者自行吸收。

《圖文資料來源：節錄自工商時報 2015/05/25》

....

↻ 解說

投資人購買基金時，都會斤斤計較手續費的折扣，尤其是購買境外基金時。有些銀行理財專員為了銷售業績，常沒有充分告知，此基金的手續費是前收型基金與後收型。待投資人要贖回時，才知自己買的是「後收型」，必須支付一筆為數不小的手續費，且還被多扣一筆內含的「管銷費用」。近期引起民眾的抱怨，金管會已經出手管理了。

2-5 國內基金市場的發展

國內基金市場的發展並不悠久，早期由4家老投信寡占；爾後，再歷經兩次對本土投信的申請開放；直至近期的開放外資經營。因此國內的基金市場沿革，大致依投信的發展可分為三個時期，以下將依這三大時期的市場狀況，進一步說明之：

一、寡占萌芽時期（1983年至1991年）

國內於1982年，依據當時行政院核定之「引進僑外資投資證券計畫」，特許成立4家投信公司（分別為國際、光華、建弘與中華投信），當時各家投信公司須至海外各募集一檔投資於國內的基金，間接的將海外資金引入於國內證券市場。當年最早成立的基金，乃由1983年國際投信（現已改為兆豐國際投信）所募集成立的「國際台灣ROC基金」。

開放初期，各家投信至海外引入外國資金，成立股票型基金，投資於國內股票市場。直至1986年，國內本土才成立第一檔開放型基金為「國際第一基

金」，可銷售給國內投資人。且國內首檔封閉型基金－「國際國民基金」乃於1988年才問世。此外，當時隨著台灣經濟快速成長，外匯存底急速上升，政府也提供國內投資人，投資國外股市的機會，於1989年成立了第一批投資於海外的股票型基金；且緊接著債券型與平衡型基金也相繼成立。

此時期所成立的4家老投信，大都具黨營色彩或政商關係良好者，受到市場較多的保護。因為寡占時期，所以業者的經營與投資績效並不理想，且加上投資人對基金的認識，仍處於懵懂時期，所以整個市場發展較為緩慢，屬於初期萌芽階段。

二、開放競爭時期（1992年至1999年）

國內股市歷經80年代末期與90年代初期，指數上下大幅震盪的洗禮，因此政府希望藉由開放新投信設立，提高法人在股市的交易比重，藉以發揮穩定股市的功能。於是1991年9月修訂「證券投資信託事業管理規則」，重新允許開放新投信公司之設立。並於1992年新開放11家投信公司加入該市場，此時市場開始進入競爭時期，結束4家老投信的寡佔時期，一般將這個階段稱為「第二波」投信的開放期。

爾後，政府為了順應國內外金融環境變化，且為使投信產業更為健全，於1996年3月修正管理規則，放寬發行人資格規定、刪除僑外投資投信事業持有股份總數的限制，以及取消投信事業首次募集之基金，必須為封閉型基金等規定。政府1996年起，又開放多家新投信公司的申請，此時市場更為開放競爭，此階段被稱為「第三波」投信開放期。

國內的基金市場，經過上述這兩階段的開放，市場的制度亦有許多變革與調整，以讓市場朝向更健全的發展。首先，1992年規定任一檔基金，投資於任一股票之股份總額，不得超過該股票已發行股份總數之10%。其次，證券主管機關為了國內封閉型基金長久以來都有大幅折價的問題，於1994年同意將封閉型基金可以轉型為開放型基金，於是至1995年大部分的封閉型紛紛轉型成開放型[7]。且於1999年開放投信事業得運用投信基金，從事證券相關的期貨交易，使得基金的操作更為多元與靈活。

---

7 國內最後一檔「富邦富邦」封閉型基金，也於2013年底申請改制為開放型。

三、導入外資時期（2000年至今）

　　國內於1997年以後，政府開放外資機構法人以及銀行可以籌設投信；當年友邦投信是AIG集團（American International Group）在台設立的投信公司，也是台灣第一家純外商背景的國際化投信公司。爾後，2000年以後出現自從荷蘭銀行收購光華投信起，國際間知名的外商集團紛紛來台併購本土投信、或另新設立投信，揭開了國際級資產管理公司與銀行，在國內經營投信業務的另一波競爭序幕。

　　由於外資投信的導入，更促進國內基金市場朝向創新性與國際化的發展，其讓國內市場所發展的基金商品、以及投資的範圍，更為多樣廣泛。此時基金種類逐漸由傳統型式走向創新變化，如：組合型、保本型、雨傘型基金、ETF與REITs等的相繼出現。且於2006年解決國內以往債券型基金，多半投資短期債券的妾身不明情形，將債券型基金明確的分流為「貨幣型」與「債券型」基金。並於2009年成立首檔的期貨型基金，增加市場商品的多樣性。

　　此外，政府於2000年，開放投信業者可以從事「全權委託投資業務」（代客操作）；以及2006年實施的「境外基金總代理制」，明確的規範國內投信業可以擔任境外基金總代理人；且於2016年由政府成立「基金銷售平台」，提供投信業者另一基金銷售通路，不用侷限在代銷機構。因此這幾年政府的開放措施，提供投信業者更多元的業務經營與銷售管道，對基金市場的發展具有正面的影響。

　　國內基金市場經過30幾年的發展，截至2016年4月，國內共有38家投信公司的成立，總共發行了近700檔境內基金，境內基金的規模更超過2.2兆元。此外，國內更有45家境外基金總代理人，代理80家境外基金機構的商品，且共代理了超過1千多檔境外基金，供國內的投資人選擇，境外基金規模共超過3兆元。由此可見共同基金的事業，正在國內日益的成長茁壯發展中。

市場焦點

基金銷售平台即將上架

表 2-6　基金銷售管道

	現行	新增
管道	銀行、券商、投信	網路銷售平台
優勢	1. 專人服務介紹 2. 銷售經驗較久 3. 提供後續服務	1. 公開資訊、便利 2. 投資成本可望下降 3. 同一平台一次購足
劣勢	1. 投資成本較高 2. 要逐一開戶申購	1. 投資人自行研究資訊 2. 停損停利要自行設定

資料來源：金管會

　　投資基金成本可望降低。金管會與集保公司正在規劃，成立半公益性質的公司，架設基金銷售平台，金管會主委透露，年底前將規劃完成，開立網路平台讓所有基金都可以上架銷售，資訊更公開，且投資人能在此平台找出最佳、最適合的基金，重點是投資費用可望下降。

　　目前基金銷售管道主要來自銀行，投信要付出上架費、行銷佣金，若佣金不高，有時還很難上架銷售，等於投信基金都被通路綁架，但隨著金融科技化的發展，如韓國就推出基金的網路銷售平台，很類似台股集中市場，有基金績效等公開訊息，所有投信的基金都可上架銷售，投資人付出的佣金及手續費可望減少。

　　證期局方面表示，為了解決現行基金銷售的諸多問題，決定由集保公司出面規劃，成立一家新的公司，專責架設及經營基金網路銷售平台，目前傾向如櫃買中心、集保及相關投信業者共同出資，未來所有境內外基金都可逐步上架，投資人也可透過網路下單、手機行動下單等，投資各式基金。

　　目前基金在銀行等通路上架，要付上架費、行銷管理費、理專佣金、獎勵金、培訓經費、表揚活動等，成本極高，有些就會轉嫁給投資人，投資人要負擔申購手續費、信託管理費等，同時基金有固定銷售的銀行，投資人要投資就必須到該銀行去開戶，沒有所有基金統一比較、購買的管道，因此金管會決定籌組一網路平台來銷售所有基金。

《圖文資料來源：節錄自中時電子報 2015/09/17》

↻ **解說**

　　國內開放型基金的銷售管道，除了以往直接至投信或基金境外代理人購買外，或者至代銷機構（銀行或證券商）購買；現在政府又新闢一管道，採由政府與業者共同架設的「基金銷售平台」來銷售。此舉可增加投信公司銷售基金的便利性，節省投資人的購買基金的手續費支出。

新知速報

➔ 聰明投資基金的六個守則

https://www.youtube.com/watch?v=Q_XksTwNvqc

影片簡介

投資人常使用基金來進行理財，由於基金的種類繁多，所以投資時仍需做功課。業界專家建議需注意六項投資法則，就能讓你做出更冷靜的判斷與選擇！

➔ 債券基金拉警報　金管會下令嚴審禁發

https://www.youtube.com/watch?v=C6JU7-72ZO0

影片簡介

近年來國人偏愛境外的高收益債券型基金，但若美國升息，將導致殖利率彈升，此時基金會出現虧損，所以金管會下令嚴審禁發，以免投資人受到嚴重損失。

➔ 油價暴跌！能源基金虧百億

https://www.youtube.com/watch?v=P9bLmQ-ISBo

影片簡介

國際油價暴跌，首當其衝為俄羅斯新興石油出口國，且波及俄羅斯能源相關數10檔基金，虧損已達到百億台幣，若加上礦業及金磚四國等基金，虧損恐更高。

➔ 團購買"基金"　手續費殺下1折

https://www.youtube.com/watch?v=SSmFQSmgxUc

影片簡介

現在團購風氣夯，現在連基金都能團購。銀行業者趁勢推出基金團購，只要指定基金，就可以把手續費最多殺到1折，讓不少小資上班族，以小博大。

新知速報

➜ 停賣為那樁？B股基金大解密

https://www.youtube.com/watch?v=NdxQGN75Kdc

影片簡介

B類境外基金是屬於後收手續費，投資人要購買基金時，必須注意。若投資時間不夠長，要提早贖回，仍會被收取一筆手續費或分銷費。

➜ 基金平台成趨勢　是投資人的福音嗎？

https://www.youtube.com/watch?v=Q-u3wMklFyA

影片簡介

最近金管會大力推動想要結合集保公司來推出基金平台，讓投資人可以透過這個基金平台，買到所有在台灣發行的基金，這樣可幫投資人節省手續費。

本章習題

一、選擇題

(　　) 1. 下列何者非共同基金的特性？(A)風險低　(B)專業管理　(C)報酬高　(D)小額投資

(　　) 2. 下列何者為發行共同基金的機構？(A)投資信託公司　(B)投資顧問公司　(C)信託投資公司　(D)證券金融公司

(　　) 3. 通常投信發行基金後，通常會將受益憑證委託何者保管？(A)證券集保公司　(B)投資顧問公司　(C)保管銀行　(D)證券金融公司

(　　) 4. 請問國內的基金是屬於何種類型？(A)契約型　(B)股份型　(C)公司型　(D)合夥型

(　　) 5. 下列對於開放型基金敘述何者正確？(A)基金規模固定　(B)通常掛牌上市　(C)依市價買賣　(D)可以贖回

(　　) 6. 下列對於封閉型基金敘述何者為非？(A) 依淨值買賣　(B)通常掛牌上市　(C)基金規模固定　(D)不可以申購贖回

(　　) 7. 通常平衡型基金的標的物為何？(A)債券與期貨　(B)債券與票券　(C)股票與債券　(D)股票與期貨

(　　) 8. 下列基金何者獲利可能最高？(A)積極成長型　(B)成長型　(C)成長加收益型　(D)平衡型

(　　) 9. 下列基金何者風險最高？(A)債券型基金　(B)股票型基金　(C)認股權證基金　(D)貨幣型基金

(　　) 10. 下列基金何者風險較低？(A)單一國家型基金　(B)區域型基金　(C)全球型基金　(D)以上皆是

(　　) 11. 下列對不動產基金(REITs)的敘述，何者有誤？(A)又稱不動產投資信託證券　(B)通常會配息　(C)以投資商用不動產為主　(D)是屬於開放型基金

(　　) 12. 通常投資境內的股票型基金手續費為何？(A)1%　(B)1.5%　(C)2%　(D)3%

(　　) 13. 通常投資境外的股票型基金手續費為何？(A)1%　(B)1.5%　(C)2%　(D)3%

( ) 14. 下列敘述何者正確？(A)買賣基金只能直接找投信購買　(B)國內的基金是屬於公司型　(C)基金受益憑證通常保管在代銷機構　(D)能源基金是買開採能源公司的股票。

( ) 15. 下列敘述何者有誤？(A)指數股票型基金(ETF)是依市價買賣　(B)REITs是依淨值買賣　(C)全球型基金風險較單一國家基金小　(D)債券型基金通常風險小

( ) 16. 下列敘述何者有誤？(A)指數股票型基金必須掛牌上市　(B)平衡型基金通常是票券與債券相互投資　(C)封閉型基金規模固定　(D)發生通貨膨脹可以選擇投資黃金基金

( ) 17. 下列敘述何者有誤？(A)投資全球型基金可以規避市場風險　(B)封閉型基金可能比較有流動性風險　(C)通常投資在BBB等級以上的債券型基金，收益較低　(D)投資國內基金的資本利得收益免課稅

( ) 18. 下列敘述何者正確？(A)投資國外基金的資本利得收益免課稅　(B)通常基金的管理費都要向投資人另外收取　(C)通常投資國內基金的利息收益會被課稅　(D)國內買賣封閉型基金是免交易稅

( ) 19. 下列哪些費用通常是購買基金時的內含費用？ a.手續費 b.轉換費 c.管理費 d.保管費 e.分銷費　(A)abcd　(B)bcd　(C)cde　(D)bce

( ) 20. 下列對國內基金市場的敘述何者有誤？(A)國內現無封閉型基金的發行　(B)基金平台可以節省投資人手續費　(C)海外基金到國內銷售，須者代理人負責　(D)國內的貨幣型基金以投資票券為主

證照題 ( ) 21. 有關國內共同基金，下列敘述何者錯誤？(A)由證券投資信託公司經申請核准後發行　(B)發行實體為受益憑證　(C)開放式基金不在交易所掛牌，故不屬於有價證券　(D)國內共同基金屬於契約制

【第25屆理財規劃人員】

( ) 22. 我國目前證券投資信託事業所發行的證券投資信託基金屬於？(A)契約型　(B)公司型　(C)債權型　(D)選項(A)(B)(C)皆非　【2015-4 投信投顧人員】

（　　）23. 以下有關境外基金之敘述，何者為非？(A)境外基金之私募不得為一般廣告或公開勸募　(B)境外基金是指於中華民國境外設立，具證券投資信託基金性質者　(C)所有境外基金之銷售或代理募集者，皆需經中央銀行同意　(D)任何人非經主管機關核准或向主管機關申報生效後，不得在中華民國境內從事或代理募集、銷售、投資顧問境外基金

【2013-1 投信投顧人員】

（　　）24. 下列哪一項關於封閉型基金的敘述是最正確的？(A)基金的價格高於淨資產價值　(B)基金的價格等於淨資產價值　(C)流通在外的基金受益憑證數隨著持有人的申購及贖回而改變　(D)流通在外的基金受益憑證數在一開始發行就固定　　　　　　　　　　　　【2013-2 證券投資分析人員】

（　　）25. 下列各類型基金之風險高低順序為何？ A.積極成長型基金 B.收益型基金 C.成長加收益型基金 D.成長型基金　(A)A＞B＞C＞D　(B)A＞C＞D＞B (C)A＞D＞C＞B　(D)A＞B＞D＞C　　　　　　　　【第27屆理財規劃人員】

（　　）26. 追求高風險／高報酬的投資人，較適合那類共同基金？(A)債券基金 (B)平衡基金　(C)股票收益型基金　(D)小型股基金【2013-3 投信投顧人員】

（　　）27. 一般說來，下列何種基金之風險最低？(A)貨幣市場基金　(B)平衡型基金　(C)債券型基金　(D)股票型基金　　　　　　　　【2013-3 投信投顧人員】

（　　）28. 所謂「股票型基金」，依我國法令係指投資股票總額達基金淨資產百分之幾以上者？(A)三十　(B)五十　(C)七十　(D)一百

【2014-1 投信投顧人員】

（　　）29. 股票型基金之名稱表示投資某個特定標的、地區或市場者，該基金於投資相關標的、地區或市場之有價證券應達基金淨資產價值之多少百分比？(A)30%　(B)50%　(C)60%　(D)90%　　　　【2013-4 投信投顧人員】

（　　）30. 有關我國「債券型基金」之敘述，下列何者錯誤？(A)債券型基金除法令另有規定外，不得投資結構式利率商品　(B)債券型基金資產組合之加權平均存續期間應在一年以內　(C)債券型基金投資於任一公司所發行無擔保公司債或金融債券，應於證券投資信託契約中明訂其信用評等等級 (D)債券型基金除法令另有規定外，不得投資轉換公司債

【2013-4 投信投顧人員】

(　) 31. 債券型基金資產組合之加權平均存續期間應在幾年以上？(A)一年　(B)二年　(C)三年　(D)四年　【2014-4 投信投顧人員】

(　) 32. 下列何者為貨幣型基金最主要的獲利來源？(A)資本利得　(B)利息收益　(C)股息收入　(D)股價指數之波動　【第26屆理財規劃人員】

(　) 33. 所謂平衡型基金是指：(A)基金之贖回與出售維持平衡，以確保基金規模保持一定　(B)基金投資組合中僅包含股票　(C)基金投資組合中僅包含各年期債券　(D)基金投資組合中包含股票與債券

【2013-4證券商高級業務員】

(　) 34. 某檔基金同時分別投資於股票和債券，並著重在資本利得和固定收益。若以投資目的區分，該基金屬於下列何種基金？(A)平衡型基金　(B)收益型基金　(C)成長型基金　(D)積極成長型基金　【第23屆理財規劃人員】

(　) 35. 全球型共同基金相較於單一國家型共同基金的主要優點在於：(A)較高報酬　(B)較低稅賦　(C)較低風險　(D)較高流動性

【2010-1證券商高級業務員】

(　) 36. 有關投資共同基金所涉費用，下列何者非屬之？(A)基金經理費　(B)基金保管費　(C)申購手續費遞減式後收的基金管銷費　(D)代銷佣金

【第22屆理財規劃人員】

(　) 37. 下列何者為B股基金之特徵？(A)限制持有國內與國外股票比例　(B)限制持有股票與債券比例　(C)申購手續費為遞減式後收型　(D)申購手續費為前收式　【第25屆理財規劃人員】

(　) 38. 林小姐額外支付申購手續費後，買入淨值10元之A基金30萬元，當基金跌至9元時轉換至淨值為20元之B基金（轉換手續費內扣0.4%），下列敘述何者錯誤？(A)理論上林小姐約可買到14,336.22單位之B基金　(B)轉換手續費約為1,080元　(C)若林小姐於B基金漲至22元時贖回，則最終共約損失4,188元　(D)若林小姐於B基金漲至25元時贖回，則最終共約獲利36,150元　【第25屆理財規劃人員】

(　) 39. 投資人欲申購國內之股票型基金100萬元，該基金申購手續費為2.00%，基金經理費為1.50%，基金保管費為0.15%，請問除申購金額100萬元外，投資人另需額外支付多少費用？(A)20,000元　(B)21,500元　(C)35,000元　(D)36,500元　【第23屆理財規劃人員】

(　　) 40. 國內證券投資信託事業發行之證券投資信託基金受益憑證在集中交易市場上市交易者，以多少單位為一交易單位？(A)五百　(B)一千　(C)五千　(D)一萬　　　　　　　　　　　　　　　　　　　　【2015-3投信投顧人員】

二、問答題

1. 何謂共同基金？

2. 通常投信發行基金後，會委託何者保管受益憑證？

3. 請問國內可至哪兩個機構申購開放型基金？

4. 下列基金何者風險最高？最低？為封閉型基金？
   A.債券型基金　B.股票型基金　C.認股權證基金　D.能源型基金
   E.股票指數型基金(ETF)

5. 請說明封閉型基金與開放型基金的差異？

6. 何謂不動產基金？

7. 通常投資共同基金可能會有哪幾項收益？

8. 通常投資共同基金可能會面臨哪幾項風險？

9. 通常投資境外基金，需資本利得與利息收益合計多少金額才會被課稅？

10.請問投資境內與境外開放型股票型基金，投資人可人須各支付多少比例的手續費？

11.國內投信投顧公會所公佈「基金風險報酬等級分類標準」，由低至高區分為何？

12.通常實務上有些基金，會依據手續費前收或後收，將同一檔基金分成A類、B類、C類，請問何者為前收？何者為後收？

一、選擇題

1	2	3	4	5	6	7	8	9	10
C	A	C	A	D	A	C	A	C	C
11	12	13	14	15	16	17	18	19	20
D	B	D	D	B	B	A	C	C	A
21	22	23	24	25	26	27	28	29	30
C	A	C	D	C	D	A	C	C	B
31	32	33	34	35	36	37	38	39	40
A	B	D	A	C	D	C	A	A	B

二、問答題

1. 集合眾多小額投資人的資金，委託專業投資機構代為管理運用，其收益與投資風險則歸原投資人共同享有與分攤的一種投資工具。

2. 保管機構。

3. 投信公司與代銷機構。

4. 認股權證基金風險最高；債券型基金風險最低；股票指數型基金為封閉型基金。

5.

	開放型基金	封閉型基金
交易方式	向投信申購贖回	需在集中市場交易
申購贖回	可隨時申購贖回	不可隨時申購贖回
基金規模	不固定	固定
買賣情形	依淨值買賣	依市價買賣

6. 基金標地物是以為商用或住宅用的不動產建築物為主。運作方式乃將不動產（如：辦公大樓）的所有權分割成小等份的股權，再將這些股權發行受益憑證，以「封閉型基金」的方式在市場上掛牌交易。

7. 資本利得、利息收益、匯兌收益。

8. 市場風險、匯率風險、利率風險、流動性風險、制度風險。

9. 新台幣100萬元。

10. 境內手續費1.5%、境外手續費3%。

11. RR1、RR2、RR3、RR4、RR5。

12. 前收：A類；後收：B與C類。

Chapter 3 投信的業務

▼ 本章大綱

本章內容為投信的業務，主要介紹投信的主要三個業務－共同基金的業務、全權委託投資業務、境外基金代理業務等。其內容詳見下表。

節次	節名	主要內容
3-1	共同基金業務	介紹共同基金的募集以及相關業務。
3-2	全權委託投資業務	介紹全權委託投資業務的投資架構、受任人的資格、投資決策流程、投資規範、委任人的資格與權利義務、以及優點。
3-3	境外基金代理業務	介紹境外基金總代理制度的代理人資格、銷售機構、以及優點。

根據國內的證券投資信託及顧問法令的規定，在國內可以經營證券投資信託事業的發起人，須為「基金管理機構」、「銀行」、「保險公司」、「證券商」或「金融控股公司」等這五種機構。且根據國內的法令，從事證券投資信託事業的經營，其主要的業務種類為如下三項：證券投資信託業務、全權委託投資業務、其他經主管機關核准之有關業務（如：境外基金代理業務）。

無庸置疑的，投信最主要的經營業務就是募集基金，所以本章首先介紹投信的「共同基金業務」。其次，由於基金經理人的投資專業性較一般散戶，因此政府近年來開放投信亦可承作「代客操作」的業務，也就是「全權委託投資業務」。最後，國內投信以往只能經營國內基金的相關事宜，對於境外基金的種種相關事宜的皆無法經營，且境外基金在國內的銷售以前並無明確的法令規定，於是近年來政府建立境外基金總代理制度，讓投信以及相關機構都可合法成為「境外基金代理人」，以解決境外基金在國內銷售與募集等種種問題。

以下本章將依序介紹，投信公司的三種業務內容－「共同基金業務」、「全權委託投資業務」、「境外基金代理業務」。

3-1　共同基金業務

　　投信公司最主要的業務就是經營共同基金的事項，從基金的募集發行、銷售、保管、操作、會計與配息等事務，都是投信公司所必須一一處理的業務。以下本節將依序介紹之。

一、基金的募集

　　通常投信公司要募集共同基金，須向國內的主管機管（金管會）申報或核准，才可以募集發行。通常募集方式採取兩種方式，其一為「公開募集」、另一為「私下募集」。

(一) 公開募集

　　所謂的公開募集是投信以發行受益憑證的方式，向不特定的大眾募集資金。通常投信公司公開募集資金，須經主管機關核准、或向主管機關申報生效後，才可發行。目前金管會審核共同基金之募集與發行時，得兼採「申請核准制」及「申報生效制」這兩種。以下表3-1為這兩種制度的適用範圍說明。

表3-1　共同基金募集時，申請核准制及申報生效制的適用範圍

制度類型	制度說明
申請核准	適用於新設立投信公司所募集的首檔基金、以及非採申報生效制的基金，如：債券型、平衡型及貨幣型基金等。
申報生效	適用於投信公司在台灣募集投資於台灣的股票型基金（不含新設立投信公司所募集的首檔股票型基金），以及除債券型、平衡型與貨幣型基金外，在台灣募集投資台灣的各類型基金之追加募集案件。

　　此外，通常投信公司經核發營業執照後，除他業兼營投信業務者外，應於一個月內申請公開募集符合下列規定之基金以及相關事宜：

1. 在國內募集投資於國內之股票型基金或平衡型基金。
2. 基金型態為封閉型基金者，最低成立金額為新臺幣20億元；為開放型基金者，最低成立金額為新臺幣30億元。
3. 封閉型基金受益權單位之分散標準，應符合臺灣證券交易所有價證券上市審查準則之規定。

4. 開放型基金自成立日後滿6個月，受益人始得申請買回。

(二) 私下募集

若投信公司採取私下募集基金，私募基金的募集對象限於銀行、票券商、信託業、保險公司、證券商或其他經金管會核准之法人或機構；或者符合特定條件之自然人、法人或基金，且其應募人總數不得超過35人。若投信公司向特定人私募基金，於招募及銷售期間，不得為一般性廣告或公開勸誘之行為。違反者則視為對非特定人公開招募之行為。

此外，境外基金管理機構也可自行、或委任台灣境內的銀行、信託業、證券商、投信公司或投顧公司等，向國內特定人私募境外基金，且須同時委任訴訟代理人及稅務代理人。

二、其他基金事務

投信公司除了募集發行基金外，其他有關基金事務的規範如下說明：

(一) 基金銷售

根據國內法令規定，當投信募集基金的同時，可以委任「投資顧問公司」、「證券經紀商」、「銀行」、「信託業」、「人身保險業」等機構，擔任基金的銷售機構。但信託業依準則擔任基金銷售機構者，得與投資人簽訂「特定金錢信託契約」才可進行買賣。

(二) 基金保管

投信公司所募集的資金與所發行的受益憑證，必須委託保管機構代為保管。且投信公司所經理的基金資產、與投信公司的自有財產，應分別獨立。此外，投信公司就自有財產所負之債務，其債權人不得對於基金資產，有任何請求或行使其他權利。

(三) 基金操作

投信公司所發行的基金，其投資或交易情形，應依據其分析報告作成決定，交付執行時應作成紀錄，並按月提出檢討報告，且分析報告與決定應有合理基礎及根據。且其分析與紀錄報告，均應以書面為之，並保存一定期限。

此外，投信公司依據國內法令與規定，在運用基金資產時，除金管會另有規定外，不得有下列行為：

1. 指示基金保管機構從事放款或提供擔保。
2. 從事證券信用交易。
3. 與該投信所發行的其他基金之間有證券交易行為。
4. 投資於該投信本身、或與該投信有利害關係公司，所發行的證券。
5. 運用基金的資產去買入該基金之受益憑證。
6. 指示基金保管機構，將基金持有之有價證券借券與他人。

(四) 基金的會計

投信公司應於每一營業日公告前一營業日，境內基金每單位淨資產價值。但對在國外發行之基金，依募集所在地之法令規定辦理。但向特定人所私募的基金，不適用此規定，但應依信託契約之規定，仍須向受益人報告基金每單位之淨資產價值。

此外，共同基金除了從事證券投資外，其剩餘所保留之資產，應依主管機關所定之比率，以下列方式保持之：

1. 現金。
2. 存放於銀行。
3. 向票券商買入短期票券。
4. 其他經主管機關規定之方式。

(五) 基金的配息

通常基金若有配息之規定，基金投資所得須依信託契約之約定分配收益，除經主管機關核准者外，應於會計年度終了後6個月內分配之，並應於證券投資信託契約內明定分配日期。

3-2 全權委託投資業務

國內於2000年6月開放投信業者可以從事全權委託投資業務[1]（Discretionary Investment Business）；又稱「代客操作」；又稱為「專戶管理基金」（Discretionary Management）是指投資人將資金委託代客操作業者（投信或投顧公司），在約定受託範圍內，全權為客戶投資操作有價證券及其相關商品的一項業務。

投資人自行投資共同基金與委託投信代客操作，兩者的相同處都是委託專業經理人負責投資操作有價證券。但這兩者仍有一些不同處，共同基金是聚集多數投資人的資金集體運用，依基金的募集發行計劃，所定的方針與投資標的來進行投資操作；而委託投信代客操作，則是依個別投資人的特定需求量身訂作，委託契約中依照個別委任人的投資需要，設定投資範圍與方針，以進行投資。且代客操作投資金額較高，且有一定的金額限制（通常國內規定最低代操金額為新台幣500萬元）。在費用的收取上，代客操作不用申購手續費，但仍須支付代操業者管理費、與保管機構保管費。有關共同基金與代客操作的比較，將整理於表3-2。

表3-2　共同基金與代客操作的比較

	共同基金	代客操作
委託方式	證券投資信託	全權委託投資
投資對象	不特定的投資大眾	特定的投資人
投資方針	依基金類型規定（標準化）	依委託人特別需求而定（量身訂作）
費用支出	手續費+管理費+保管費	基本管理費+銀行保管費
投資金額	較低，單筆投資最低1萬元	較高，委託操作最低金額500萬元。

有關全權委託投資業務的投資架構、受任人資格、投資決策流程、投資規範、委任人的資格、權利義務以及優點，將在本節依序介紹之。

---

[1] 全權委託投資業務，通常為一般投資人委任投信代為操作。近年來，保險公司將其底下「投資型保單」的投資操作，由原先「保險客戶」依自己的喜好，自由選擇投資標的；現在改由「投信」代為操作管理，所以稱為「類全委保單」。類全委保單的出現，讓投資型保單的投資部分委由投信操作管理，將使投資更具效益。

一、投資架構

　　全權委託投資制度運作的主要當事人，包括「委任人」（投資人）、「受任人」（投信或投顧公司）及「保管機構」（銀行信託部或信託業）三者。通常須由投資人與投信、投顧公司簽訂「全權委託投資契約」委託操作投資，投資人另須委任保管銀行，並與之簽訂「委任契約」來保管其委託投資的資產、以及代理投資人辦理買賣證券之相關開戶、交割等事宜。且三方須再共同簽訂「三方權益協定書」，來確認彼此之間的權利義務關係，其制度架構之關係，如圖3-1所示。

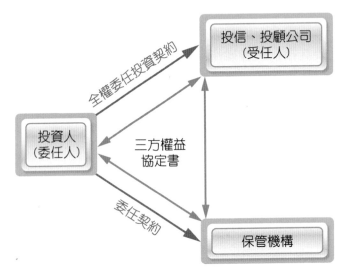

圖 3-1　全權委託投資制度運作架構圖

二、受任人的資格

　　若國內的投信或投顧公司，要申請經營全權委託投資業務，必須具備下列資格條件：

(一) 最低資本額的限制

　　通常投顧公司實收資本額，須達新台幣5仟萬元以上；投信公司實收資本額，須達新台幣3億元以上；且最近期財務報告每股淨值不低於面額。

(二) 經營業務能力

通常投顧公司必須營業滿2年，並具有經營全權委託投資業務能力；投信公司則因其主要業務為管理共同基金，性質與全權委託投資相近，所以沒有最低經營年限限制。

(三) 須提存營業保證金

為使客戶權益獲得適度保障，投顧或投信公司應依主管機關規定提存一定金額的全權委託營業保證金。現行主管機關規定應提存營業保證金之標準如下：

1. 實收資本額未達新台幣1億元者，提存新台幣1仟萬元。
2. 實收資本額介於新台幣1~2億元者，提存新台幣2仟萬元。
3. 實收資本額介於新台幣2~3億元者，提存新台幣3仟萬元。
4. 實收資本額超過新台幣3億元以上，提存新台幣5仟萬元。

三、投資決策流程

通常投信或投顧業者經營全權委託投資業務，其投資決策流程，將分成以下四個步驟：其步驟如表3-3之說明。

表3-3　投信或投顧業者經營全權委託投資業務，其投資決策流程步驟	
步驟依序	**步驟內容說明**
1. 投資分析	由內部研究人員依各項資訊，進行分析並撰寫投資分析報告，作為投資經理人投資決定之依據。
2. 投資決定	經理人根據投資分析報告、以及前一日執行買賣情形及與委任人約定之投資範圍及限制等，作成投資決定書後，通知交易員執行下單。
3. 投資執行	交易員依經理人之投資決定書內容，按委任人全權委託投資買賣帳戶別，下單到委任人指定之證券商。
4. 投資檢討	業者每月至少召開一次會議，檢討所管理之各個全委託投資帳戶的投資決策過程、內容與績效，並由負責管理該帳戶之經理人作成投資檢討報告，作為未來投資決策之參考。

四、投資規範

　　通常信或投顧業者經營全權委託投資業務，其主管機關會針對其全權委託投資帳戶的投資分散程度、以及閒置資金的運用範圍，必須進行投資規範。

(一) 投資分散程度

　　投信或投顧公司運用委託投資資產應分散投資，其投資標的之分散比率，須遵守下列規定：

1. 為每帳戶投資任一公司股票、公司債、金融債券及認購權證之總金額，不得超過該投資帳戶淨資產價值的20%；且投資任一公司所發行公司債、金融債券之總金額，不得超過該投資帳戶淨資產價值的10%。

2. 為全體全權投資帳戶投資任一公司股票之股份總額，不得超過該公司已發行股份總數的10%。

3. 為每投資帳戶投資於任一受託機構募集及私募受益證券、不動產投資信託受益證券、及不動產資產信託受益證券之總金額；或者投資於任一特殊目的公司募集及私募資產基礎證券之總金額，都分別不得超過該投資帳戶淨資產價值的20%。

(二) 閒置資金運用範圍

　　投信或投顧公司經營全權委託投資業務，委託投資資產之閒置資金，其得運用及範圍如下：

1. 以現金保存。

2. 可存放於金融機構。

3. 可向票券商買入短期票券。

4. 可購買短期票券及債券的附買回交易。

5. 可購買本國信託業發行之貨幣市場共同基金。

五、委任人的資格與權利義務

(一) 委任人的資格

由於全權委託投資，是根據個別投資人的投資目的與需求量身規劃，再委由理財專家進行投資操作，所以運作成本較高，因此需具一定規模之金額才適合做全權委託投資。依目前主管機關之規定，委託金額必須達到新台幣5百萬元以上，才可以全權委託投信或投顧公司進行投資操作；而且這5百萬元需由單一個人獨資委託，不可以好幾個人合資共同委託操作。

(二) 委任人的權利義務

投資人（委任人）若委任投信投顧進行全權委託投資，委任人將有以下權利義務事項：

1. 於簽訂全權委託投資契約後有7天的猶豫期間。
2. 不可任意取回委託投資資產。
3. 不可使用全權委託交易帳戶買賣有價證券。
4. 須出席股東會、行使表決權由委任人行使。
5. 須應依約支付管理費及保管費。
6. 公司內部人全權委託投資，仍應遵守證券交易法有關股權異動之規定。
7. 全權委託投資所獲利得，須併入委任人所得繳稅。

六、優點

一般而言，全權委託投資業務，其優點如下幾項：

(一) 專業投資管理

全權委託投資業務是由投信或投顧內，具投資豐富的專業經理人，幫投資人操作管理資金。通常專業經理人較能隨時掌握投資市場的脈動，並制定精確的投資管理策略，配合有利的時機進出，可為投資人尋求最大投資報酬，所以投資人的資金可得到較專業的投資管理。

(二) 量身理財規劃

　　全權委託投資業務可以針對特定投資人的特別投資需求，進行理財規劃。並依據投資人的投資目的、可承擔風險以及所要求的報酬率，量身訂作一個投資組合。

(三) 投資操作靈活

　　全權委託投資業務在操作上，專業經理人可視市場的多空情勢變化，靈活操作，並為投資人掌握即時的市場脈動，隨時進行停損或獲利，以達投資效益最大。

(四) 交易資金安全

　　全權委託投資業務乃將投資人的資金交由保管機構，以個人獨立專戶代為保管。若有交易，款項則撥至投資帳戶進行交割，所以客戶權益受到保障。且即使全權委託業者或保管銀行出現財務危機，也不致於危及投資人的資產。

(五) 帳務管理完善

　　全權委託投資業者每日須提供交易明細，供客戶參考，以便客戶掌握投資標的種類、數量及損益狀況。並提供每月或每年投資明細，讓投資人明確掌握帳戶的投資狀況，所以投資帳務管理制度完善。

市場焦點

類全委保單　教你全身而退

表 3-4　類全委保單與共同基金比較

比較項目	類全委保單	共同基金
投資目標	預設目標報酬與波動率	預設目標報酬與波動率
管理方式	主動積極	主動積極
投資標的篩選	委託經理機構	投資人自行挑選
投資組合透明度	高	較低
投資交易執行	專業經理人決定子基金配置比例與進出場時點	投資人自行配至比例與進出場時點
有無保險保障	有	無

資料來源：整理各公司資料

　　台灣目前正進入退休高峰期，每年退休人數高達40萬～50萬人，然而，新生兒卻只增加10萬人。如何「全身而退」？正是新世代即將要面臨的課題。在各種退休計畫中，一種結合全權委託投資與年金保險概念的類全委保單應運而生，提供現代人盡早規畫退休生活的新工具。

　　第一金投信投資長表示，老年化社會來臨，加上國人平均壽命延長，退休準備變得至關重要，而且越早規畫將會越輕鬆。過去，強調「存錢好退休」的作法已不敷需求，現在必須建立「退休要收入」的觀念。近幾年崛起，由壽險公司委託投信投顧業者操作的類全委保單，結合全權委託投資與年金保險概念，滿足各種風險報酬的偏好，同時每月固定撥回的機制（類似配息機制），彌補勞保退休金不足的缺口，恰好符合「退休要收入」的要求。

　　相較一般投資帳戶，類全委保單顧名思義，含有保險成分。透過搭配終身壽險、定期險或意外險的方式，為家人提供保障。一般來說，保額可根據經濟負擔狀況，進行彈性調整。初期因籌措房貸、子女教育基金等，應設定高保額，接近退休年齡、負擔減輕，再降低保額。其保險金的給付則會以保單帳戶價值與基本保額之間，兩者較高者給付，讓投資人能夠「攻守兼備」。

《圖文資料來源：節錄自中時電子報 2015/12/20》

> **⟳ 解說**
>
> 　　近年來，國人隨著理財觀念的改變，將原本自行操作投資，也漸委由專業經理人代爲操作；連保險公司的「投資型保單」的投資操作，現也流行委由「投信」代爲專業操作管理。「類全委保單」的運作模式，提供投資人一個兼顧投資與保險的新選擇。

3-3 境外基金代理業務

　　國內以往於「境外基金管理辦法」發布前，國人若要投資境外基金，大致可經由兩種管道，其一透過「信託業」的特定金錢信託投資、另一經由「證券商」受託買賣外國有價證券。因國內早期法令並無明文規範，境外基金可於國內直接銷售，所以偶發投資人爭議事項。有鑑於此，國內主管機關－金管會於2005年，爲保障投資大眾的權益，訂定發布「境外基金管理辦法」，並於2006年8月正式實行「境外基金總代理制」，明確的規範境外基金管理機構，若要在國內公開募集與銷售基金，須在國內委任一總代理人，代爲處理相關事宜。

　　以下本節將介紹境外基金總代理人的資格、境外基金的銷售機構、以及境外基金總代理制度的優點。

一、境外基金總代理人資格

　　根據國內境外基金管理辦法規定，國內的所成立的「投信公司」、「投顧公司」、「證券經紀商」等三個機構可以擔任境外基金總代理人。且每個境外基金管理機構只能委任國內1個總代理人代理銷售基金。且要擔任總代理人應符合實收資本額達新臺幣7千萬元以上，且每股淨值不得低於面額，並提存保證金。其提存保證金的額度，須依擔任境外基金管理機構的家數而定。以下爲提存保證金的額度的相關規定：

1. 擔任1家境外基金管理機構所管理之基金時，應提存新臺幣3千萬元。

2. 擔任2家境外基金管理機構所管理之基金時，應提存新臺幣5千萬元。

3. 擔任3家以上境外基金管理機構所管理之基金時，應提存新臺幣7千萬元。

二、境外基金銷售機構

境外基金總代理人除可自行辦理募集與銷售境外基金外，亦可以委任國內成立的「投信公司」、「投顧公司」、「證券經紀商」、「銀行」、「信託業」、及其他經核准之金融機構，擔任境外基金之銷售機構，並辦理該境外基金之募集及銷售業務。此外，「信託業」與「證券經紀商」，依法令擔任境外基金銷售機構者，得與投資人分別簽訂「特定金錢信託契約」與「受託買賣外國有價證券契約」。所以國內投資人欲購買境外基金可直接至總代理購買、或至銷售機構購買。有關境外基金總代理人與銷售機構的組織架構圖，詳見圖3-2說明。

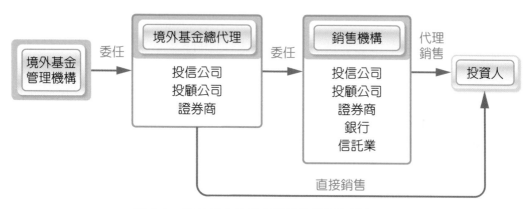

圖 3-2　境外基金總代理與銷售機構組織架構圖

三、優點

境外基金總代理制度的實施，對投資人來說，有以下幾項優點。

(一) 基金種類多元

以往尚未實施總代理制度前，投資人欲購買境外基金，大部分都須透過銀行的信託部代銷。現在投信、投顧、證券商都可以合法代理，就可引進更多新類型基金來台銷售，可供投資人選擇的類型更為多樣化，讓投資人可依本身理財目標及投資屬性，挑選到合適的標的基金。

(二) 資訊揭露透明

以往尚未實施總代理制度前，境外基金的資訊只能仰賴銀行的理財專員取得，資訊來源較為受到限制。實施總代理制度後，銷售機構可作基金廣告行銷，且總代理人必須具有充分揭露資訊的義務，須設立公開資訊專用網站，將基

金相關訊息，如：每日淨值、申購與贖回淨額、每月基金的投資組合、規模等訊息提供給投資人參考。

(三) 交易程序安全

以往尚未實施總代理制度前，投資人購買境外基金大多透過銀行，以指定用途信託方式，代為向國外基金公司購買境外基金。如果基金出了問題，銀行只扮演代辦追究的角色，無法實際處理問題，所以交易程序風險較高。但實施總代理制度後，若基金出問題，總代理人必須擔負起解決的義務，這樣對投資人的交易較具保障。

(四) 降低交易成本

以往尚未實施總代理制度前，投資人購買境外基金大都只能透過銀行代銷，交易手續費或基金轉換費，通常較無議價空間。但若現在可以直接找總代理商購買，手續費可能享有的更多折扣，且也可省下銀行的信託保管費。所以此制度可以幫投資人節省交易成本。

市場焦點

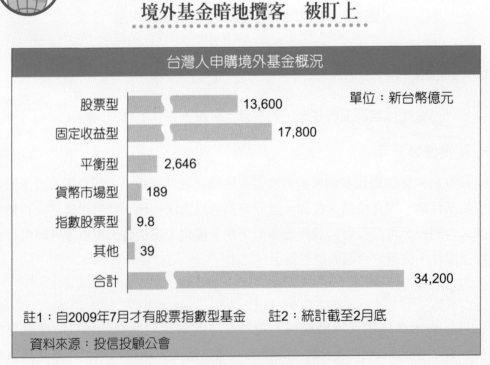

圖 3-3　國內投資人申購境外基金的情形

　　據了解，國內部分投信投顧公司，為規避國人投資境外基金上限，慫恿投資人到香港下單。金管會日前發函警告，境外基金的總代理人或銷售機構，嚴禁有此行為，違者將「從重處分」。金管會規定，國人投資境外基金的比率，合計不得超過該基金規模的七成，明年元旦起將進一步降至五成。

　　據了解，金管會金檢時發現，有擔任境外基金總代理人的投信投顧公司，為了規避這項規定，中介投資人到香港下單，導致某些境外基金銷售給國人的比率，實際上可能高達八、九成。金管會官員說，中介國內客戶在香港申購基金，導致這部分的客戶沒有計入七成上限，刻意規避金管會的規定。金管會已經發函投信投顧公會，重申不得有這樣的行為；一旦被抓到，絕對從重處分。

　　據了解，上述行為者，多為規模較小的境外基金，因為其規模小，在銷售時很容易碰觸到七成的投資比率上限，總代理人為了繼續衝銷售，才會慫恿客戶到香港下單。官員強調，制定國人投資金額比率上限，主要是因為境外基金的管理，是由國外主管機關負責，比較無法保障國人權益。投資人到香港下單，服務機構就從國內的總代理人，變成香港的金融機構；如果出事，恐找不到人負責。

　　根據國內境外基金管理辦法第3條規定，境外基金管理機構或其指定機構，應委任單一總代理人在國內代理其基金之募集及銷售。也就是說，境外基金須由國內總代理人引進，方能銷售。總代理人通常為國內的投信與投顧公司。金管會已修正規定，明年起境外基金銷售給國人的金額比率上限，將從七成降為五成；在國內銷售量大，但又不願意配合金管會「深耕計畫」的境外基金，比率更將降為四成。

《圖文資料來源：節錄自經濟日報 2015/05/09》

．．

解說

　　因金管會限制國人投資某檔境外基金的比率，合計不得超過該基金規模的7成。所以有些熱銷的基金，因而無法在國內繼續銷售，因此有些投信投顧會鑽法令漏洞，慫恿投資人到香港下單，就可規避法令的限制。

新知速報

➜ 平衡指數型基金　改採申報生效制

https://www.youtube.com/watch?v=qc_NlWzM0gY

影片簡介

金管會鬆綁境內基金的發行申請，讓投資國內的平衡及指數基金，由原本的申請核准制，改為申報生效制，所以只要12天就可完成，加快基金發行速度。

➜ 政府代操基金又出包　3投信坑殺牟暴利

https://www.youtube.com/watch?v=iKCv-obPFAU

影片簡介

代客操作容易出現委任人與受任人之間，因利益產生爭議或舞弊。國內勞退基金委外代操，爆發經理人炒股風暴，最後讓相關基金慘賠6,000多萬元！！

➜ 類全委保單夯　投資新選擇

https://www.youtube.com/watch?v=uHK8cxjSspM&spfreload=10

影片簡介

類全委保單兼具理財與保障的雙重功能。保險業、銀行、投信，攜手推出鎖利型的類全委投資型保單，運用三方專業優勢，提供投資人追求收益的新選擇。

➜ 第三方支付買基金？業者樂見

https://www.youtube.com/watch?v=3h54CMmhmRc

影片簡介

金管會表態，將來不排除第三方支付管道亦能購買基金等低風險金融產品。此舉電子商務業者對投信的業務開拓，具有相當的助益。

本章習題

一、選擇題

( ) 1. 下列何者不可為在國內經營證券投資信託事業的發起人？(A)證券商 (B)銀行　(C)票券商　(D)保險公司

( ) 2. 請問主國內管機關同意新設立投信公司所募集的首檔共同基金，須採何種制度？(A)申請核准　(B)申報生效　(C)自動生效　(D)報備生效

( ) 3. 若國內募集開放型基金，最低成立金額須為多少？(A)10億元　(B)20億元　(C)30億元　(D)50億元

( ) 4. 若投信要私募基金，應募人總數不得超過多少人？(A)25　(B)35　(C)45 (D)55

( ) 5. 下列何種機構，在國內不可銷售基金？(A)證券經紀商　(B)產物保險公司　(C)投資顧問公司　(D)銀行

( ) 6. 依據國內法令基金在進行資產管理時，不得從事下列何種交易行為？(A)放款　(B)信用交易　(C)借券　(D)以上皆是

( ) 7. 下列對於基金進行資產管理時，其投資後剩餘保留之資產，不可從事何種項目？(A)購買債券　(B)購買票券　(C)存放銀行　(D)現金

( ) 8. 若基金欲分配利息收益，應於每年會計年度終了後幾個月內分配？(A)1 (B)2　(C)3　(D)6

( ) 9. 下列何者可為國內全權委託投資業務的受任人？(A)證券商　(B)投信 (C)信託業　(D)保險公司

( ) 10. 若投信欲經營全權委託事業，其實收資本額須達新台幣幾億元以上？ (A)2　(B)3　(C)4　(D)5

( ) 11. 下列對於投信從事全權委託事業，其投資資產之閒置資金，不得運用何種項目？(A)購買債券附買回　(B)購買短期票券　(C)購買貨幣型基金 (D)購買不動產基金

( ) 12. 請問投資人跟投信簽訂全權委託投資契約後，可有幾天的猶豫期間？ (A)5　(B)7　(C)10　(D)20

( ) 13. 下列何者不具國內境外基金總代理人的資格？(A)證券商　(B)投顧公司 (C)投信公司　(D)保險公司

( ) 14. 下列何者不是國內境外基金的銷售機構？(A)證券金融公司 (B)投顧公司 (C)投信公司 (D)證券公司

( ) 15. 若擔任境外基金總代理人，其金融機構應符合實收資本額需要多少以上？(A)3千萬元 (B)5千萬元 (C)7千萬元 (D)1億元

證照題 ( ) 16. 下列何者非證券投資信託事業得經營之業務種類？(A)私募基金 (B)共同基金 (C)代客操作投資 (D)私募股權基金 　【2013-3 投信投顧人員】

( ) 17. 下列何者為證券投資信託契約應記載事項？(A)證券投資信託基金之名稱及其存續期間 (B)基金及受益權單位淨資產價值之計算 (C)基金保管機構之義務與責任 (D)選項(A)、(B)、(C)皆是 　【2013-1 投信投顧人員】

( ) 18. 下列有關證券投資信託基金保管之敘述，何者有誤？(A)由基金保管機構保管 (B)應設立獨立之基金帳戶 (C)與基金保管機構之財產應分別獨立 (D)投信事業債權人得對基金資產行使權利 　【2015-1 投信投顧人員】

( ) 19. 證券投資信託及顧問法所稱之證券投資信託契約，指規範下列何者間之契約？(A)證券投資信託事業及基金保管機構 (B)證券投資信託事業及受益人 (C)證券投資信託事業、基金保管機構及受益人 (D)證券投資顧問事業、基金保管機構及受益人 　【2013-1 投信投顧人員】

( ) 20. 證券投資信託基金管理辦法規定投信基金應以何種方式保持？(A)現金 (B)銀行存款 (C)向票券商買入短期票券 (D)選項(A)、(B)、(C)皆是 　【2015-4 投信投顧人員】

( ) 21. 證券投資信託基金管理辦法規定證券投資信託基金之運用限制，下列敘述何者錯誤？(A)不得為放款或提供擔保 (B)不得從事債券附條件交易 (C)不得從事證券信用交易 (D)不得投資於未上市、未上櫃股票 　【2013-1投信投顧人員】

( ) 22. 投信事業運用基金為上市櫃有價證券投資，應委託何人於證交所或櫃買中心交易？(A)證券自營商 (B)銀行 (C)證券經紀商 (D)證券承銷商 　【2014-1 投信投顧人員】

( ) 23. 證券投資顧問事業於簽訂全權委託契約前，對於委任之投資客戶應履行哪些事項？(A)應提供七日以上之期間讓客戶審閱全部條款內容 (B)瞭解客戶之資力與投資經驗 (C)交付全權委託投資說明書 (D)選項(A)、(B)、(C)皆是 　【2013-1 投信投顧人員】

( ) 24. 投信事業募集基金之資產，應依主管機關所定比率與所訂方式保持之，下列何者非主管機關所訂方式？(A)現金　(B)存放於銀行　(C)向票券買入符合一定評等等級以上之短期票券　(D)購買利率交換契約
【2013-3投信投顧人員】

( ) 25. 有關證券投資信託事業業務之經營，下列敘述何者錯誤？(A)發行受益憑證募集證券投資信託基金　(B)接受客戶全權委託投資業務　(C)運用證券投資信託基金從事證券及其相關商品之投資　(D)提供分析意見
【2015-3 投信投顧人員】

( ) 26. 證券投資信託基金投資所得應分配之收益，應於會計年度結束後幾個月內分配之？(A)三個月　(B)四個月　(C)五個月　(D)六個月
【2015-4 投信投顧人員】

( ) 27. M證券投資信託公司對所經營之K證券投資信託基金之保管，應注意之事項，下列何者為真？(A)委由基金保管機構保管　(B)M公司之債務人得對K基金之資產請求　(C)K資產與基金保管機構之各種基金同一帳戶保管分別設會計帳記錄　(D)基金保管機構對K之基金資產與M之自有財產統一保管
【2015-4 投信投顧人員】

( ) 28. 全權委託投資業務操作辦法，適用於哪些經營全權委託投資業務之事業？(A)證券投資顧問事業　(B)證券投資信託事業　(C)信託業　(D)選項(A)(B)(C)皆是
【2014-1 投信投顧人員】

( ) 29. 證券投信投顧事業經營全權委託投資業務之投資範圍，不包括：(A)我國上市之有價證券　(B)政府債券　(C)興櫃股票　(D)未經客戶同意以融資買進我國上櫃股票
【2013-1 投信投顧人員】

( ) 30. 下列何者非全權委託投資業務之範圍？(A)運用客戶委任交付之資產進行有價證券投資　(B)提供客戶市場商品資訊與價值分析報告　(C)可提供客戶保證收益、損失分擔之約定　(D)全權委託投資業務人員依投資分析報告做成決策，為客戶執行投資交易行為
【2015-3 投信投顧人員】

( ) 31. 全權委託投資說明書，若發生重大影響客戶權益事項之變更時，應向何機關報備？　(A)投信投顧公會　(B)證券交易所　(C)金融監督管理委員會　(D)毋須報備
【2015-4 投信投顧人員】

( ) 32. 下列何者得擔任境外基金之總代理人？甲.證券投資信託事業；乙.證券投資顧問事業；丙.證券經紀商(A)僅丙　(B)僅甲、乙　(C)僅甲、丙　(D)甲、乙、丙皆可　　　　　　　　　　　　　【2015-3投信投顧人員】

( ) 33. 投信公司擔任2家境外基金管理機構之總代理人，需提存多少營業保證金？(A)新臺幣2,000萬元　(B)新臺幣3,000萬元　(C)新臺幣5,000萬元　(D)新臺幣7,000萬元　　　　　　　　　　　　【2013-2 投信投顧人員】

( ) 34. 境外基金管理機構得在國內委任多少個總代理人代理其銷售基金？(A)限一個　(B)限二個　(C)限五個　(D)沒有個數限制　【2015-3 投信投顧人員】

( ) 35. 總代理人或銷售機構爲投資人申購境外基金時，除經投資人同意外，應以何名義爲之？(A)總代理人　(B)銷售機構　(C)投資人　(D)境外基金機構　　　　　　　　　　　　　　　　　【2015-1投信投顧人員】

二、問答題

1. 請問國內經營證券投資信託事業的發起人，可爲哪些金融機構？

2. 請問於國內募集封閉型、開放型基金，其最低成立金額各須爲多少？

3. 通常開放型基金自成立日後滿幾個月，受益人始得申請買回？

4. 何謂全權委託投資業務？

5. 何謂類全委保單？

6. 請問國內經營全權委託業務，哪些機構可以成爲受任人？

7. 依照現行規定，投資人欲委託投信或投顧公司進行代客操作，須至少達到多少金額？

8. 請說明全權委託業務有何優點？

9. 請問要成爲國內境外基金總代理人的資格，可爲哪些機構？

10. 請問國內境外基金銷售機構有哪些機構？

11. 若擔任總代理人，其金融機構應符合實收資本額要多少金額以上？

12. 請問境外基金總代理制度的實施，對投資人有哪些項優點？

習題解答

一、選擇題

1	2	3	4	5	6	7	8	9	10
C	A	C	B	B	D	A	D	B	B

11	12	13	14	15	16	17	18	19	20
D	B	D	A	C	D	D	D	C	D

21	22	23	24	25	26	27	28	29	30
B	C	D	D	D	D	A	D	D	C

31	32	33	34	35
C	D	C	A	C

二、問答題

1. 基金管理機構、銀行、保險公司、證券商、金融控股公司。

2. 封閉型基金為新台幣20億元；開放型基金為新台幣30億元。

3. 6個月。

4. 投資人將資金委託代客操作業者(投信或投顧公司)，在約定受託範圍內，全權為客戶投資操作有價證券及其相關商品的一項業務。

5. 保險公司將其底下投資型保單的投資操作，由「投信」代為操作管理。

6. 投信公司、投顧公司。

7. 500萬元。

8. 專業投資管理、量身理財規劃、投資操作靈活、交易資金安全、帳務管理完善。

9. 投信公司、投顧公司、證券經紀商。

10. 投信公司、投顧公司、證券經紀商、銀行、信託業。

11. 7千萬元。

12. 基金種類多元、資訊揭露透明、交易程序安全、降低交易成本。

第二篇
特殊基金篇

共同基金的行業，已在全球發展一段時間，早期發行的型式與投資操作方式都較單純；近年來，因應各種投資人的需求，基金的發行類型與操作手法日漸繁複，所以衍生出現了許多種特殊類型的基金，以提供給投資人多樣的選擇。本篇將分5大章，分別介紹一些較常見的特殊類型基金。

第四章　避險型基金

第五章　證券化類型基金

第六章　雨傘型與組合型基金

第七章　保本型與其他類型基金

第八章　私募與公共類型基金

Chapter  避險型基金 4

▼ 本章大綱

本章內容為避險型基金，主要介紹避險型基金的源起與發展、特性與操作策略型態等。其內容詳見下表。

節次	節名	主要內容
4-1	避險基金的起源發展	介紹避險型基金的源起與發展
4-2	避險基金的特性	介紹避險型基金的特色與一般傳統型基金的差異
4-3	避險基金的操作策略	介紹4種避險型基金的主要操作策略型態

避險型基金（Hedge Fund）又稱「對沖型基金」；或稱「套利型基金」（Arbitrage Fund）。通常一般民眾容易被「避險」表面上的字義所誤解，認為該基金主要是為投資人規避風險所設的基金；其實不然，實質上它是一種積極型的投資性基金。基本上，避險型基金是運用金融市場上的各種金融工具（如：股票、債券、期貨、外匯及選擇權等），進行極其複雜的金融操作，並承擔高風險，以獲取高收益為目的。

近年來，避險型基金在國際上蓬勃發展，其中最知名乃俗稱國際投資大鱷－索羅斯（Soros）所操作的「量子基金」（Quantum Fund）。該基金以其強大的財力和凶狠的作風，曾在國際金融市場上興風作浪，亦創下優異的績效，所以其操作動態，一直為市場所關注。以下本章將分述有關避險基金的源起與發展、特性以及操作策略。

4-1　避險基金的起源發展

一、源起

　　雖然現今的避險型基金，不再單純的以避險為交易策略，但早期的避險型基金的成立，確實是以避險的概念為出發點。在衍生性金融商品尚未發展完備前，如果要進行避險交易，市場上唯一僅能透過「放空」的行為，才能幫投資組合規避市場風險。

　　1949年美國人瓊斯（Jones）最早運用這個避險概念，創立了第一檔避險型基金。該基金運用了兩個投機工具－「放空」和「財務槓桿」；其操作手法乃利用財務槓桿融資買進一籃子股票，再放空另一組籃子股票，以規避市場風險（系統風險），使其投資組合只留下股票本身個別的風險（非系統風險）。如此一來，基金的表現將取決於瓊斯的擇股能力，而不用去考慮此時介入市場的時機是否恰當。因此當時瓊斯的操作手法，確實有別於傳統的基金操作策略；但卻也幫基金創下優異的績效。

　　根據當時1966年財星（Fortune）雜誌的報導，瓊斯所操作的避險型基金的5與10年期績效分別為325%與670%，遠遠的領先當時表現最佳的5年期的富達趨勢基金（Fidelity Trend Fund）的績效225%；以及當時最佳的10年期的Dreyfuss基金的績效358%。由於瓊斯突出的績效表現，震撼當時的基金市場，因此瓊斯則被譽為避險型基金之父。

二、發展

　　由於瓊斯所操作的避險基金的優異表現，也帶動當時避險型基金的成立風潮。1950至60年代，相繼成立了不少檔有名氣的避險型基金，如：巴菲特（Buffett）的歐馬哈（Omaha）基金、史坦哈特（Steinhardt）的史坦哈特基金、索羅斯（Soros）的量子基金。根據美國證券及交易委員會的統計，截至到1960年代末期，已約有140檔避險型基金流通於市。

　　1980年代，由於全球金融市場自由化的發展、以及衍生性金融商品的發展逐漸完備，提供了避險基金更多揮灑的舞台。其中，由羅伯森（Robertson）所成

立的老虎基金（Tiger Fund），便開始將期貨與選擇權等衍生性商品納入操作策略，且將全球總體（Global Macro）市場都納入投資範圍，使得該基金曾在短短幾個月期間，報酬創下數百倍的優異紀錄。由於羅伯森的操作手法，有許多是瓊斯未曾提到的策略，所以自己宣稱為避險型基金注入了新的操作元素。

1990年代起，隨著資訊網路科技的發達，使得市場資訊流通更加迅速，且基金經理人運用程式交易，讓資產分配與交易策略更加的多元與效率。因避險型基金運用了全球總體策略，使得績效表現得很突出，因此基金規模快速增長，並且因而影響全球金融市場的動態。以下本文將舉兩個有名的避險基金，曾對全球金融市場所造成的影響案例；其一為索羅斯（Soros）所操作的量子基金、另一為美國長期資本管理公司（Long Term Capital Management, LTCM）所成立的避險基金。

索羅斯所操作的量子基金，曾於1992年認為英鎊的幣值被高估，於是去市場放空100億英鎊，結果造成英鎊大貶、並釀成英國政府退出歐洲貨幣機制的幫兇，且為該基金賺進10億英鎊的獲利。此外，該基金亦曾於1997年大量放空泰銖，迫使泰國政府放棄維持已久與美元掛鉤的固定匯率制度，且引發了一場泰國金融市場的危機，並進一步蔓延成為1997年的亞洲金融風暴。

美國長期資本管理公司（LTCM）由知名債券交易能手梅利威勒（Meriwether）於1994年設立，其合夥人團隊包括諾貝爾獎得主、聯邦理事會副主席以及華爾街的知名交易員等多位專業金融人士。LTCM其主要業務則是藉由債券市場與權益市場的套利交易，以賺取利潤。但LTCM於1998年因公司現金部位不足，造成資產流動性風險，最後導致LTCM倒閉，亦造成當時全球金融市場不小的震撼。

雖然近年來避險型基金，常被訴為引起金融動亂的根源，但全球投資人仍不減對其偏好。由於2008年的全球金融海嘯危機的影響，使其整體規模縮減不少，但至2010年後逐漸回穩。根據國際知名的避險基金研究機構（Hedge Fund Research, HFR）的統計，截至2016年初全球避險型基金的規模已達3.5兆美元，比2008年全球金融海嘯危機時的規模1.4兆美元，足足成長超過一倍。可見避險型基金的魅力不容小覷。

 市場焦點

中國是對沖基金的未來

　　2014年全球整體對沖基金表現平平，跑輸股票大市，亞洲基金亦不例外，中國的對沖基金可能是唯一的例外。2008年的金融海嘯對初生的亞洲對沖基金行業做成沉重的打擊，總資產規模由高峰期的2,000億美元，下跌了近一半，即使是近年受益於資產增值，估計目前亦不過是1,500億左右，而且整個行業越來越兩極化，集資能力是強者越強，弱者越弱。有些亞洲對沖基金行業的基本面貌，很多年都沒有改變，當中包括：

一、大部份的亞洲基金都是以投資股票為主，這中間包括長短倉、以長倉偏好和事件套利。很多在歐美很成熟的策略，如：量化對沖和可換股債券對沖都受限於市場缺乏深廣度，難於執行。

二、融資方面，大筆資金（1億元以上）仍然是以美國為主，但要獲得他們認真看待，對沖基金的規模要接近10億元美元之數。相對而言，很多歐洲的機構投資者在海嘯之後都減低對亞洲的投資，他們既著緊管理費，又追求流動性，過往有些投資長倉偏好股票基金的，現在都轉買ETF。

三、金融海嘯後，機構投資者看回報之外，更看重風險管理，有段時間整行都在找COO而不是交易員。美國的資金，近年越來越看重規模效應，就是說投資策略會不會因為資金上升到某個規模便失效，此外，他們亦願意犧牲流動性來換取管理費的折讓。

　　中國的對沖基金，雖然像野孩子般法律上沒有正式的認可，近年卻發展神速。中國大陸「水頭」充裕，眾所周知，近日也成了對沖基金的資金來源，新進大款調數億元人仔到香港成立對沖基金炒股票，時有所聞。對沖基金作為一個資產類別，縱使管理費會越來越因投資者給壓力而下降，但地位已經非常穩固，它的最大賣點並不在於收益率，而是它和大市的不關連性。亞洲對沖基金一直受限於投資產品和流動性貧乏，在全球資金投放的比重上，一直未能夠反映其經濟規模，但隨著中國市場的開放和大陸資金找尋出路，未來的發展仍然是可期的。

《圖文資料來源：節錄自香港蘋果日報 2015/05/18》

通常避險型基金的操作，需要大額的資金。近年來，中國經濟蓬勃發展，造就了許多資金大戶，隨著中國市場的開放，避險型基金可至中國尋找更多的出路，未來的發展是可期的。

4-2 避險基金的特性

雖然避險型基金與一般傳統的共同基金一樣，經理人都希望為基金投資人創造優異的投資報酬；但兩者之間，在操作策略、績效目標、設立地點、績效揭露、贖回規定、管理費用與投資門檻等這幾項特性，並不完全一樣，以下將分別說明比較之。表4-1為避險型基金與一般傳統型基金的特性差異比較。

表4-1　避險型基金與一般傳統型基金的特性差異比較		
	避險型基金	**一般傳統型基金**
操作策略	常利用衍生性金融商品，進行多空操作策略	大多僅用現貨商品，進行買進持有策略
績效目標	追求絕對報酬	追求相對報酬
設立地點	會選擇對證券法律管制較為寬鬆、或是免稅的國家地區設立	對設立地點比較無過多的考量
績效揭露	不用每日計算淨值，只要每月或每季公告損益即可	須每日公告淨值
贖回規定	可能每月、每季才開放贖回與申購	幾乎每日均可開放贖回與申購
管理費用	較高	較低
投資門檻	較高	較低

一、操作策略

避險型基金的操作策略，主要是運用各種金融商品，進行價差套利交易活動。通常避險基金最常用的操作工具就是衍生性金融商品，且會進行放空的交易行為。其操作策略較多元且複雜，但基本上操作模式乃利用兩種波動相關係數

極高的商品，進行價差套利；當兩者價格間發生價差時，可買進價格偏低的商品，同時賣出（放空）價格偏高的商品，以鎖住中間的價差利潤。一般傳統型基金的操作策略較為單純，大多只會進行買進持有策略，且操作的商品以現貨商品為主。

二、績效目標

避險型基金所追求的績效目標為「絕對報酬率」；其希望能將投資組合風險控制在最小的情形下，去追求最高的絕對報酬。通常避險型基金會積極的從事多空操作，其所設定的預期報酬率，並不受指標指數（Benchmark Index）多空表現的影響，因此並不以打敗大盤或指標指數為唯一目標。反觀，一般傳統型基金所追求的績效目標為「相對報酬率」；其希望能將投資組合報酬能擊敗所設定的指標指數（如：美國的S&P 500指數、台灣加權股價指數），因此報酬的比較基礎為指標指數。甚至有些共同基金所將追求的目標，是以貼近指標指數報酬率為目的所設立。例如：台灣50指數股票型基金（ETF）。

三、設立地點

避險基金通常設立地點會選擇對證券法律管制較為寬鬆、或是免稅的國家地區設立，因為這樣才能確保基金的操作策略，不受過多的限制、以及可以省去過高的稅賦負擔。但唯一例外的是美國與香港；雖然美國的金融管理制度非常完備，但因美國的基金募集可採取有限合夥人制度，只要合夥人數能維持在100人以內，就可以規避證券交易管理委員會（SEC）的諸多限制，如此一來才能確保設立在美國的避險基金能保持高度的操作自由。通常一般傳統型基金的操作策略較單純，所以在設立地點上比較沒有太多考慮的因素。

四、績效揭露

通常幾乎所有的避險型基金的績效揭露，都不用去計算每日的淨值報酬且亦無需每日公佈，通常只要每月或每季公告報酬損益即可，且績效報告書可僅提供給該基金的投資人參考，並不需對外公開。通常一般傳統型基金須每日計算淨值損益，且須對外公布。

五、贖回規定

　　通常避險型基金所採取的操作策略，須用時間去等待獲利空間，所以爲避免投資人頻繁的贖回或申購，攪亂原先操作的設定，因此避險型基金對贖回與閉鎖期的規定較嚴格。通常避險型基金只開放每月、或每季、甚至1年才能有贖回的機會；且閉鎖期有時需1年以上，甚至有些高達3~5年。通常一般傳統型基金，對贖回與閉鎖期的規定較寬鬆，基金閉鎖期比較短，約1~3個月；且基金過了閉鎖期之後，幾乎每日都可開放贖回與申購。

六、管理費用

　　由於避險型基金的操作，須運用較多種的投資工具與策略相互搭配，且須無時不刻的尋找金融市場各種套利機會，盼爲投資人創造高額的投資報酬。因此基金經理人與團隊，須透過精密的電腦程式計算與耗時的精力，才能不負投資人所託。因此眾多的避險基金會從基金的獲利中，提撥一固定比例的金額給經理人作爲績效獎金。因此避險型基金會較一般傳統基金經理，收取較高額的管理費與績效費。

七、投資門檻

　　通常避險型基金會設一個最低的投資門檻金額，約爲數十萬至上百萬美元不等。尤其設立於美國的避險型基金，因要爲了規避政府嚴格的法令限制，所以基金合夥人須控制在100人以下，因此每個合夥人所投資的金額就不可能太低。此外，避險基金的操作策略複雜，爲了省去基金公司對投資人解釋所耗費的精力，通常將設定較高的投資門檻，藉以過濾投資人的專業性與風險承擔能力。通常一般傳統型基金比較大眾化，所以設定的最低投資金額亦較低。

市 場焦點

對沖基金響起喪鐘

2014年是對沖基金失敗的一年，認可的對沖基金指標 HFR 只有3.3%的年回報，是近幾年來最差。先不要說跟中國 A 股和印度股市2014年的瘋狂升幅完全脫節，連美股的10多個百分點的升幅，也完全追不上。

對沖基金可分為「避開市場風險」與「接受市場風險」。避開市場風險的對沖基金，是要避開系統性風險，但當然希望賺到比貨幣市場高的回報，因此，要依賴強而有力的主動式操作，令獲利回報超越貨幣市場。不過，有更多對沖基金的策略，讓資產持續暴露於不同市場風險，或系統性風險，最差勁的案例是，基金經理經常性地持有長倉，使基金暴露於市場風險，完全沒有進行所謂的對沖作用，做一個「不對沖」的對沖基金。

事實上，不少基金經理只要簡單建立一種私人合夥關係，就稱它為「對沖基金」，透過其收取分紅作利潤，於是，這所謂「對沖基金」由實在做對沖的操作，變成一個高收費的私人基金。當然，合理的收費結構，是獎勵能夠控制風險，並且創造附加價值的基金經理。但可惜的是，有部分的基金經理，就算未能掌握市場變化的風險，而最後卻仍可以收取到高昂的管理費用。

若投資者相信把資金交給傑出的基金經理，不管市場升跌，都可以創造優異的投資回報，那麼對沖基金當然充滿吸引力。然而，有專業投資機構指出，部分對沖基金的投資策略，亦可為投資組合帶來低風險和風險分散的高回報。但投資者要成功投資對沖基金，必須投入時間和精神，以挑選傑出的基金經理，同時監控他們的表現。如果投資者隨意選擇對沖基金，失敗機率甚高。事實上，對沖基金是屬於專業投資者領域，因他們會投入非常多資源，以評估基金經理的素質。當基金經理缺乏選股能力，採取規避市場風險的策略，最後獲取類似貨幣市場的報酬，再加上高收費結構，最後亦是蠶食投資者的總回報。

《圖文資料來源：節錄自香港灼見名家 2015/02/05》

> **⟲ 解說**
>
> 　　雖然投資人投資避險型基金，會被收取較高額的管理費用，但也希望能
> 獲取優異的報酬。但許多避險基金經理人，缺乏優異的選股能力，造成操作
> 績效低落，但仍收取高額管理費，確實會引起投資人的抱怨。且近年來，即
> 使是優秀的避險型基金的績效都落後被動式管理的基金，所以避險基金常常
> 被質疑它存在的價值。

4-3　避險基金的操作策略

　　避險型基金在早期瓊斯剛創立時，僅使用「放空」和「財務槓桿」這兩項
投機工具進行研擬操作策略；此類基金經過市場這幾年來，電腦科技與網路通訊
的發達、衍生性商品的推陳出新、以及金融市場的發展逐而完備等的加持下；
避險型基金的操作策略已更加的多元與精細。根據全球知名的避險基金投資公
司－「格林威治非傳統投資公司」（Greenwich Alternative Investments, GAI）對
避險基金操作策略進行分類，其操作策略大致可分為四大類分別為「市場中立
型」、「權益證券多空型」、「趨勢交易型」、「特殊策略型」。以下將進行這
四種操作策略的說明；圖4-1為避險型基金操作策略的架構圖。

一、市場中立型

　　市場中立型（Market Neutral Group）的避險基金，其操作模式乃在市場
同時建立多空部位，讓部位對市場風險維持中立的情勢。根據GAI對此操作策
略，又將細分成「權益市場中立型」、「事件驅動型」、「套利型」這三種類
型。

(一) 權益市場中立型（Equity Market Neutral）

　　權益市場中立型的避險基金，其操作模式乃在市場同時買進預期會上漲的
股票，並同時賣出（放空）預期會下跌的股票，經由同時建立多空兩種部位使投
資組合不受市場所影響，讓部位對市場風險維持中立的情勢。此舉可使經理人的

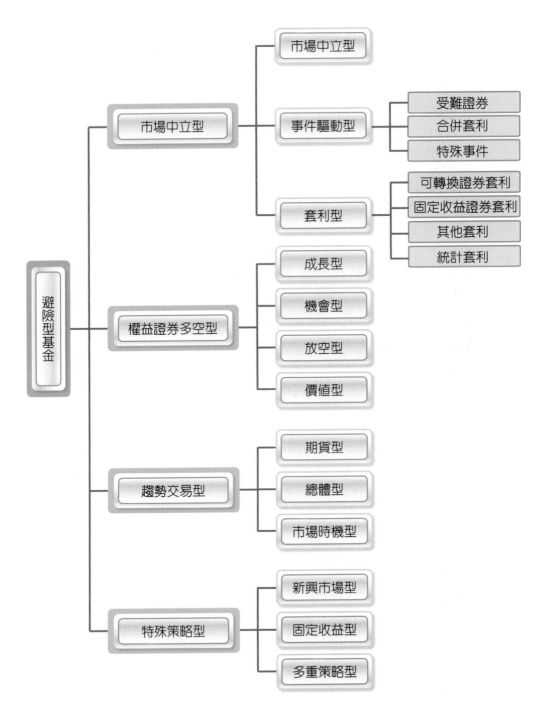

圖 4-1　避險型基金操作策略的架構圖

獲利能力，來自於選股的能力，而非對市場方向的判定。通常經理人會運用複雜的計量模型選股，並利用相對價值策略（Relative Value Strategy）進行操作，買入預期表現將優於市場的股票，並放空表現可能劣於市場的股票，藉由多空兩種部位，消彌市場風險；並利用這些股票與市場的相對價值變動不一致，去獲取利潤。

(二) 事件驅動型（Event-Driven）

事件驅動型的避險基金，乃利用市場上某些公司發生併購、分割、資產重組、倒閉與股票購回等事件，導致股價大幅變動時；經理人可以買進及賣出公司相關的普通股、特別股、債券、期貨、選擇權以及違約風險交換等商品，進行獲利。因為此類基金是藉個別公司的事件進行操作，所以績效表現仍與市場比較無關，因此仍維持市場風險中立的型式。此類型的避險基金，在市場上又可細分為，以下三種主要形式。

1. 受難證券（Distressed Securities）

當公司發生財務危機時，公司面臨破產、重整、或其他不利的情形，將使公司股票或債券價格大跌，致使價格出現嚴重被低估的情形。此時基金經理人可趁機進場買進公司的相關證券，待公司經過重整或擺脫危機之後，證券恢復正常價格時，基金就有機會獲取高額報酬。

2. 合併套利（Merger Arbitrage）

當兩公司進行併購時，可能併購事件會對主併或被併公司，其中的一方有利或不利，此時基金經理人若掌握到資訊，可買進對併購之後有利方的公司股票，並同時賣出對併購之後不利方的公司股票，以賺取價差。

3. 特殊事件（Special Situations）

當公司發生組織重組、分割、策略聯盟或股票購回等特殊事件時；經理人可即時買進對事件未來具正面發展的股票、或放空對事件未來具負面發展的股票，亦可套取價差利潤。

(三) 套利型（Arbitrage）

套利型的避險基金，其操作模式乃利用市場上兩連動相關性極高的證券，進行價差套利。當市場價格出現不合理價差時，基金經理人可即時買進被低估證

券，並同時放空被高估證券，以進行套利價差行為。通常此多空同時布局的套利活動，亦與市場風險成中立關係。此外，此類的套利活動，經理人可專注一組商品，亦可同時進行好幾組商品的價差套利。通常此種商品之間的套利交易活動，在市場上又可細分為，以下四種主要形式。

1. 可轉換證券套利（Convertible Arbitrage）

當公司所發行的可轉換證券，若依轉換價格進行轉換所得到的價值、與現股價值出現價差時，可進行套利交易。例如：利用可轉換債券換成普通股，若可轉債依轉換價格轉換成普通股後的價值低於現股價值，表示此時可轉債價格被低估或普通股被高估，則基金經理人可進行買進可轉換債券，並同時放空普通股，進行套利活動。

2. 固定收益證券套利（Fixed Income Arbitrage）

通常相同債信，不同期限的債券、或者相同期限，但不同債信的債券；當市場利率變動時，此兩種不同期限、債信的債券價格，變動幅度並不一致，所以經理人可以進行這兩者的價差套利活動。例如：當市場利率下跌時，長期債券的漲幅會大於短期債券，所以可進行買進長期債券，並同時賣出短期債券，以進行價差套利交易。

3. 其他套利（Other Arbitrage）

通常不同資本結構與信用評等的公司，經理人可運用其對市場的反應不同，進行套利活動。例如：當市場景氣蕭條時，通常高負債比率的公司股票跌幅會大於低負債比率的公司，所以可進行買進低負債比率的公司，並同時賣出高負債比率的公司，以進行價差套利交易。

4. 統計套利（Statistical Arbitrage）

基金經理人可利用股票的歷史資料，統計計算出股票的某些特徵值（如：本益比、股價淨值比、β 值等），然後進行特徵值差異的套利交易。例如：經理人可以買進長期價值被低估的股票（如：低本益比），並同時賣出長期價值被高估的股票（如：高本益比），進行價差套利交易。

二、權益證券多空型

權益證券多空型（Long/Short Equity Group）的避險型基金，其操作模式乃在市場建立多頭或空頭部位，以獲取高額報酬為目的。根據GAI又將此類型基金分成「成長型」、「機會型」、「放空型」與「價值型」等四種類型。

(一) 成長型（Growth）

通常經理人會尋找具有高成長潛力的股票（如：微型或小型股票、轉機股等），並建立多頭部位，以等待長期獲利。通常此時避險型基金，仍會對這些股票進行某些避險的放空，以規避長期投資時，看錯個股的風險。

(二) 機會型（Opportunistic）

通常經理人不會採取一貫的操作策略，其操作模式會隨時間、以及各種投資機會出現而改變，趁機利用當前的市場狀況和投資機會的優勢，來進行趁勢多空操作獲利。例如：趁勢操作IPO的股票。

(三) 放空型（Short Selling）

通常此類經理人所建立的投資組合，其空頭部位會高於多頭部位（淨空頭部位為正），是以放空為主要操作策略。經理人會在市場尋找被高估、或預期下跌的股票進行放空，以獲取利潤。

(四) 價值型（Value）

通常經理人以公司的基本內在價值為操作的首要考量，買進這些價值股並長期持有，以獲取利益。例如：經理人會及早買進被市場遺忘的優質股（如：高殖利率、低本益比、公司內部現金部位高、公司治理良好的公司、或被分析師誤判的潛力股等），等待這些個股價格反應後，再賣出獲利。通常買進這些優質股可能需要時間，去等待股價的發酵。

三、趨勢交易型

趨勢交易型（Directional Trading Group）的避險型基金，其操作模式乃利用市場的趨勢變化建立多頭或空頭部位，以獲取高額利益為目的。根據GAI的分類，又將此類型基金分成「期貨型」、「總體型」與「市場時機型」等三種類型。

(一) 期貨型（Futures）

經理人從事期貨部位的操作，可不受任何經濟景氣變化的影響，因為期貨可以靈活的進行多頭或空頭的趨勢操作。通常此類基金會使用大量的電腦程式輔助交易，其獲利性與其他類型的基金相關性亦較低。

(二) 總體型（Macro）

通常經理人會根據全球總體經濟趨勢的變化（如：各國利率、匯率、通貨膨脹、景氣、股價、貨幣與經濟政策等），由上而下的挑選投資組合個股；當全球市場經濟產生失衡時，運用策略從中獲取利潤。例如：預期歐元將走弱、美元將走強，則經理人可以放空歐元，且買進美元，進行套利活動。

(三) 市場時機型（Market Timing）

通常經理人使用多種投資工具，且根據現在市場趨勢並選擇此時最有利的商品，進行切換操作，以獲取利益。例如：在利率市場中，若票券的利益優於債券時，經理人可將債券部位的資金快速切換至票券部位；待情勢反轉，再全數轉回債券或其他商品，以靈活操作獲利。

四、特殊策略型

特殊策略型（Specialty Strategies Group）的避險型基金，其操作模式乃在市場建立多種或複雜的交易策略，以獲取高額利益為目的。根據GAI的分類，又將此類型基金細分成「新興市場型」、「固定收益型」與「多重策略型」等三種類型。

(一) 新興市場型（Emerging Markets）

通常基金經理人將交易重心著眼於經濟發展尚未成熟、且波動性較大的新興國家市場（如：中國、巴西、俄羅斯與印度）。因為新興市場的潛在風險高於已開發國家，所以也潛藏著較高的獲利機會，所以積極布局新興市場，可以獲取較高的報酬。通常新興市場的金融制度尚未完善（例如：限制放空或無期貨市場），所以經理人若要進行避險，就必須透過其他管道或較複雜的操作策略，才能進行間接避險。

(二) 固定收益型（Fixed Income）

通常基金經理人投資固定收益證券時，再搭配其他衍生性商品的避險策略，這樣可以兼顧高收益與低風險之特質。例如：經理人買入具有高收益的垃圾債券，再搭配信用風險交換，將債券風險移轉出去，這樣可以收取高收益，且規避信用風險。

(三) 多重策略型（Multi-Strategy）

通常基金經理人可以運用金融市場各類商品的相互搭配，產生多樣的投資策略，以進行多重的策略操作。一般而言，每一投資策略對投資組合有其關鍵性的功能，經理人經由多重策略的操作，以達到投資組合獲利極大化且風險極小化的操作目標。

新 知速報

➔ 對沖基金做空大市

https://www.youtube.com/watch?v=ZW0QPcdSNFM

影片簡介

避險基金常利用市場波動較大的時期，進行放空交易。除了在現貨佈空單外，也會賣出期貨與選擇權。所以放空是避險基金重要的操作策略。

➔ 海外多家對沖基金　重金押注中國經濟崩潰

https://www.youtube.com/watch?v=SEfkIHBg9-s

影片簡介

避險基金常利用市場出現危機的時候，發動攻擊。前陣子，全球避險基金經理人，想藉由中國若一旦經濟崩潰，可從市場大撈一筆，所以積極在市場佈局。

➔ 巴菲特與對沖基金十年賭局中途領先

https://www.youtube.com/watch?v=ee2XvGU8l3c&spfreload=10

影片簡介

避險基金的操作績效一直為投資人關注的焦點。股神巴菲特認為指數型基金的被動式操作績效會贏避險型基金。結果巴菲特的賭注暫時領先。

本章習題

一、選擇題

( ) 1. 下列對避險型基金的敘述，何者有誤？(A)又稱對沖型基金　(B)又稱套利型基金(C) 又稱組合型基金　(D)通常會進行放空操作

( ) 2. 下列何項是避險基金會使用的操作工具？(A)證券放空　(B)證券融資 (C)期貨保證金　(D)以上皆是

( ) 3. 下列對避險型基金的特性敘述何者有誤？(A)追求絕對報酬　(B)通常可隨時贖回　(C)通常管理費用較高　(D)通常投資門檻較高

( ) 4. 下列對避險型基金的特性的敘述，何者正確？(A)無人操作　(B)風險低 (C)不可放空　(D)開放型基金

( ) 5. 通常下列何項特性，在一般傳統型基金與避險基金之間並無差異？(A)投資風險　(B)操作策略　(C)管理費用　(D)投資門檻

( ) 6. 下列何者非避險型基金的操作策略型態？(A)市場中立型　(B)權益證券多空型　(C)趨勢交易型　(D)技術分析策略型

證照題 ( ) 7. 投資避險基金之風險包括：甲.有大額損失的可能；乙.沒有註冊的避險基金無須公開其持股或表現；丙.非常倚重基金經理的專業知識　(A)僅甲、丙　(B)僅乙、丙　(C)僅甲、乙　(D)甲、乙、丙皆是

【2012-4 證券商高級業務員】

( ) 8. 以下有關避險基金(Hedge Fund)之敘述何者正確？Ⅰ.績效仰賴經理人之專業操作技術及經驗；Ⅱ.通常以追求相對報酬為操作目標；Ⅲ.通常會使用槓桿　(A)僅Ⅰ、Ⅲ　(B)僅Ⅱ、Ⅲ　(C)僅Ⅰ、Ⅱ　(D)Ⅰ、Ⅱ、Ⅲ皆是

【2013-4投信投顧人員】

二、問答題

1. 請問全球最早成立避險型基金為何人？

2. 請問早期的避險型基金，僅使用哪兩項工具？

3. 請問由全球最知名國際投資大鱷－索羅斯（Soros）所操作的避險型基金名稱為何？

4. 請就操作策略、績效目標、設立地點、績效揭露、贖回規定、管理費用與投資門檻幾項特性，說明避險型基金與一般傳統型基金的差異？

5. 請問依據GAI的分類，將避險型基金分成那4大類？

一、選擇題

1	2	3	4	5	6	7	8
C	D	B	D	A	D	D	A

二、問答題

1. 瓊斯。

2. 放空、財務槓桿。

3. 量子基金。

4.

	避險型基金	一般傳統型基金
操作策略	常利用衍生性金融商品，進行多空操作策略	大多僅用現貨商品，進行買進持有策略
績效目標	追求絕對報酬	追求相對報酬
設立地點	會選擇對證券法律管制較為寬鬆、或是免稅的國家地區設立	對設立地點比較無過多的考量
績效揭露	不用每日計算淨值，只要每月或每季公告損益即可	須每日公告淨值
贖回規定	可能每月、每季才開放贖回與申購	幾乎每日均可開放贖回與申購
管理費用	較高	較低
投資門檻	較高	較低

5. 「市場中立型」、「權益證券多空型」、「趨勢交易型」、「特殊策略型」。

Chapter 證券化類型基金

▼ 本章大綱

本章內容為證券化類型基金，主要介紹兩種證券化類型的基金－指數股票型基金（ETF）與不動產投資信託證券（REITs）的種種內容。其內容詳見下表。

節次	節名	主要內容
5-1	指數股票型基金	介紹ETF的種類、特性、投資收益、投資風險、以及全球與台灣的發展現況
5-2	不動產投資信託證券	介紹REITs的功能、投資優勢、投資風險以及台灣的發展現況

現今國內的基金市場，大部分是以開放型基金為市場的銷售主流。封閉型基金早年國內曾經風行過一陣子，由於該類型基金的淨值與市價，常常會出現較大的落差，所以常引來紛擾，所以逐漸在市場銷聲匿跡。

但近年來，商品的設計愈來愈多元與具彈性，將可隨時開放贖回與申購的因素，加入至封閉型基金內，讓新型態的證券化商品－「指數股票型基金」，兼具封閉型與開放型基金的特性，在國內已逐漸受到投資人的青睞。

此外，基金的投資標的大都是以金融商品為主，鮮少以實體物品為主。尤其，對不動產的投資，更是具有技術上的困難。但新型態「不動產投資信託證券」，將不動產的價值分割成小額的證券化商品，以封閉型基金的型式，在集中市場供投資人買賣。此舉可增加不動產的流動性，也開啟小額投資人參與投資房地產的契機。

因此證券化類型基金，自從在國內推出後，對國內的基金市場注入一股新的投資風潮。以下本章將分別介紹這兩種證券化類型的基金－「指數股票型基金」(ETF)與「不動產投資信託證券」(REITs)的內容。

指數股票型基金

　　指數股票型基金，亦稱為「交易所交易基金」（Exchange Traded Funds, ETF），其乃是一種將指數予以「證券化」的商品。所謂指數證券化乃投信公司，在市場上先尋找某一籃子股票組成某種股價指數，當作所要追蹤的依據，然後發行受益憑證，提供投資人間接投資，其投資報酬績效乃追縱所設定的股價指數報酬。

　　通常此種受益憑證，須在交易所以「封閉型基金」的型態掛牌上市，依據市價進行買賣；且ETF提供投資人類似開放型基金，可隨時進行實物或現金申購與贖回的機制，所以規模不固定；且亦提供如同股票交易一般的信用交易制度。所以ETF是一種兼具「封閉型基金」、「開放型基金」、「股票」的指數證券化金融商品。

　　以下本節將介紹ETF的種類、特性、投資收益、投資風險、全球與台灣的發展現況。

一、種類

　　ETF的發行種類，可以依據是否持有實物現貨、發行人的不同以及所要追蹤的資產種類不同，可區分為以下幾種類型，見圖5-1。

(一) 依持有實物與否區分

　　ETF其所要追蹤的指數報酬，投信可以利用下列兩種方式去追蹤模擬建構出來，其一為直接去購買現貨的「現貨型ETF」；另一為利用衍生性商品去模擬的「合成型ETF」。

1. **現貨型**：是將資金直接投資於標的指數之成分股，以完全複製[1]（買所有成分股）或代表性樣本複製[2]（買進部分代表性成分股）兩種方式，來追蹤指數表現。此外，現貨型ETF，若依是否須隨時調整指數成分股，又可分為以下兩種型式：

---

1 國內發行的現貨ETF中，採取完全複製成分股，如：「台灣50」、「中型100」等多檔ETF。
2 國內發行的現貨ETF中，採取代表性樣本複製成分股，如：「寶電子」等多檔ETF。

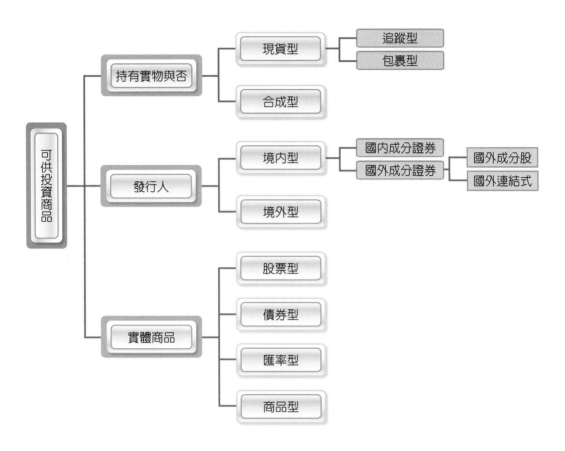

圖 5-1　指數股票型基金的種類

(1) 追蹤型：當追蹤指數的成分股或權重變動時，經理人也要適時的調整ETF
的成分股的內容。通常此調整是定期（如：每季）進行，不像一般型基金
那樣時常變動。例如：國內上市的「台灣50ETF」就是如此。

(2) 包裹型：當追蹤指數的成分股包裹完成，就不會更動任何成分股，所以經
理人無需再進行調整。通常此類ETF，大都以某一特定產業為主；若當成
分股發生企業併購時，被併消滅公司就會從一籃子組合中剔除，此時成分
股就會變少，但也不會再新加入成分股進去。

2. **合成型[3]**：乃資金不直接投資於指數成份股，而是運用各種衍生性金融商品
（如：期貨、選擇權等）來複製或模擬指數的報酬，以追蹤指數表現。通常
此種ETF不能進行實物申購與贖回的機制，僅能進行現金申購與贖回。

---

[3] 國內的合成型ETF，以國外成分證券型、槓桿型與反向型為主，如：「元上證」、「寶滬深」、
「T50正2」、「T50正反1」等多檔ETF。

(二) 依發行人區分

ETF依發行人區分，可分為境內型與境外型兩種。

1. **境內型**：ETF的發行人為國內的發行機構。通常在國內發行的ETF，又依發行標的成份來自國內或國外，分為國內成分證券型與國外成分證券型兩種。

   (1) 國內成分證券：發行以國內指數為成分股的ETF。例如：國內上市的「台灣50」、「中型100」等ETF。

   (2) 國外成分證券：發行以國外指數為成分股的ETF。通常此類型又可分為以下兩種型式：

   ① 國外成分股：乃在國內發行一檔ETF，其將資金投資國外某些指數成分證券的現股。例如：國內上市的「FB上證」、「元上證」等ETF。

   ② 國外連結式：乃在國內發行一檔ETF，其將大部分資金投資國外某檔ETF，少部分資金投資於衍生性商品或現金，並將這些投資標的重新包裝成ETF於國內上市交易。但此連結式ETF，其將資金投資多少比例至國外某檔ETF，由發行機構決定，所以連結式ETF的績效與原投資國外某檔ETF的績效，可能不盡相同。例如：國內上市的「寶滬深」ETF。

2. **境外型**：ETF的發行人為國外的發行機構。通常國外發行機構將已在國外上市的ETF，經由國內代理人引進，直接跨境在國內上市交易，所以此ETF屬於原裝進口，國內為其第二上市交易地。目前國際上跨境上市多採此種方式。此外，若境外第一上市地的每單位ETF掛牌價格，不一定能符合國內投資人交易習慣，因此境外型在國內上市，通常不限定每張為1,000的單位。例如：國內的「恒中國」ETF交易單位為200單位、「恒香港」ETF交易單位為100單位、「上證50」ETF交易單位為100單位。

(三) 依資產種類區分

ETF依資產種類區分，大致可分為以下4種類型：

1. **股票型**：其資產標的為全球主要的股票市場，包括：全球跨區域、區域型及單一國家的股票指數ETF；或以產業類別區分的金融、科技、房地產、航運等各種產業股票指數ETF。

2. **債券型**：其資產標的為各類債券，包括：各國政府公債、新興市場債、公司高收益債、資產抵押債、可轉債、通膨指數債等債券指數ETF。

3. **匯率型**：其資產標的為全球各國的貨幣，包括：連結「單一貨幣」如：美元、英鎊、歐元、日圓、紐幣、人民幣等貨幣ETF；以及連結「一籃子貨幣」。例如：十大工業國貨幣指數ETF。通常匯率型ETF大都以外匯期貨持有居多，而非持有真實貨幣。

4. **商品型**：其資產標的商品原物料市場，包括：原油、黃金、白銀、基本金屬、貴金屬、農產品等原物料商品ETF。通常商品型ETF的標的都是期貨商品，而非現貨商品。例如：國內上市的「元黃金」、「元石油」等ETF。

二、特色

　　ETF乃是一種兼具「封閉型基金」、「開放型基金」、「股票」的指數證券化金融商品，其具以下兩點重要特性：

(一) 被動式管理

　　一般基金的選股是以追求績效最大化為目標，而ETF是以模擬某特定指數的表現為目的，其主要操作策略在使基金淨值與某特定指數，維持高程度的連動關係。且當模擬指數內的成分股標的股票或權重發生改變時，則ETF內的投資組合內容與權重也必須跟著調整，以符合被動式管理之目的。

(二) 實物「申購與贖回」的機制

　　ETF最大特色是具有實物「申購與贖回」的機制，但此特色乃針對「現貨型」ETF[4]。ETF 藉由「實物申購與贖回」之特性，讓ETF的市價與淨值會很相近。其實物「申購與贖回」的運作說明如下：且有關實物申購與贖回架構圖，見圖5-2。

　　當ETF市價高於淨值時，投資人可以買進一籃子股票，並同時賣出（放空）ETF，並將其所持有之一籃子股票向投信申請「實物申購」ETF，以因應同日賣出ETF 之交割，藉此賺取價差套利；此「實物申購」的動作，因投資人賣出ETF，會讓ETF 的市價跌至與淨值相近。相反的，當ETF 淨值高於市價時，投資人可以買進ETF，並同時賣出（放空）一籃子股票，並以買進的ETF向投信申請「實物贖回」，以因應賣出一籃子股票的交割，藉此賺取價差套利；此「實物贖回」的動作，因投資人買進ETF，會讓ETF的市價漲至與淨值相近。

---

4 若是「合成型」ETF，則藉由「現金申購與贖回」之特性，讓ETF 的市價與淨值會很相近。

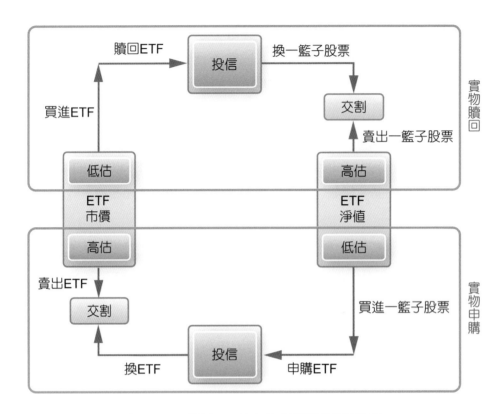

圖 5-2　現貨型 ETF 的實物申購與贖回架構圖

三、投資收益

ETF乃在交易所掛牌交易，所以投資ETF就像投資股票一樣，具有資本利得與股利收益兩種基本的收益；若是投資非台幣計價的ETF，尚有匯兌利得。以下進一步說明這三種投資收益。

(一) 資本利得

因ETF在交易所進行交易，且允許信用交易，所以投資人只要針對ETF的市價進行買低賣高、或賣高買低就可賺取到的價差。通常資本利得是投資ETF最主要的收益來源。

(二) 股利收入

由於現貨型ETF是以追蹤特定指數的成分股為投資標的，若指數成分股發放現金股利時，在扣除相關費用後，投資人就能分配到相對應的現金股利收入。但若指數成份股發放股票股利時，則累積在ETF的投資組合內，並不會發放股票股利。

(三) 匯兌利得

若投資人投資非本國幣計價的ETF、或者ETF所投資的標的證券是非以本國貨幣計算損益時；若此時外幣出現升值情形，投資人的資本利得或股利收益，就會有匯兌的利得。

四、投資風險

投資ETF會面臨到的風險，大致上有以下6項，其中，前三項是不管投資哪類型都會面臨到的，後三項風險屬於投資在境外型ETF、國外成分股ETF、國外連結式ETF比較會面臨到的風險，見圖5-3。

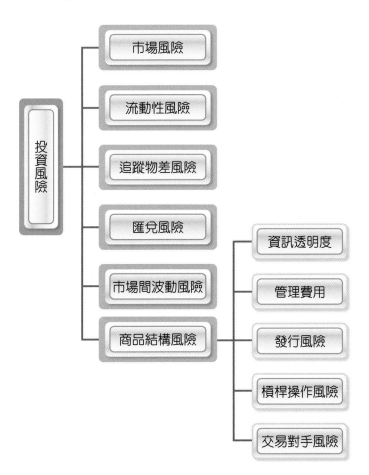

圖 5-3　投資指數股票型基金的風險

(一) 市場風險

投資ETF雖可規避投資單一股票的非系統風險，但仍無法規避市場短期某些因素（如：經濟、政治、天災等）的變動影響，使得價格在短期間內產生劇烈波動，造成投資人嚴重損失。

(二) 流動性風險

若ETF在市場上若出現流動性不佳的情形，將造成投資人買賣不易或無法成交，將導致投資人產生損失。通常國內ETF的發行機構，須負起造市的義務，使ETF更具有流動性。

(三) 追蹤誤差風險

若ETF無法完全複製或追蹤標的指數，將使得ETF淨值與所對應的標的股價指數走勢出現誤差，而產生追蹤連動上的風險。通常會造成追蹤誤差的原因很多，其誤差包括以下幾點：

1. 基金所支付的管理費用影響。
2. 基金的投資標的與指數成分股的差異。
3. 基金的計價與交易貨幣產生匯兌價差差異。
4. 基金經理人所使用的追蹤工具及複製策略，所產生的誤差等。

(四) 匯兌風險

通常以外幣計價的ETF、或本身投資組合以外國資產為主的ETF，其基金的績效表現會受到匯率波動的影響。

(五) 市場間波動風險

有些境外型ETF、國外成分股ETF、國外連結式ETF的價格並無漲跌幅限制，因此ETF價格波動可能較大些。且國內外的交易時間與國內並不一致，因此若國內市場收盤後，國外發生重大事件，將造成在國內上市的境外型ETF、國外成分股ETF、國外連結式ETF延遲反映市價，因而造成市場之間差異的變動風險。

(六) 商品結構風險

因國外連結式ETF，是將國外ETF重新包裝，且通常亦包含衍生性商品的操作，所以將可能出現以下幾種商品結構性的風險。

1. **資訊透明度**：ETF經過再包裝後，將使資訊透明度下降。

2. **管理費用**：ETF經過再包裝後，產生兩層管理費用，將增加投資成本。

3. **發行風險**：投資人須同時承擔國外、及國內兩發行人的信用及管理風險。

4. **槓桿操作風險**：因部份資金從事衍生性商品操作，所以將產生槓桿操作風險。

5. **交易對手風險**：因部份資金從事衍生性商品操作去複製指數表現，若衍生性商品的交易對手發生違約，將產生交易對手的風險。

五、全球ETF發展概況

全球最早推出ETF的乃是1993年，由美國道富銀行（State Street Bank）發行追蹤美國S&P500指數，於美國證券交易所（American Stock Exchange, AMEX）所上市的「SPDR S&P 500」ETF，該ETF仍是現今全球最大的ETF，截至2016年3月約管理1,840億美元的資產。而且美國目前仍是全世界規模最大的ETF發行市場，且ETF的種類與投資範圍也最為多樣與廣泛。

全球ETF經過20多年來的發展，期間所發行產品的多樣性。首先從股票型ETF開始發展，其投資範圍亦非常廣泛，不僅有產業型、國家型、區域型、全球型等；爾後，又有債券型、貨幣型、商品型，甚至發展到放空型、槓桿型等陸續問世。追蹤指數的方式，也從一開始的一籃子股票，發展到以指數期貨、商品期貨、甚至到以衍生性商品方式來達到追蹤指數的目標，且近年來也發展出非以追蹤指數的目標的主動積極型管理行ETF。

所以全球的ETF市場持續推出創新商品，目前全球ETF的種類超過300種。根據英國倫敦獨立研究顧問公司－ETFGI最新的統計數據顯示，從2009年以來，ETF呈現爆炸性成長，截至2015年12月，目前全球掛牌交易的ETF與ETP[5]超過6,100檔，總資產規模逼近3兆億美元。詳見圖5-4的說明。

---

[5] ETP稱為交易所交易產品(Exchange Traded Products)，其與ETF的差別：ETF主要是追蹤股價指數；ETP主要是的追蹤是商品指數而非股價指數。例如：追蹤單一商品（如：黃金指數）、或者一組匯率商品（如：10大工業國貨幣指數）。

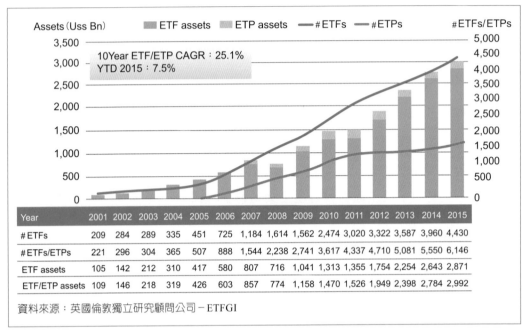

圖 5-4　全球 ETF 的發展近況圖

六、台灣的發展現況

　　臺灣的本土所發行ETF腳步較國際市場晚些，美國早於2000年就在美國股市推出與台股相連結的ETF－「ishares MSCI台灣ETF」[6]。臺灣第一檔ETF乃於2003 年6月由元大寶來投信所發行的「臺灣卓越50基金」，該基金的標的物為臺灣市值前50大的股票，其代表著大型權值股的績效表現。爾後，證交所為了增加ETF商品的多元性，且為吸引更多的投資人加入ETF市場，陸陸續續的推出連結「中型股票100檔指數」、「科技指數」、「電子科技指數」、「台商收成指數」、「摩根（MSCI）金融指數」、「高股息指數」、「摩根台灣指數」、「台灣發達指數」、「未含電子股50指數」、「加權股價指數」與「櫃買富櫃50指數」等多檔ETF。由於這些股價指數ETF的發行，讓國內投資人多了一個能夠有效分散的投資工具。

6　「ishares MSCI台灣ETF」的發行機構為全球最大的投資管理公司－貝萊德(Blackrock)，該ETF於2000年6月於美國證券交易所(AMEX)掛牌。其所追蹤的成份股涵蓋台股80%～90%的市值，採抽樣追蹤；截止2016年3月，約管理25億美元的資產。

　　台灣初期的發展是以發行國內證券成分股ETF為主，2009年則是台灣的ETF市場邁向國際化的一年，在台灣與香港兩地證券主管機關的努力下，兩地的ETF開始跨境在對方的交易所掛牌交易。當年8月由國內寶來投信率先以連結基金（Feeder Fund）的形式，在國內發行了一檔「標智滬深300ETF」，該檔ETF的主要購買標的物，乃在香港掛牌上市的「標智滬深300ETF」，該ETF所追蹤指數的成分股包含上海、深圳交易所中，最具代表性300檔股票。此ETF讓台灣投資人可以間接投資中國的股票市場。

　　隨後，2009年8月由匯豐中華投信，以跨境原裝進口方式，引進已在香港掛牌交易的兩檔ETF－「恆生H股指數ETF」以及「恆生指數ETF」[7]，讓台灣對香港股市、或對中國企業有興趣的投資人，可以直接用新台幣就買到在香港交易的ETF。此外，2010年，由凱基投信所引進的「標智上證50ETF」則是台灣的首檔純中國A股的境外ETF，其主要追蹤中國上證50指數，該指數成分股為中國上海證交所上市的50檔最大型的股票。

　　近年來，國內ETF市場逐漸發展成熟，政府為提供投資人更豐富的投資選擇。國內於2014年10月推出「槓桿型」（Leveraged）與「反向型」（Inverse）兩種類型ETF。槓桿型ETF的漲跌幅度是追蹤指數標的倍數；反向型ETF的漲跌方向是與追蹤指數相反方向。例如：「槓桿型ETF」，若為追蹤國內某指數之2倍槓桿，則該ETF漲跌幅度最大為20%，具有槓桿效果；若是「反向型ETF」，若追蹤的指數今日漲幅1%，則此ETF會跌1%，漲跌方向剛好跟追蹤指數相反。

　　國內自2003年首次推出ETF後，經過這10幾年來的發展，市場的發行種類與交易日趨多樣與成熟。基本上，國內除了推出股價指數ETF之外，國內於2011年由寶來投信推出唯一一檔追蹤台灣指標公債指數的「寶來富盈債券ETF」，但已於2013年下櫃[8]外；且近期2015年4月元大投信首推商品ETF－「元大標普高盛黃金ER ETF」，此檔為國內的首檔黃金期貨ETF；爾後又推出一檔以石油期貨為標的的「元大標普高盛原油ER ETF」。

---

[7] 由於近年來國內連結中國與香港的ETF的商品增加，導致「恆中國」、「恆香港」這兩檔境外型的ETF流動性不佳。此兩檔ETF，已於2015年12月申請下市。

[8] 「寶來富盈債券ETF」，自2011年發行後，由於長期流動性不足，雖然此ETF有實物贖回機制，但因設定門檻較高，不容易運作，使得市價折價幅度過大情形，一直無法改善，最後此基金已於2013年5月終止上櫃。

　　除上述三檔債券型與商品型的ETF外，現今國內的ETF市場，主要仍以台股以及陸股的股票型ETF為主；但近年來，分別推出連結「日本東證指數」、「美股標普500（S&P500）指數」與「印度NIFTY指數」的ETF，使得國內的ETF商品種類與市場交易，更為國際化與多元性的蓬勃發展。預計將來會再推出槓桿／反向期貨型、外幣計價等新類型的ETF。國內截至2016年3月，國內共發行43檔ETF，資產規模超過2,000億元，成交量占整體市場比重已超過一成。有關發行情形，詳見表5-1說明。此外，表5-2為國內各類主要ETF的規格說明。

ETF類型		ETF名稱	追蹤指數
現貨型	國內成分證券型	元大臺灣卓越50ETF	臺灣50指數
		元大台灣中型100 ETF	臺灣中型100指數
		富邦台灣科技指數ETF	臺灣資訊科技指數
		元大台灣電子科技ETF	電子類加權股價指數
		元大台灣台商收成ETF	S&P台商收成指數
		元大台灣金融ETF	MSCI台灣金融指數
		元大台灣高股息ETF	臺灣高股息指數
		富邦台灣摩根指數ETF	MSCI®臺灣指數
		富邦台灣發達指數ETF	臺灣發達指數
		富邦台灣金融指數ETF	金融保險類股指數
		元大新台灣ETF	未含電子股50指數
		元大摩臺指數ETF	MSCI®臺灣指數
		永豐臺灣加權指數ETF	發行量加權股價指數
		富邦台灣采吉50 ETF	臺灣50指數
		元大富櫃50 ETF	櫃買富貴50指數
	國外成分證券型	富邦上証180 ETF	上証180指數
		復華滬深300 A股ETF	滬深300指數
		國泰富時中國A50 ETF	富時中國A50指數
		富邦深証100 ETF	深証100指數
		元大標普500ETF	標普指數（S&P 500）
		復華恆生ETF	恒生指數
		富邦印度NIFTY指數ETF	印度NIFTY指數
合成型	國外成分證券－成分股	元大上證50 ETF	上證50指數
		富邦日本東證ETF	東證指數
		群益深証中小板ETF	深証中小指數
	國外成分證券－連結式	元大標智滬深300 ETF	滬深300指數
	境外型	標智上證50中國指數ETF	上證50指數
	槓桿型及反向型	元大台灣50正向2倍ETF	臺灣50指數
		元大台灣50反向1倍ETF	臺灣50指數
		富邦上証180單日正向2倍ETF	上証180指數
		富邦上証180單日反向1倍ETF	上証180指數
		元大滬深300正向2倍ETF	滬深300指數
		元大滬深300反向1倍ETF	滬深300指數
		富邦東證正向2倍ETF	東證指數
		富邦東證反向1倍ETF	東證指數
		元大標普500單日正向2倍ETF	標普指數（S&P 500）
		元大標普500單日反向1倍ETF	標普指數（S&P 500）
		復華恆生單日正向2倍ETF	恒生指數
		復華恆生單日反向1倍ETF	恒生指數
		富邦印度NIFTY單日正向2倍ETF	印度NIFTY指數
		富邦印度NIFTY單日反向1倍ETF	印度NIFTY指數
	期貨型	元大標普高盛黃金ER指數ETF	標普高盛黃金ER指數
		元大標普高盛原油ER指數ETF	標普高盛原油ER指數

表5-1　國內ETF的分類與發行情形

資料來源：台灣證交所與櫃檯買賣中心

	現貨型			合成型			
	國內成分證券型	國外證券成分股	國外證券成分股	國外證券連結式	境外型	槓桿型及反向型	期貨商品型
ETF名稱	寶來臺灣50	富邦上証180	寶來上證50	寶來標智滬深300	標智上證50	元大寶來台灣50正向2倍	元大寶來標普高盛黃金ER
追蹤指數	臺灣50指數	上証180指數	上證50指數	滬深300指數	上證50指數	臺灣50指數	標普高盛黃金ER指數
發行人	寶來投信	富邦投信	寶來投信	寶來投信	香港中銀保誠資產	元大寶來投信	元大寶來投信
交易單位	1,000	1,000	1,000	1,000	100	1,000	1,000
升降幅度	10%	無限制	無限制	無限制	無限制	20%	無限制
信用交易	可	可	可	可	可	可	可
申贖方式	實物	現金	現金	現金	現金	現金	現金
申贖單位	500,000	500,000	500,000	500,000	800,000	500,000	500,000
收益分配	有	無	無	無	無	無	無

表5-2 國內各類主要ETF的規格

資料來源：台灣證交所與櫃檯買賣中心

市場焦點

槓桿型／反向型ETF留意追蹤誤差

　　ETF理論上應複製指數的表現，但因採取不同的追蹤複製法，加上交易費用支出，有可能與指數走勢偏離，投資者須承擔追蹤誤差的風險；績效偏離幅度越大，代表基金管理追蹤效果不佳。因此，證交所提醒，應選擇投資追蹤誤差較小、流動性較好的ETF。

　　近期韓國與日本分別於2009年與2012年發行槓桿型及反向型ETF，這類型ETF所提供的報酬型態與傳統型ETF有很大的差別，每日的偏離幅度甚至可能高達1%，徹底顛覆ETF低偏離幅度的概念。

　　亞洲的槓桿型及反向型ETF，為了具備槓桿與反向報酬的特性，需要持有一定量的期貨部位。因採用期貨，日韓槓桿型與反向型ETF追蹤效率都

不如傳統型態ETF來的好。韓國ETF市場的主要發行商Samsung Funds發行的Kodex 200指數槓桿2倍ETF與反向1倍ETF，追蹤誤差明顯高於Kodex 200 ETF，而日本市場Nomura Next Fund發行的Nikkei 225槓桿2倍ETF、Nikkei 225反向1倍ETF，追蹤誤差也較一般的ETF爲大。

證交所表示，元大寶來台灣50槓桿2倍與反向1倍ETF，將持有台指期來達到追蹤的效果，因此偏離幅度可預期與日韓的槓桿與反向ETF相似。元大寶來台灣50ETF每日報酬率偏離指數幅度約略於正負0.03％左右，追蹤台灣50指數之槓桿型及反向型ETF與標的指數乖離幅度，也預期會比台灣50ETF高。槓桿型及反向型ETF可直接在股票帳戶交易，與一般買賣股票行爲一致，並讓原先技術指標的交易策略，有新的思維與潛在獲利機會。

證交所提醒，投資槓桿型及反向型ETF，務必要掌握報酬型態及追蹤誤差等，並參酌發行商網站上揭露的盤中預估淨值，了解ETF淨值及市價是否差距過大，愼重考量避免盲目進入市場。

《圖文資料來源：節錄自中時電子報 2014/10/24》

··

↻ **解說**

　　槓桿型與反向型ETF皆屬於合成型的ETF，通常利用衍生性商品來追縱複製指數的漲跌，若衍生性商品的流動性不好，將導致追蹤誤差，所以投資人購買此類ETF時須留意。

5-2　不動產投資信託證券

　　不動產證券化（Real Estate Securitization）是屬於物權的證券化概念，即不動產所有權人將不動產信託移轉予受託機構，受託機構按不動產之資產價值、開發管理或處分之收益作爲證券化之標的基礎，受託機構再發行證券化後的受益證券，向投資人銷售之過程。

　　目前我國不動產證券化制度，大致分爲二種型式，其一爲「資產運用型」，亦即先發行證券募集資金再投資不動產之「不動產投資信託」制度，其所

發行的證券就是不動產投資信託證券（Real Estate Investment Trusts, REITs），此類型一般以「基金」的方式對外發行。另一為「資產流動型」，亦即先將不動產信託再據以發行證券募集資金之「不動產資產信託」制度，其所發行的證券就是不動產資產信託（Real Estate Asset Trust, REAT），此類型一般以「債券」的方式對外發行。其不動產證券化發行示意圖，詳見圖5-5。

圖 5-5　不動產證券化發行架構示意圖

所謂不動產投資信託證券（REITs）是將不動產（如：辦公大樓）的所有權予以證券化，也就是將所有權分割成小額等份的股權，再將這些股權以「封閉型基金」的方式發行，供投資人進行小額投資。所以投資人購買此基金，等於間接擁有不動產所有權的一部分。投資人買此類基金，除了可享有固定配息（配息的資金來源為辦公大樓的租金收入）外，也可享有不動產增值波動的資本利得收益。

國內現行已有多擋REITs掛牌上市交易，由於此商品是在交易所，是少數以不動產為標的的證券化商品，因此投資人較為陌生。所以本節將介紹REITs的功能、投資優勢、投資風險與台灣發展現況，讓投資人對REITs有基本的認識與了解。

一、功能

REITs的標的物乃一般的不動產，而非有價證券，所以對不動產市場的發展具有相當程度的重要性，以下將介紹REITs的兩種主要功能：

(一) 促進不動產流動

通常REITs的運作模式，將龐大而不容易流通的不動產，轉化為流動性較佳的證券發行，再售予投資人。此模式結合不動產市場和資本市場的特性，加強其變現性與流通性，透過金融手段解決不動產的流通性問題。

(二) 活絡資本市場

將龐大的不動產轉化成小額證券，除增加不動產流動性外，亦增加資本市場的證券多元性，讓投資人可以在資本市場，就可參與不動產的投資，增進資金的多元性運用，且促進資金之有效流通。

二、投資優勢

投資人若投資REITs，將具備以下幾項投資優勢。

(一) 收益穩定

通常REITs將不動產每年所收到的租金收入，轉為現金股利分配給投資人，所以投資REITs，除可享有不動產增值波動的資本利得收入外，亦可領取相對穩定的股利收益。

(二) 具保值性

通常不動產具有保值、抗通膨的特性，所以投資REITs等於間接投資在不動產。當通貨膨脹發生時，不動產的租金等相關收益，亦會跟著物價水準向上調整，所以REITs的股利收益與市場價格，亦隨之水漲船高。所以投資REITs會隨著不動產增值而受益，具有一般證券所沒有的保值與抗通膨之特性。

(三) 流動性佳

通常REITs乃於集中市場以封閉型基金形式掛牌交易，與股票交易方式相同，所以流動性與變現性，均較直接投資在不動產佳，且投資門檻也較低，一般投資人皆可參與。

(四) 稅賦優惠

在依據國內不動產證券化的條例規定，REITs的信託利益（如：租金收入）應每年分配股利收益。REITs除了免徵證券交易稅外，股利收益採取10%分離課稅，不須併入營利事業所得稅或綜合所得稅總額課稅。因此對於資金大戶而言，其節稅的效果會比資金放在定存好。

三、投資風險

投資人若投資REITs，將可能會遭受到以下幾項投資風險。

(一) 代理經營的風險

投資人購買REITs，是將資金交給投信公司代為投資與管理不動產，所以營運方式是採所有權與經營權分離的情形，因此投資人並不是直接經營管理不動產。當REITs管理者經營不善時、或所從事的交易損及所有權人的利益，投資人僅能更換經理人、或拋售所持有受益憑證，因此投資人必須承擔經理人經營不善的代理風險。

(二) 不動產景氣的風險

如果不動產市場景氣不佳時，會造成不動產的價值下跌，進而影響REITs的市場價值變動，使得REITs的市價具有波動的風險。且也有可能會使得不動產出租的狀況不佳，影響REITs的租金收入，進而影響REITs每年的現金股利的分配。

(三) 利率變動的風險

市場利率高低，亦會影響投資人持有REITs的意願。當市場利率提高時，若市場有其他商品的固定收益相較REITs的股利收益高時，REITs可能會被拋售，而造成市場價格下跌。

四、台灣的發展現況

國內為了有效開發利用不動產、活絡不動產市場，所以希望藉由證券化的方式，提高不動產的流動性，以及增加不動產籌資管道。國內於2003年7月發布「不動產證券化條例」及相關規定，隨後信託業者也開始發展相關業務。國內首件不動產證券化商品於2004年5月，由嘉新國際股份有限公司將其所擁有之萬國商業大樓部分，信託移轉予台北國際商業銀行，以該信託財產為基礎，發行不動產資產信託受益證券（REAT），從此我國邁入不動產證券化時代。

國內不動產證券化商品是以債券商品為開始，而基金的方式乃於2005年3月由富邦金控，將其旗下富邦人壽大樓、富邦中山大樓、天母富邦大樓以及潤泰中崙大樓等四棟商辦、住宅大樓與商場，受託給台灣土地銀行，所發行首檔

REITs－「富邦一號不動產投資信託基金」（簡稱：富邦R1）於證交所掛牌上市。

　　台灣自2005年首次推出REITs後，初始的發展還算順利，短短2年內共發行了8檔，但由於受到2007－2008年美國次級房貸金融危機的影響，使得投資人對於不動產證券化的商品產生疑慮，自此之後國內再無新的REITs發行。且由於受法規限制，舊基金不允許擴大發行，也難以找到新投資標的、且基金無法因操作績效良好，而領到分紅或激勵獎金，使得管理機構流於物業管理而非基金操盤、且不動產市場價值上揚，標的物的價值也無法有效反應在股價等因素的影響。最終使得發行機構與投資人皆意興闌珊，造成基金流動性較差，造成REITs市場萎縮。截至2016年3月，只剩5檔基金上掛牌交易，其餘3檔都以清算下市了。表5-3為國內現行REITs的發行情形表。

　　但近期金管會有意開放國內的REITs可投資海外不動產，可將海外不動產納為投資標的。由於國外不動產的投資報酬率相較國內具有吸引力，開放後將使REITs的發行市場注入新動力，也讓國內小額投資人，有機會用小錢，參與海外不動產的投資。

表5-3　國內現行REITs的發行情形表

基金名稱（簡稱）	資產池標的物	受託機構
富邦一號（富邦R1）	商辦、商場、住宅	臺灣土地銀行
國泰一號（國泰R1）	商辦、商場、旅館	臺灣土地銀行
新光一號（新光R1）	商辦、商場、住宅	兆豐商業銀行
富邦二號（富邦R2）	商辦、廠辦	臺灣土地銀行
國泰二號（國泰R2）	商辦	兆豐商業銀行

市場焦點

REITs投資海外房產鬆綁

圖 5-6　金管會開放「不動產投資信託」得投資國外 REITs 及海外不動產

　　國人投資海外不動產，金管會開大門，昨日開放「不動產投資信託」（REITs）得投資國外REITs及海外不動產。未來民眾不用出國，可透過REITs投資海外不動產，有機會用小錢，達到和大型壽險公司同樣規格的投資收益率。

　　銀行局副局長表示，目前五檔REITs都有意願加募資金，投資海外REITs或不動產，像是倫敦、東京、雪梨等，都是REITs有興趣投資的城市。

　　金管會官員指出，由於近年來我國不動產市場存在「高房價、低租金」的現象，導致REITs收益率偏低，僅在5%以下，反觀香港、新加坡等先進市場的REITs普遍在5%、甚至在10%以上，導致REITs在國內不活絡。

　　目前已有三檔REITs完成清算，市場僅存富邦一號、國泰一號、新光一號、富邦二號及國泰二號這五檔REITs。為了活絡國內REITs市場、擴增國人

投資理財管道，金管會昨日開放REITs得投資國外REITs及國外不動產，惟同時研議兩項配套措施：第一、投資國外REITs的比率，不得超過基金淨資產價值25%；第二、投資國外REITs及國外不動產合計不得達基金淨資產價值50%。

《圖文資料來源：節錄自經濟日報 2016/01/01》

⟳ 解說

　　國內的REITs的發行市場，自從發生美國次級房貸金融危機後，就了無生機。近期金管會開放國內的REITs，可將海外房地產納入證券化標的，冀望藉此活絡國內REITs市場。

新知速報

➤ 投資密碼搶先報　小資族可買ETF

https://www.youtube.com/watch?v=W8aZk_K1tBo

影片簡介

小資族可以考慮投資ETF，因為ETF兼具股票和基金優點不僅走勢和股市同步，小資族只要判斷趨勢，就有機會獲利，而且直接可以分散風險。

➤ 槓桿及反向ETF掛牌　讓你賺2倍

https://www.youtube.com/watch?v=7uxowgi9--o

影片簡介

國內元大寶來投信，近期上市首檔的槓桿及反向ETF。此ETF提供投資人槓桿操作、與反向追縱台股指數的投資工具，讓投資人更能多元操作台股。

➤ 台灣ETF也能買黃金、石油

https://www.youtube.com/watch?v=q7waShnLY6s

影片簡介

國內ETF的發行市場，愈來愈火熱，除了發行多檔的陸股ETF外，近期也發行連結黃金與元油的ETF，讓投資人多了一個頭資標的。

➤ ishares MSCI台灣ETF是台股的領先指標！

https://www.youtube.com/watch?v=POBpaq8G1P8

影片簡介

「ishares MSCI台灣ETF」是貝萊德投資資產公司，於2000年在美國證券交易所掛牌發行。因在海外交易，其變動的情形，可以提供國人在交易國內ETF的參考。

新知速報

> ➜ 陸股ETF套利贖回遭擋　金管會盯投信

https://www.youtube.com/watch?v=-7JjnVLOF8k

影片簡介

中國股市前陣子很火熱,所以國內發行多檔連結陸股的ETF,以共襄盛舉。但陸股ETF的市價與連結標的淨值出現折價空間,投資人欲贖回套利,卻遭投信阻擋。

> ➜ 國泰REITs中華大樓　擬都更創國內首例

https://www.youtube.com/watch?v=O45MH1oAqqM&spfreload=10

影片簡介

國泰一號(REITs)持有的西門町中華大樓,大股東「國壽」打算以都更方式、提高租金受益。不過有小股東認為,直接出售可創造每股3.5元的配息,更為有利。

本章習題

一、選擇題

(　) 1. 下列何者為ETF的特性？(A)依淨值買賣　(B)可以實物申購　(C)主動式管理　(D)規模固定

(　) 2. 下列何者為非ETF的特性？(A)集中市場交易　(B)可以信用交易　(C)規模不固定　(D)依淨值買賣

(　) 3. 請問現貨型與合成型ETF的主要差異為何？(A)交易場所　(B)持有實體股票　(C)發行人　(D)資產種類

(　) 4. 下列何者非國內境外型ETF的特性？(A)新台幣計價　(B)屬於第二次上市　(C)每張1,000單位　(D)國外已有上市相同的ETF

(　) 5. 請問黃金ETF是屬於？(A)商品型　(B)股票型　(C)債券型　(D)匯率型

(　) 6. 若現貨型ETF的市價與淨值不一時，可藉由何種機制調整？(A)發行機構自行調整　(B)實物申購贖回　(C)交易所進行調整　(D)利用衍生性商品套利

(　) 7. 下列何項非投資ETF的可能收益？(A)資本利得　(B)現金股利　(C)股票股利　(D)匯率收益

(　) 8. 請問投資ETF比較不會遇到何種風險？(A)市場風險　(B)公司風險　(C)匯兌風險　(D)流動性風險

(　) 9. 若一檔槓桿2倍且反向型的ETF，若該追蹤指數今日跌3%，請問該ETF今日可能漲跌如何？(A)漲6%　(B)跌6%　(C)漲3%　(D)跌3%

(　) 10. 下列何者為REITs的特性？(A)依淨值買賣　(B)可以實物申購　(C)封閉型基金　(D)規模不固定

(　) 11. 依現行國內規定，REITs分配股利時，採分離課稅多少？(A)10%　(B)6%　(C)20%　(D)0%

(　) 12. 下列何者非投資REITs所面臨的主要風險？(A)利率變動　(B)經營代理關係　(C)不動產景氣　(D)發行機構變動

( ) 13. 下列何者非指數股票型基金(ETF)之特性？(A)在交易所掛牌買賣　(B)為一種指數股票型基金　(C)採取被動式的管理　(D)淨值即為市場交易價格　【2014-3 投信投顧人員】

( ) 14. 有關國內指數股票型基金(ETF)之敘述，下列何者錯誤？(A)投資標的為「一籃子股票」　(B)價格最小變動幅度與一般股票相同　(C)所課徵之證券交易稅之稅率為千分之一　(D)除可像股票一樣掛單賣出外，亦可向基金經理人作贖回　【第25屆理財規劃人員】

( ) 15. 有關ETF之敘述，下列何者錯誤？(A)ETF的證券交易稅率為千分之一　(B)ETF可進行信用交易，而且是一上市馬上可以信用交易　(C)ETF之證券交易稅率與一般股票不同　(D)ETF在平盤以下不得放空　【第24屆理財規劃人員】

( ) 16. 指數股票型證券投資信託基金(ETF)，主要是由下列何種傳統基金演化而成？(A)積極型基金　(B)消極型基金　(C)絕對報酬型基金　(D)相對報酬型基金　【第24屆理財規劃人員】

( ) 17. 有關ETF的敘述，下列何者錯誤？(A)可以信用交易，且不受六個月觀察期限制　(B)當日價格之變動，並無上下限制　(C)手續費比照股票交易，上限為千分之一點四二五　(D)可在集中市場買賣，亦可要求贖回　【第26屆理財規劃人員】

( ) 18. 指數股票型基金的商品性質不包括下列何者？(A)股票型基金　(B)封閉型基金　(C)積極型基金　(D)開放型基金　【第26屆理財規劃人員】

( ) 19. 現行指數股票型證券投資信託基金(ETF)係與臺灣50指數相對應，當ETF價格上漲，而50指數下跌時，投資人不宜採取下列何種交易策略？(A)賣出ETF，買進50檔現股申請申購ETF，以為賣出ETF之交割　(B)賣出50檔現股，買進ETF申請贖回50檔現股，以為賣出50檔現股之交割　(C)融券賣出ETF　(D)建立臺灣50指數期貨空頭部位　【第21屆理財規劃人員】

( ) 20. 以下有關ETF敘述何者正確？Ⅰ. ETF商品可信用交易；Ⅱ. 對一般小額投資者而言，ETF類似開放式股票基金；Ⅲ. 投資者可要求轉換為標的指數之成份股；Ⅳ. ETF的管理費相較於成長型基金管理費低　(A)Ⅰ、Ⅳ　(B)Ⅱ、Ⅲ、Ⅳ　(C)Ⅰ、Ⅲ、Ⅳ　(D)Ⅰ、Ⅱ、Ⅲ、Ⅳ　【2013-4證券投資分析人員】

(   ) 21. 以下何者正確？甲：長期而言，REIT具規避通貨膨脹風險之能力；乙：理論而言，REIT的股息殖利率應高於公債殖利率；丙：MREIT的價格與市場利率呈反向變動　(A)僅甲、乙　(B)僅甲、丙　(C)僅乙、丙　(D)甲、乙、丙　　　　　　　　　　　　　　　　　　　　　【2013-1資產證券化】

(   ) 22. 下列何者為抵押權型REITs之投資風險？(A)信用風險　(B)利率風險　(C)在投資風險　(D)以上皆是　　　　　　　　　　　【2014-2 資產證券化】

二、問答題

1. 何謂ETF？

2. 請問ETF依持有實物與否可區分哪兩種類型？

3. 現行國內所發行ETF是以哪一種資產為主？

4. 請問國內發行國外成分證券連結型式的ETF，如何將投資績效連結國外的指數？

5. 若ETF市價高於淨值，如何利用實物「申購與贖回」的機制，使之平衡？

6. 請問投資ETF有可能出現哪三種收益？

7. 請問投資ETF有可能會面臨哪些風險？

8. 何謂REITs？

9. 請問投資REITs有可能會面臨哪些風險？

10. 請問國內投資REITs，其股利收益的課稅為何？

一、選擇題

1	2	3	4	5	6	7	8	9	10
B	D	B	C	A	B	C	B	A	C
11	12	13	14	15	16	17	18	19	20
A	D	D	B	D	B	B	C	B	C
21	22								
D	D								

二、問答題

1. ETF是投信公司在市場上先尋找某一籃子股票所組成的股價指數，當作所要追蹤的依據，然後發行受益憑證，提供投資人間接投資所要追縱的股價指數報酬。

2. 現貨型與合成型。

3. 股票型。

4. 乃在國內發行一檔ETF，其將大部分資金投資國外某檔ETF，少部分資金投資於衍生性商品或現金，並將這些投資標的重新包裝成ETF於國內上市交易。

5. 投資人可以買進一籃子股票，並同時賣出（放空）ETF，並將其所持有之一籃子股票向投信申請「實物申購」ETF，以因應同日賣出ETF之交割，藉此賺取價差套利；此「實物申購」的動作，因投資人賣出ETF，會讓ETF的市價跌至與淨值相近。

6. 資本利得、股利收益、匯兌收益。

7. 市場、流動性、追蹤誤差、匯兌、市場間波動、商品結構風險。

8. REITs是將不動產的所有權予以證券化，將所有權分割成小額等份的股權，再將這些股權以封閉型基金的方式發行，供投資人進行小額投資。

9. 代理經營、不動產景氣、利率變動風險。

10.採分離課稅10%。

Chapter 雨傘型與 組合型基金

▼ 本章大綱

本章內容為雨傘型與組合型基金,主要介紹這兩類基金的種種內容。其內容詳見下表。

節次	節名	主要內容
6-1	雨傘型基金	介紹雨傘型基金的特性、結構的問題以及台灣的發行現況
6-2	組合型基金	介紹組合型基金的特性、種類、運作的問題以及台灣的發展現況

本章將介紹兩種特殊類型基金,其內部包含許多檔子基金於整體基金投資組合內,分別為「雨傘型」基金與「組合型」基金這兩類型。以下將分別介紹之。

6-1　雨傘型基金

　　一般類型的共同基金，其組織結構都是由單一檔基金所組成；但雨傘型基金的組織結構，卻是由多檔基金所組合而成。所謂的雨傘型基金（Umbrella Fund）是由投信公司將旗下數檔子基金（Sub-funds）包裝成一個組合商品，將數個子基金納入在一個傘型基金的結構下。通常傘型下的子基金種類包括股票型、債券型、平衡型、保本型、組合型、指數型等等各類型的基金，且投資範圍亦包含全球各市場。

　　投資人若投資此檔雨傘型基金，通常享有可以在一定期間內，依據自己的投資屬性的需要，任意的轉換子基金，除可節省轉換費用外，也可使投資更為有效益。基本上，雨傘型基金其實有些類似影子基金（Mirror Fund）的模式，本身並沒有淨值與規模可供參考，而旗下的子基金才有真正的淨值與規模，所以投資人不論申購或是贖回，都是針對傘型下的子基金進行交易，而非傘型基金本身。

　　以下本文將針對雨傘型基金的特性、以及傘型與子基金之間結構的問題進行介紹，且介紹台灣近年來傘型基金的發展現況。

一、特性

　　雨傘型基金的設計，其實對投資人與投信均有利基，因為雨傘型基金具有以下兩個特性：

(一) 提供投資人多元資產選擇與低轉換成本

　　傘形基金旗下的眾多子基金，可以為投資者提供多種資產投資選擇。投資者可根據市場行情的變化、以及本身的投資規劃，任意選擇轉換不同的子基金。且投資人只要投資一檔傘型基金，享有在一定的期間或次數內，免費在各個子基金內進行轉換的權利，投信通常不再額外收取任何手續費，有些則是付較低的轉換費。所以若投資人投資期限較短、轉換次數較多且金額較大，可為投資人節省一筆可觀的轉換手續費。

　　但若傘型旗下的子基金的類型不夠多元，投資人只能在少數幾檔基金中挑選，萬一子基金績效不佳、或投資人對其他投資地區有興趣，傘型基金就無法滿足其需求。

(二) 可穩定基金的管理規模並降低管理成本

傘型基金因提供投資人在一段期間內可以享有數次免費轉換的福利，誘使投資人將資金留存於公司旗下的子基金，以穩定投信的資金流。且有利於投信的管理規模，並使傘形基金在託管、管理費用等方面享有規模經濟的優勢，並可降低管理成本。

二、傘型基金結構的問題

傘型基金本身並不是獨立的主體，但其結構下的子基金才是獨立的主體，擁有獨立的資產、投資目標、投資策略、帳戶與單位淨資產值。因此同一傘型結構下的各子基金的資產是分開管理，所以各子基金之間，會因傘型內部的管理失衡，出現利益衝突或輸送的問題。以下將針對管理費用的分擔、新子基金的加入與投資範圍的重疊，這三個問題進行討論說明：

(一) 管理費用的分擔

由於傘型基金提供投資人可以在一段的期間內，任意且免費的轉換子基金。由於各子基金有其獨立利益，所以基金的管理費用分擔，應有明確的規定，否則會直接影響到不同子基金的利益。

(二) 新子基金的加入

若傘型基金允許旗下可有新的子基金加入，當然對現有的投資人而言，可以提供更多的基金轉換選擇；但卻引發一個潛在問題，就是傘型基金管理人可能不顧自身的管理能力，盲目增加子基金的數量和規模，這樣會增加子基金之間彼此利益衝突的可能性。

(三) 投資範圍的重疊

若各子基金可能會出現投資範圍或標的物重疊的現象，若傘型基金管理者無法協調與明確的規範，這樣可能會造成子基金之間，彼此利益衝突或利益輸送的問題。

三、台灣傘型基金發行現況

由於國內投信旗下所管理的基金規模與類型，相較於國外的中大型投信所管理的規模小且類型少。因此國內投信要成立，如同國外傘型基金底下，具有多元可供選擇的子基金，確實有運作上的困難。但國內主管機關基於商品的完整性，亦於2004年中，開放本土投信可以發行具資產配置理念的傘型基金，其法令規定：旗下子基金不得超過3檔，且募集時須一次同時募集，但只要其中一檔子基金未達成立條件，則該傘型基金即不得成立；且子基金間不得有自動轉換機制，子基金間之轉換應由投資人申請方得辦理。所以國內傘型基金的檔數與其子基金的數量，確實無法與國際的傘型基金相提並論。

國內的第一檔傘型基金，乃由元大投信於2005年初，所發行的「元大龍虎檔傘型基金」，該基金旗下的子基金有兩檔分別為「元大祥龍」與「元大瑞虎」兩檔保本型基金，其保證銀行為中國信託商業銀行。此兩檔皆連結台灣加權股價指數，且設計上祥龍基金為「偏多型」基金、瑞虎基金為「偏空型」基金，所以投資人可以在多空兩種基金相互轉換；且兩基金的存續期間皆為18個月，都於2006年中到期後，就結算損益。

自2005年以後，國內仍陸陸續續發行了許多檔傘型基金，截至2016年3月底止，國內共有24檔傘型基金，其共管理了64檔子基金，管理總資產規模約近1,300億元。

 市場焦點

多空皆可　元大寶來發傘型基金

國內元大寶來投信近期宣布，即將發行的「元大寶來ETF傘型證券投資信託基金」，包括2檔子基金─「台灣50單日正向2倍ETF」與「台灣50單日反向1倍ETF」，每單位發行價格20元，最低申購金額為新台幣20,000元。

台灣50單日正向2倍ETF及台灣50單日反向1倍ETF屬策略交易型產品，追蹤台灣50指數。投資人可以運用於短期交易策略，或作為整體資產配置的衛星部位〈作為戰略投資使用〉。建議可將元大寶來台灣卓越50ETF視為投資核心，以追求長期投資報酬，並搭配槓桿及反向ETF進行波段操作。

即當市場持續上漲時，可買進台灣50單日正向2倍ETF賺取短期波動利潤；若對未來行情看法偏空，則可運用台灣50單日反向1倍ETF來避免不確定風險，靈活調整台股多空部位，提升資金使用效率，以建構完整的交易部位與策略，讓資產配置更具彈性。

《資料來源：節錄自MoneyDJ新聞 2014/10/13》

⟲ 解說

傘型基金的特點就是提供投資人，在傘型架構下，可自由轉換子基金的優勢。嚴格說，元大寶來投信所發行的這檔號稱「傘型基金」，並不是真正傘形基金的運作模式。只是同時發行兩檔可作多與作空的ETF，讓投資人可以隨著指數變化，靈活調整台股多空部位，以提升資金的投資效率。

6-2 組合型基金

一般類型的共同基金，是將資金直接投資於各類的金融商品（如：股票、債券、票券、期貨與選擇權等）；但組合型基金（Fund of Fund）是將資金直接投資於數種不同類型的基金，其包括股票型、債券型、平衡型、指數型、全球股票型、全球債券型及全球平衡型基金等，所以又稱「基金中的基金」。

組合型基金與前述的傘型基金看似結構相似，但其實不然。組合型基金本身是獨立的主體，本身具有獨立的淨值與規模，其所投資的子基金是標的物；但傘型基金本身不是獨立的主體，本身沒有獨立的淨值與規模，其旗下的子基金是獨立的主體，並不是標的物。因此兩者在設計上具有很大的差異。

以下本文將介紹組合型基金的特性、種類、運作上的問題以及台灣組合型基金的發展現況。

一、特性

通常組合型基金的特性，具有以下幾點：

(一) 投資風險較小

組合型基金其投資標的物為一般的基金，而非金融商品，所以基金的波動風險會較直接投資在金融商品的一般型基金小。此外，組合型基金的投資標的包含股票型、債券型、平衡型、指數型等等各類型基金，且投資範圍亦橫跨海內外市場，因全球化的佈局，可以降低基金的投資風險。

(二) 投資收益較穩定

組合型基金其投資標的物為一般型的基金，通常基金是建構一個多元的投資組合，所以投資報酬就較穩定些；況且組合型基金的投資組合，可橫跨海內外市場各類型基金，更可藉由全球化元資產配置，使其投資收益更加穩定。

(三) 專業性較高

通常基金經理人的投資專業性較一般投資人高。況且組合型基金，其標的物是一般的基金，所以組合型基金經理人，幫投資人挑選績效好的子基金投資，子基金再幫投資人挑選好股票投資。因此等於有數個基金經理人，幫投資人操盤投資，所以專業性較一般型的基金高。

二、種類

通常組合型基金，若依子基金來源的廣泛度區分，大致可分為以下兩種形式：

(一) 子基金完全來自自家投信

此類型組合型基金，子基金的範圍僅來自自家投信所發行的基金，其標的物的廣泛度較窄。所以有些績效良好，但並非自家投信所發行的基金，就無法納入投資標的，因此投資績效會受到限制。但因子基金都是來自於自家投信，所以對投資人而言，管理費可能會較便宜些；且對投信而言，資金也不會流到競爭投信底下去。

(二) 子基金非完全來自自家投信

此類型組合型基金，子基金的範圍可包含所有投信（包含自家）所發行的基金，其標的物廣泛度較廣。所以經理人可較公正的去選擇，市場上操作績效較傑出的基金進行投資，這樣的投資績效或許會較好些；但管理費用或許也較上述類型高一些。

三、組合型基金運作的問題

組合型基金在運作上，大致上有以下幾個問題可以討論：

(一) 雙重費用的問題

通常買賣基金所付出去的交易成本較買賣金融商品高，例如：國內買賣境內基金手續費1.5%，但買賣股票的交易成本0.585%。況且投資人買賣組合型基金，已被投信收了一筆手續費與管理費，組合型基金再去投資子基金，又被子基金所屬的投信收了一筆手續費與管理費[1]。因此投資人在未獲利前，必須先付出兩次管理費用，所以資金成本較直接買賣一般型基金高。

(二) 子基金來源的問題

組合型基金的標的物，原則上是挑選績效優良的子基金投資。但是若組合型的基金經理人，並沒有完全按照此原則進行挑選，而是有私心的挑選自家基金、或去購買跟自己有利益關係的別家基金，若這些基金表現不如其他家優秀，這樣會使收益率下降，對投資人造成傷害。

(三) 申購與贖回限制的問題

因為組合型基金的投資標的，包括國內外各式各樣的基金，所以也可能會去投資具有申購與贖回限制的避險型基金或保本型基金，因此在申購金額可能會有最低投資金額的限制，且贖回的便利性，也不若一般型基金方便。

四、台灣組合型基金發行現況

台灣最早有組合型基金的身影出現，乃於1998年由富邦投信從國外引進的「豪斯曼基金[2]」（Houssman Holding），其最低投資額為10萬美元、以及國外富達投信所推出的「富達全球精選基金」，其最低投資額為35萬元台幣，這二種皆屬於投資股票型基金的「組合型基金」。

---

[1] 依據目前國內金管會證期局的規定，組合型基金如果投資自家投信發行的基金時，不得再收取管理費；但若投資非自家投信所發行基金，則可依規定收取0.5%管理費。

[2] 豪斯曼基金旗下除了投資了許多檔避險型基金或其他類型基金，亦投資現股，因此不全然是以投資基金為主的組合型基金的形式，而是屬於多重資產組合型基金。

由國內本土投信所推出的首檔組合型基金,乃由元大投信於2003年3月所發行的「元大精華組合基金」,其基金的標的子基金,乃根據4年來各基金的投資績效,經元大投信量化篩選出5~10檔基金進行投資。因根據國內金管會的規定,組合型的母基金至少須投資5檔以上的子基金,且投資在某檔子基金的金額不得超過母基金淨資產的30%。

基本上,國內的組合型基金的標的子基金,都是以非自家投信所發行的基金為主。且依據投資範圍大致可分為二種類型,其一為「國內型」的組合型基金,其投資範圍僅以台幣計價的基金為主;另一為「全球型」的組合型基金,其投資範圍除了可以投資台幣計價的基金外,且可投資外幣計價的海外基金(但須經國內金管會核准國內投資顧問事業代銷者),此類型的基金種類包羅萬象,除一般股票型、債券型、平衡型、指數型外,還可投資黃金基金、能源基金等特殊種類基金,所以投資標的眾多。

由於國外基金種類繁多,所以現存的組合型基金都是「全球型」的組合型為主。由於組合型基金強調資產配置與分散投資,所以投資報酬與風險均相對較低些;因此投資人在選擇時,需留意發行基金的公司信譽,以及該公司是否具有全方位資產管理的經驗;且投資人對被挑選出來的基金類型、績效與選取範圍均須要有一定了解。

組合型基金自從2003年國內首次推出後,經過這10幾年來的發展,已日漸普及。截至2016年3月為止,國內有近70檔組合型基金發行,其管理總資產規模約1,200億元,平均每一檔組合型基金的淨資產規模大約20億元,較單一檔的股票型基金的管理規模16億元高。

市場焦點

一檔抵多檔　投資人最愛組合型基金

表 6-1　各基金規模比較

基金類型	規模增減金額（億元）	規模增減幅度
跨國投資組合型－其他	20.8	422.5
跨國投資組合型－平衡型	214.2	58.6
跨國投資貨幣市場基金	31.6	44.1
保本型	21.5	25.0
國內投資貨幣市場基金	115.9	14.2

資料來源：投信投顧公會，統計至 2014/4 月底止。

　　2014年以來全球經濟落底邁向復甦，但多空交雜的經濟數據，使市場波動性增加。靈活布局的組合型基金，因為配置靈活、一檔抵多檔，成為今年來最受國內投資人青睞的基金類型，其中跨國投資組合其他型基金最吸金，今年以來增幅達422.5%。

　　組合型基金可說是「基金中的基金」，可布局橫跨全球股、債、商品原物料、REITs等七大金融市場，透過經理人及投研團隊從長期景氣循環與金融市場的關係，做為全球資產配置的出發點，為投資人解決挑選基金的困難，同時提供資產配置解決方案。

　　全球金融市場漲漲跌跌，再加上金融資產及工具繁多，一般投資人較難判斷是趨勢轉折或僅為短暫修正，進而影響投資決策，也導致可能錯失投資良機亦或面臨追高風險。組合型基金由於配置多元，同時可動態調整資產配置，相對適合較不熟悉金融市場變動，同時又追求中長期資本增值機會的投資人，提高其長期投資勝率。

《圖文資料來源：節錄自中時電子報 2014/06/16》

🕐 **解說**

　　組合型基金內含多檔基金，經理人可布局橫跨全球股、債、商品原物料、REITs等多樣商品。組合型基金透過的全球資產配置，可降低風險且收益亦可較穩定。

新知速報

富邦中國ETF傘型基金一反正都給力

https://www.youtube.com/watch?v=htuHtpcPV24

🎬片簡介

富邦上証180為台港第一檔連結A股ETF，現在透過上証180正向兩倍ETF及反向一倍ETF，可讓投資人也能使用法人的投資策略。

ING投信　ING新興高收益債組合基金

https://www.youtube.com/watch?v=nWPZH_lsRcI

🎬片簡介

廣告藉由若想一次享有多種蛋糕餐點，就像想多元投資一樣。那投資人可以選擇組合型基金，基金內包含多種各類型的基金，可滿足投資人的多元需求。

本章習題

一、選擇題

( ) 1. 下列對雨傘型基金敘述何者有誤？(A)是獨立主體　(B)無淨值可參考　(C)無基金規模可參考　(D)通常是開放型基金

( ) 2. 下列何項非雨傘基金的特性？(A)通常投資人可以任意轉換子基金　(B)投信可將投資人的資金留住在自家投信內　(C)通常具保本功能　(D)提供多元選擇

( ) 3. 下列何者非組合基金的特性？(A)投資風險較小　(B)投資收益較穩定　(C)通常專業性較高　(D)通常管理費用較低

( ) 4. 下列何者對組合基金的敘述有誤？(A)可能有雙重收費的問題　(B)投資人可以任意轉換子基金　(C)又稱基金中的基金　(D)子基金非完全來自自家投信較公正

( ) 5. 下列對雨傘型與組合型基金的敘述，何者正確？(A)兩者子基金都是獨立個體　(B)兩者子基金皆可任意轉換　(C)兩者管理費用都很高　(D)兩者基金皆保本

證照題 ( ) 6. 下列何種基金又稱為基金中的基金？(A)組合型基金　(B)指數股票型基金　(C)國際股票型基金　(D)區域型基金　　　　　　　　【第23屆理財規劃人員】

( ) 7. 針對國內開放式組合型基金之敘述，何者有誤？(A)該種基金至少應投資於五個以上子基金　(B)每個子基金最高投資上限不得超過本基金淨資產價值之20%　(C)不得投資於其他組合基金　(D)不得為放款或以本基金資產提供擔保　　　　　　　　　　　　　　【2013年第4次投信投顧人員】

( ) 8. 組合型基金與指數股票型基金的比較，下列何者敘述正確？(A)投資標的相同　(B)申購買回的方式相同　(C)皆屬於被動式管理　(D)皆可長期投資　　　　　　　　　　　　　　　　　　　　　　【2013-2證券商業務員】

二、問答題

1. 何謂雨傘型基金？

2. 請說明雨傘型基金與旗下的子基金的規模與淨值的情形？

3. 何謂組合型基金？

4. 請問又稱基金中的基金是屬於何種類型基金？

5. 請問通常組合型基金，若依子基金來源的廣泛度區分，大致可分為哪兩種形式？

一、選擇題

1	2	3	4	5	6	7	8
A	C	D	B	A	A	B	D

二、問答題

1. 由投信公司將旗下數檔子基金包裝成一個組合商品,將數個子基金納入在一個傘型基金的結構下。通常傘型下的子基金種類包括股票型、債券型、平衡型、保本型、組合型、指數型等等各類型的基金,且投資範圍亦包含全球各市場。

2. 雨傘型基金本身並沒有淨值與規模可供參考,而旗下的子基金才有真正的淨值與規模。

3. 資金直接投資於數種不同類型的基金,其包括股票型、債券型、平衡型、指數型、全球股票型、全球債券型及全球平衡型基金等。

4. 組合型基金。

5. 子基金完全來自自家投信、子基金非完全來自自家投信。

Chapter
保本型與
其他類型基金

▼ 本章大綱

本章內容為保本型與其他類型基金，主要介紹保本型與其他類型基金的種種等。其內容詳見下表。

節次	節名	主要內容
7-1	保本型基金	介紹保本型基金的種類、設計、運作的模式、運作的風險與規避、以及台灣的發展現況。
7-2	其他類型基金	介紹其他13種特殊類型的基金。

本書前幾章介紹了許多種市面上常見的基金類型。但尚有些操作風格較為獨特的基金，仍未完全介紹，本章將一一簡單介紹之。首先介紹保本型基金，其次再介紹13種特殊類型基金的特點。

7-1 保本型基金

通常投資一般類型的基金，持有一段期間後，假設期間無配息，若期末淨值高（低）於期初購買的淨值，則基金會出現獲利（損失）。但投資保本型基金（Guaranteed Fund），一段期間後，通常在最壞的情形下，投資人仍可以領回全部或一定比例的本金，因為該類型的基金，以強調保本為主要訴求。

通常保本型基金有投資期限的限制，其操作模式乃先將大部分的本金投資於固定收益證券，以孳生利息，當投資到期時，讓基金先具有回收本金的保障；然後再期初將少數的本金，投資於衍生性金融商品，以獲取額外的收益。所以當基金到期時，投資的部分有獲利，投資人除可獲得本金保障外，還可依據事先約定的比率分紅；若投資失敗，投資人至少可回收一定比例或全部的本金。

保本型基金之所以具有保本功能，其操作模式乃與一般的基金並不相同，所以投資人在投資時，須了解此類基金的種種特性。以下將介紹保本型基金的種類、設計、運作模式、運作風險與控制、以及台灣的發展現況。

一、種類

一般而言，保本型基金對於保本功能的設計，大致可分為以下兩種形式：

1. **保證型基金**（Principal Guaranteed Fund）：基金的保本機制，有保證機構出具保證承諾，所以通常對投資人比較具有保障。

2. **護本型基金**（Principal Protected Fund）：基金的保本機制，無保證機構出具保證承諾。所以基金經理人需利用各種不同投資工具的操作設計，將淨值下檔風險鎖住，讓淨值甚少跌破期初設定的護本價格，以對投資人的本金提供護本價格的保障。

二、設計

保本型基金因具有本金保障的功能，所以在基金的設計上，會與一般類型基金有些差異。其主要差異在於須說明本金的「保本率」、基金投資獲利的「參與率」以及「投資期限」的設定，以下將分別說明之：

(一) 保本率

保本率（Principal Guaranteed Rate）是指投資保本型基金，投信公司承諾到期時，投資人可以領回多少原始本金的比率。例如：若某檔保本型基金設定保本率為95%，也就是投資人投資10萬元的本金，到期至少可以領回9.5萬元（10×95%）。通常保本率，每一檔保本型基金的設定並不一致，通常大都介於90%～100%之間。根據國內的法令規定保本型基金之保本比率應達投資本金之90%以上。

一般而言，基金保本率的設定值高低，會影響投資於衍生性商品金額的比率。通常保本率設定值愈高（低），表示可投資在衍生性商品金額的比率就愈低（高）。

(二) 參與率

參與率（Participation Rate）是指基金將資金投資於衍生性商品的獲利部份，投資人可以參與分配的比率。例如：基金設定參與率為60%，若該基金投資獲利20萬，則投資人可以參與分紅12萬元（20萬×60%）。

通常參與率的高低，主要取決於可投資於衍生性商品金額的多寡。若保本率愈高（低）的基金，則可提供投資於衍生性商品的金額比率就愈低（高），相對此基金風險較低（高），此時參與率會設定的較低（高）。因此基本上，保本型基金的保本率與參與率的設定是呈反向關係的。

(三) 投資期限

因投資保本型基金，須有大部分的資金投資於固定收益證券商品，且投信需保障本金的安全，需時間的運作與等待。因此投資保本型基金，通常會設定投資期限，在期限到期時，本金擔保才有效，若在未到期之前，提前解約贖回，不但沒保證，且通常會加收懲法性管理費。

但目前新發行的保本型基金，大都訂有定期贖回的條款，通常是以季或月開放贖回。但提早贖回仍不能享有保本金之保障，因此在考慮保本型基金時，投資人應先做好未來長短期的資金規劃，再選擇合適的保本型基金進行投資。

例7-1 ● 保本率與參與率

假設某檔保本型基金，若保本率設定為95%，參與率設定為120%，若某投資人投資100萬元，請問下列兩種情形，投資人可以領回多少錢？

(1) 投資衍生性商品並無獲利。

(2) 投資衍生性商品獲利20萬元。

解

  (1) 至少領回保本的95%，100萬×95%＝95萬

  (2) 投資衍生性商品獲利20萬元，可分紅20萬×120%＝24萬

  → 投資人共可領回95萬＋24萬＝119萬元

三、運作模式

  保本型基金基本上具有保本功能、以及另外有可能參與分配高額收益的好處。通常保本型基金是透過投資「零息債券」與「選擇權、期貨」等商品的運作，才能達成「保本」與「參與分配」的機制。以下將舉二個範例說明：

(一) 簡易的範例

  假設某人投資100萬元，買入一檔保本型基金，基金投資期限3年、保本率95%、參與率60%，以下說明投信公司如何運作「保本」與「參與分配」這兩個機制。

1. 保本機制

  首先，假設投信公司先用85萬，去市場買入3年後，會支付95萬本金的零息債券，如此一來就可確定3年後，基金到期時可以歸還給投資人95萬元的本金保障。

2. 參與分配機制

  其次，投信公司期初再扣除購買85萬元的零息債券後，還剩15萬元的資金，投信再將投入衍生性商品進行操作。假設3年後總共投資獲利80%，由於基金參與率為60%，則投資人可以額外再回收7.2萬元（15萬元×80%×60%）的收益，因此投資人3年到期後可以收取102.5萬元（95萬元＋7.2萬元）。

反之，若基金操作衍生性商品失利，15萬元的資金全部耗損或沒有獲利，擇投資人不得參與分配，道其實投資人仍可回收95萬元的本金。

 例7-2 **可操作衍生性商品的金額**

假設某檔3年期保本型基金，保本率設定為95%，若基金經理人此時去投資一零息債券殖利率為3%。

(1) 請問須先投入多少資金比例，去購買零息債券？

(2) 請問經理人還剩多少比例的資金，可以操作衍生性商品？

解

(1) 三年後須有95%的本金，則現在須先花一筆資金，投資在3年期殖利率為3%的零息債券，此資金比例為 $\dfrac{95\%}{(1+3\%)^3}=86.94\%$。

(2) 經理人還剩100%–86.94%＝13.06%的資金，可以操作衍生性商品。

(二) 實務的範例

實務上，保本型基金的保本率設定，在發行可先行設定，但通常參與率的設定，會與投資在衍生性商品的權利金（或保證金），佔衍生性商品合約價值的比例高低有關。通常所投資的衍生性商品，若權利金（或保證金）佔商品合約價值比例愈低，則槓桿的程度愈高，表示將來獲利的金額就愈可觀，所以投資人可參與分配的金額就愈高。以下我們舉一例來說明保本率、參與率以及衍生性商品的槓桿成程度之間的關係。

假設某人投資100萬元，買入一檔保本型基金，基金投資期限3年、保本率設定95%，此時市場年折現率為2%；若投資在選擇的權利金佔合約價值比例為15%，則投信公司在運作「保本」與「參與分配」這兩個機制的情形說明如下：

1. 保本機制

首先，假設投信公司先用89.52萬（$\dfrac{95\%}{(1+2\%)^3}=89.52$），去市場買入3年後，會支付95萬本金的零息債券，如此一來就可確定3年後，基金到期時可以歸還給投資人95萬元（95%）的本金保障。

2. 參與分配機制

其次，投信公司期初再扣除購買89.52萬元的零息債券後，還剩10.48萬元（10.48%）的本金可投入選擇權進行操作；因選擇的權利金佔合約價值比例為15%。所以此保本型基金，投資人的參與分配比率會被設定為69.87%（$\frac{10.48\%}{15\%} = 69.87\%$）。

若假設3年後總共投資獲利80%，由於基金參與率為69.87%，則投資人可以額外再回收5.86萬元（10.48萬元×80%×69.87%）的收益，因此投資人3年到期後可以收取100.86萬元（95萬元＋5.86萬元）。

反之，若基金操作衍生性商品失利，10.48萬元的資金全部耗損或沒有獲利，則投資人不得參與分配，到期時投資人仍可回收95萬元的本金。

例7-3 參與率計算

假設某檔2年期保本型基金，保本率設定為98%，若基金經理人此時去投資一零息債券殖利率為5%。

(1) 請問須先投入多少資金比例，去購買零息債券？

(2) 請問經理人還剩多少比例的資金，可以操作衍生性商品？

(3) 若衍生性商品的權利金佔合約價值比例為12%，則參與率應設定為何？

解

(1) 二年後須有98%的本金，則現在須先花一筆資金，投資在2年期殖利率為5%的零息債券，此資金比例為 $\frac{98\%}{(1+5\%)^2} = 88.89\%$。

(2) 經理人還剩100%–88.89%＝11.11%的資金，可以操作衍生性商品。

(3) 若衍生性商品的權利金佔合約價值比例為12%，此保本型基金投資人的參與率會被設定為92.58%（$\frac{11.11\%}{12\%} = 92.58\%$）。

四、運作風險與規避

一般而言，保本型基金對投資人最大的吸引力，就是提供近乎百分之百的本金保障。但這保本的優勢，投信在商品的操作上，可能有時會遇到一些狀況，以致使投信產生運作上的風險，以下將介紹投信將可能會面臨到的風險、與其如何規避它。

(一) 信用風險與規避

保本型基金通常會將大筆資金投資在債券上，若債券產生信用風險，將使保本功能喪失。因此投信需慎選具保本、保息的擔保債券進行投資，甚至承做信用風險相關避險商品。

(二) 贖回風險與規避

通常保本型基金會設定投資期限，才具保本功能。但若期間可能市場遇到劇烈波動狀態，引發投資人大量的贖回，使得基金須頻繁的調整固定收益資產與風險資產間的比例，導致成本增加，而影響保本的運作。因此投信需設高額的懲罰性贖回費用，來彌補損失。

(三) 市場風險與規避

保本型基金將一部分資金投資在衍生性風險資產，若遇到市場劇烈變動，使得風險性資產產生流動性風險，有可能造成風險性資產的損失，侵蝕至本金的保障界線。因此投信需嚴格內部控管，且每日進行測算保留出足夠的安全空間，以防範此類危險。

五、台灣的發展現況

保本型基金於1980年代中期起源於美國，經過國外多年的發行運作，通常在股市步入空頭時，此基金較受到重視，也一直深受穩健保守的投資人青睞。由於國內早期對基金有「不得保障最低收益率」的規定，所以保本型基金一直不得在台灣合法販售與發行。直到2001年證期會委託投信投顧公會研究修法後，才能合法上路。

　　國內的首檔保本型基金，乃於2003年9月由寶來投信所發行的「寶來福星高照保本型基金」，其基金存續期間為5年，到期贖回才能保本，保本率設定為95%，參與率高達435%；且每半個月開放基金贖回，若中途提早解約贖回須付5年的經理費（贖回費）。該基金結構乃將約90%之資產投資於中國信託商業銀行所發行之5年期結構型定存單，以確保基金到期時，可依約定達成95%保本比率之淨值；除保本部分外，並將未保本之本金投資於國外股票連結型選擇權，以增加投資人的額外報酬。

　　國內自從2003年推出保本型基金後，由於此類基金須到期才有保本的保障，但又不一定100%保本，且無法明確告知投資人最低的預期報酬，所以推廣上並不如預期順利。截至2016年3月，國內投信共推出的10檔保本型基金，管理資產約150億台幣，所以發行情形並不是很熱絡。

 市場焦點

保本基金藉三層次保本

　　去年投資市場雲起風湧，連美國「股神」巴菲特的投資旗艦巴郡都跑輸全年升幅僅0.95%的標普500指數，拖累巴菲特的身家大縮113億美元。但資料顯示，2014年保本基金加權平均收益率為17.85%，2015年保本基金加權平均收益率又達到了16.41%。一些投資者會問，比較高又穩定的保本基金投資收益是如何做到的呢？

　　保本基金通過三個層次來實現保本：第一層次是投資源頭上護本，主要投資於債券、存款等低風險固定收益類證券，作為基金收益的基礎；第二層次是投資策略上固本，通過投資組合保險策略，動態調整風險資產與安全資產的比例，以實現到期保本；第三層次是有擔保機構的保本擔保，不同保本基金的擔保機構不同。

　　在談到保本基金如何投資股票時，保本基金股票部位通常上限是40%，從實際運作過程中來看，保本基金的股票倉位是動態調整的過程，初期股票部位可能是偏低的，應該是個位數，比如債券能提供5%的收益，股票配置5%，如果股票出現100%損失，基金收益仍可實現保本。但是市場不太可能

全部損失，所以股票的部位可能會比債券獲取收益的部位增加，比如債券是5個點的收益，股票可以是7－8個點的收益，但是隨著淨值的提升，保本部位也會逐步提升。此外，保本基金特別強調控制回測，即使保本基金遠遠脫離防守下限，基金公司也不會因為遠脫離防守下限，就把倉位加得特別高，還是希望基金淨值能夠相對穩定增長。

《資料來源：節錄自香港文匯報 2016/01/18》

↺ 解說

　　保本型基金為何保本？通常是透過三個層次去達到保本的目的。除了大部分資金投資在風險較低的固定收益證券上；且利用保險型投資組合策略，動態調整風險資產與安全資產的比例；並尋求擔保機構給予保障本金的保證。因此保本型基金的淨值能夠相對穩定，一直是對抗熊市的最大利器。

7-2 其他類型基金

　　以下將介紹幾種較特殊類型的基金與資產管理模式。

一、資產配置基金

　　資產配置基金（Asset Allocation Fund）又稱為「多重收益基金」，其乃利用投資理論中「資產配置」觀念。基金經理人根據全球經濟和金融情勢的變化，建構一個多元資產的投資組合。其基金的投資組合標的，通常涵蓋全球各市場的股票、債券、票券、以及各類型基金（如：ETF、REITs）等多元資產。此基金收益來源較多樣，非傳統平衡型基金只有股票與債券的配置可以匹敵，所以不僅可以降低風險，收益亦相對穩定且持續，基金績效表現較穩健。

二、目標日期基金

　　目標日期基金（Target Date Fund）為「生命週期基金」（Life Cycle Fund）的一種，此基金的特色為在基金的目標期限內，基金經理人依據投資人，在人生

不同的階段中，所追求的財富目標與風險承擔能力的不同，經理人幫投資人自動調整資產組合，以達到最佳的資產配置。通常此類基金會根據時間調整資產，以滿足投資人的需求。一般而言，基金成立之初，股票投資比重較高，以便能積極參與股市，追求較高報酬的收益；爾後，愈接近目標日期時，逐步調升債券投資比重，將資產轉進固定收益工具，以追求穩定成長。所以此種基金會有到期日，投資人依據自己的資金規劃可以選擇5～10年（保守型）、10～20年（穩健型）、20～30年（積極型）後到期的目標日期基金。

三、目標風險基金

目標風險基金（Target Risk Funds, TRF）亦為「生命週期基金」的一種，此基金的特色為在基金成立時，便預先設定了預期的操作風險，在基金期限內都維持在某依風險內進行操作。通常基金公司會成立一系列不同目標風險水準的基金，供投資人選擇，基金名稱也多以「成長型」、「穩健型」、「保守型」加以命名。投資人依據本身的風險偏好，選擇適合自己的目標風險基金。

四、精品基金

精品基金（Paradigm Life Fund）主要的標的物為日常生活中從事有關食、衣、住、行、育、樂等精品生產的公司股票。其包括生產豪華汽車、服裝、奢侈品、休閒設備與用品，以及豪華旅館、餐廳等公司的股票。通常生產精品的相關公司，營業毛利比較高，公司獲利較容易；且全球景氣開始步入多頭循環時，經濟動能回溫可望帶動奢侈品的消費，比較有利此類基金的上揚。

五、道德基金

道德基金（Ethical Fund）又稱「社會責任基金」或「良心基金」，此類基金顧名思義就是基金在投資股票獲利時，也要兼顧社會道德責任。所以道德基金與一般基金一樣，都是投資各類型股票，但投資範圍有所限制；通常基金經理人不該去投資破壞社會、生態環境、僱用童工、濫伐樹木、開墾牧場，以及利用動物做實驗等較具爭議的公司股票。近年來，道德基金有快速成長的跡象，其最主要原因可能與全球暖化問題有關，因為許多標榜投資乾淨能源與代替能源的「綠色基金」，晚近如雨後春筍般成立。

六、邪惡基金

邪惡基金（Vice Fund）的投資標的，則恰好是道德基金不涉入的行業；其主要標的物是以從事社會中較具爭議的產業或公司為主，例如：煙草，賭博、軍火武器、酒類等公司的股票。因為這些行業的獲利是建築在可能會危害人體健康與社會和平、破壞環保、以及違反人道等相關事項。通常這些行業都是特許事業，進入障礙較高，競爭者較少，所以獲利表現比較有一定的水準。

 市場焦點

邪不勝正　道德基金擊敗邪惡基金

慈濟基金會近日被爆出其募集善款的投資組合中，驚見石油公司、菸酒商、軍火商等「邪惡」成份股。法人指出，就短、中、長線來說，不管是大盤指數還是基金績效表現，都是「邪不勝正」，道德類股（社會責任股）表現優於邪惡類股的表現！

先就大盤指數來看，據彭博統計今年以來，社會責任指數的漲幅約2.24％、近一年漲幅達15.19％，優於邪惡指數今年以來的漲幅1.87％、近一年漲幅0.83％。再就基金表現來看，據晨星統計今年以來，33檔社會責任（Social Conscious）基金近三年平均投報率達41.11％，而含邪惡成份股5％以上的基金投報率平均為35.08％。

基金業者指出，所謂的邪惡指數（SINdex）投資標的包括賭場及博弈設備公司、啤酒和麥芽釀造飲品之製造商、蒸餾酒類業者、販售業者和各式酒類飲料公司、以及香煙、煙草製造商等約30種股票組合。

而相較於邪惡基金，基金業者表示，道德基金或稱國人熟悉的社會責任基金，投資領域相對面向更廣，目前包含環保、生態、企業社會責任等等的基金，都可以算是道德基金的廣泛面向，甚至連生技醫療基金，因為投資在可救助人類的公司，也可算是廣義的道德基金。

基金業者分析，道德基金有的是以「社會責任永續矩陣」來評估社會責任要素，確認投資標的是否符合「社會責任」定義，有的則是投資環保相關

事業像是節能科技、乾淨能源、水資源及環境污染控制等公司。也有的基金是鎖定會著重社會公平、公司治理的企業。

《資料來源：節錄自工商時報 2015/03/18》

⟲ 解說

邪惡與道德基金兩種投資風格屬性不同的基金，其所投資的標的也是跟景氣變化有關。近期道德基金的投資績效贏過邪惡基金，但不久也有可能風水輪流轉，且基金績效跟基金經理人的操作有很大的關係。

七、特別時機基金

特別時機基金（Opportunities Fund）乃基金經理人的選股與投資策略，會以標的公司發生某些特殊情形時（如：公司發生併購、業務重組等）、或者市場發生特殊時機時，（如：市場注重環保、人口結構改變、公共政策改變等），經理人進場去投資，以獲取較特別額外的報酬。

八、絕對報酬基金

絕對報酬基金（Commodity Traded Advisor, CTA）是指利用電腦模組進行多空操作，其最大特色就是基金波動風險低，且追求最大的獲利為目標。該類基金大都以期貨商品為主要標的，所以又被稱為「期貨信託基金」；因可同時多空雙向操作，且大部分採取中長期趨勢追蹤策略，所以績效相當穩定。

市場焦點

絕對報酬基金　專家：了解特性再進場

表 7-1　相對報酬與絕對報酬基金比較

項目	一般投信基金	期信基金	摩根絕對總報酬基金
交易標的	股債為主	期貨和選擇權	股債、期貨和選擇權
多空交易	做多為主	多空雙向	多空雙向
財務槓桿	不能使用	不舉債進行	不能使用
報酬型態	相對報酬	絕對報酬	絕對報酬

資料來源：摩根投信、安聯投信、元大投信

　　摩根投信引入絕對報酬基金，傲人績效令國內投資人心動。事實上，台灣早有訴求絕對報酬的基金，如相似類型的期貨信託基金（CTA），同樣操作期貨、選擇權等資產，中長期獲得絕對報酬機率大，但這些基金仍有差異，業者建議申購須了解基金型態、投資標的，更要注意績效和保管費。

　　摩根投信引入摩根策略總報酬基金，可投資衍生性商品，不受境外基金從事衍生性商品交易的比率限制，能有效獲取絕對報酬。相似類型的基金，目前國內共有元大多元策略、康和多空成長和國泰AHL組合三檔CTA，都是以期貨信託執照申請核准上市。

　　元大投信期貨信託部主管指出，CTA交易標的範圍涵蓋全球股價指數、債券、利率、外匯、農產品、貴金屬、民生金屬和能源等八大類商品，且無槓桿限制，風險相對較高，但因採多空策略操作多元資產，也能獲取絕對報酬。

　　比較摩根策略總報酬基金，由於這檔基金以投信執照申報，不同於CTA，收益來源可能為股票、債券，操作策略較類似傳統採取模組化策略搭配計量分析，來追求超額報酬。

《圖文資料來源：節錄自經濟日報 2016/01/08》

> ○ 解說
>
>   國內某投信欲從國外引入一檔稱為「總報酬基金」,該類型跟「絕對報酬基金(CTA)」的操作策略很相似;其主要不同於CTA,乃收益來源可能部分來自於股票與債券的多空操作策略;較CTA的操作標的廣泛些。

九、無人基金

無人基金(Unmanned Fund)顧名思義就是基金沒有經理人來負責操盤管理,完全交由電腦系統來負責風險控管,以決定基金何時進場買賣股票以及買賣何種股票。此設計可避免基金受到人為情緒性的干擾,而造成不理性的追高殺低現象,進而影響基金的穩定。通常此類基金電腦設定該選擇何種股票、何時買賣,所以可以避免套牢,但也會失去較大的獲利機會。因此無人基金較不易出現驚人的報酬率,且波動率也較低、獲利也較穩定。

十、氣候變遷基金

氣候變遷基金(Climate Change Fund)原本乃是全球主要工業國為響應聯合國依據京都議定書協定,所提出關於「綠色氣候基金」(Green Climate Fund, GCF)的概念,延續其前身「全球環境基金」(Global Environmental Facility, GEF)的理想,由已開發的工業國家做出承諾、籌集資金,並透過調適等各項方案計畫與政策,以協助開發中國家因應氣候變遷的衝擊。在政府主導下,各工業國陸續推行對抗全球暖化或成立專案基金,環保減碳相關產業的發展也成為長期趨勢。因此,腦筋動得快的投資機構,抓到相關商機,鎖定全球對抗「氣候變遷」的潮流,順勢推出氣候變遷基金,成為新興的投資熱門。

氣候變遷基金主要投資於從事替代性能源、改善氣候變遷與溫室效應之相關產業。因與氣候變遷相關的投資標的如替代能源產業等,大都仍屬各國政府重點輔導的新興產業,所以該國政府補貼金額多寡才是未來成長潛力的關鍵,而通常與全球景氣和大盤指數的連動關連性低,所以可以成為國際中短線資金的避風港。

市場焦點

氣候變遷基金，成投資新寵

　　全球氣候在地球暖化的威脅下愈來愈詭譎多變，近年來不只中國，美國紐奧良受異常颶風肆虐滅頂、南亞沿海爆發海嘯，在在讓全球民眾忧目驚心，更使各國政府不得不正視這個全人類的共同問題。全球在政府主導下，各工業國陸續推行對抗全球暖化或成立專案基金，環保減碳相關產業的發展也成為長期趨勢。因此，腦筋動得快的投資機構，抓到相關商機，鎖定全球對抗「氣候變遷」的潮流，推出趨勢型基金，近來更有不錯的獲利，成為新興的投資熱門。

　　通常與氣候變遷相關的投資標的如替代能源產業等，仍屬各國政府重點輔導的新興產業，因此政府補貼金額多寡才是未來成長潛力的關鍵，而非大盤走勢的漲跌。「氣候變遷」相關產業成為投資新趨勢，但影響全球氣候的因素何其眾多，相關企業或產業也琳瑯滿目，投資人應如何佈局？「節能科技、乾淨低碳的替代能源、以及水資源和環境污染控制，就是這個產業的關鍵字」。外資券商分析師補充，在此一趨勢下，不只新興環保企業受惠，國際上的傳統產業或基礎建設類股若能成功轉型變「綠」，同樣有許多訂單或補助大幅增加，使股價應聲大漲的例子。

　　不過分析師也指出，台灣和各國證券市場最近都興起「環保、節能概念股」熱潮，但由於各國環保政策風向不定，全球數千家能源或基礎建設相關企業的轉型計劃同樣難以及時掌握，因此建議一般投資人，佈局氣候變遷商機，還是以專業經理人操盤、績效穩健的共同基金為宜。氣候變遷概念基金在市場上仍屬於較新的產品，因此不論景氣循環波段或過去績效，都比傳統股票型基金難以掌握。

《資料來源：節錄自天下雜誌 391 期》

🕘 解說

　　氣候變遷基金所投資的標的跟環保能源與節能有關，這些標的公司的營運績效通常受到該國政府的能源政策有關，所以也屬於較特殊的產業基金，有時波動較不受景氣的影響，所以可當投資組合內另一項重要的平衡資產。

十一、影子基金

所謂影子基金（Mirror Fund）就是通常是由「保險公司」，將不同投信所管理的基金集合起來，轉化成為屬於自己所規劃的基金系列中的商品；並將原基金的單位價值重新分割，以降低投資門檻。此舉有些類似保險公司去市場買入基金後，再重新包裝成小額等分的基金，再轉賣給投資人。通常保險公司會提供數十檔影子基金，供投資者做選擇，每一檔影子基金，都會有對應市場上公開發行的一檔原始基金。雖然影子基金在單位淨值上和原基金有些差異，但是其績效表現與淨值的漲跌會與原基金十分接近。

通常影子基金較傳統基金買賣方式，具有兩項優勢。其一是降低投資門檻，因為保險公司將原基金單位價值分割，比較有利小額投資人投資，且可讓投資人以相同的金額買入更多種影子基金；另一是影子基金在轉換基金較快，因為投資人是針對保險公司進行買賣，而不是投信，所以基金轉換的時間可以縮短至一天之內完成。但影子基金的缺點為基金的成本相對較高，因為投資人投入的資金，有部分會被保險公司當管理費，因此多了一道手續費，所以持有基金的成本相對提高，勢必會影響投資報酬率。

十二、共同信託基金

共同信託基金（Collective Trust Fund）是由「信託業」發行受益證券，向不特定多數人公開募集資金，並為該不特定多數人之利益而運用之信託資金。基本上，共同信託基金與共同基金類似，一樣都是集合投資大眾資金，再由專業經理人建構投資組合進行專業的投資管理。但兩者最大區別在於共同信託基金是由「信託業」所募集發行，跟投資人為信託關係，須與投資人簽定共同信託契約，且資產保管由信託業自行保管；共同基金為「投信業」所募集發行，跟投資人為委任關係，須與投資人簽定證券投資信託契約，且資產保管委由保管銀行。

十三、集合管理運用帳戶

集合管理運用帳戶是指「信託業」私下集合少數幾個特定信託人，簽訂「集合管理運用契約」，幫委託人投資管理運用資金。集合管理運用帳戶與共同信託基金的差別在於：共同信託基金是與信託人簽定共同信託契約；且是向不特定投資人公開募集。

此外，集合管理運用帳戶與共同基金很類似，但兩者有幾項差異如下說明：集合管理運用帳戶是由「信託業」所募集發行，只跟少數特定投資人建立信託關係，並簽定集合管理運用契約，且資產保管由信託業自行保管；共同基金為「投信業」所公開募集發行，跟投資人為委任關係，須與投資人簽定證券投資信託契約，且資產保管委由保管銀行。

有關共同基金、共同信託基金與集合管理運用帳戶的差異比較，將整理於表7-2。

表7-2　共同基金、共同信託基金與集合管理運用帳戶之比較			
	共同基金	**共同信託基金**	**集合管理運用帳戶**
發行機構	投資信託公司	信託業	信託業
契約方式	證券投資信託契約	共同信託契約	集合管理運用契約
服務對象	不特定投資人	不特定投資人	特定少數人
募集方式	公開募集	公開募集	私下募集
資產保管	委託保管銀行	信託業自行保管	信託業自行保管
與投資人關係	委任關係	信託關係	信託關係

市場焦點

小資族帳戶可集合管理　讓券商為你操盤

　　不懂如何買股的小資族，可透過「集合管理運用帳戶」，讓券商替你操盤。金管會昨宣布，核准券商開辦「指定範圍的集合管理運用帳戶」的財富管理業務，有10家券商可立即上手，也有助增加台股資金活水。

　　所謂「指定營運範圍的集合管理帳戶」，是指把一群客戶的資金集合起來，交由券商在「概括指定」範圍內（例如指定買股），並由券商操盤。換言之，適合一些想投資股票、卻又不懂挑哪檔好的小資族，就可交由券商替你操盤。

　　目前券商辦財管業務，多是單一大戶指定某一檔股票，委託券商替大戶下單；或是單一大戶想買股票，也不知道挑哪檔好，可委託券商在概括指定（如股票）範圍內，操盤下單，多只服務單一大戶較多。券商認為，目前銀行已可透過信託架構，替客戶做「集合管理運用帳戶」，券商也希望可比照開放，也就是將一群客戶集合起來、由券商操盤買股。

　　券商說，過去單一大戶買股，資金有限，資金運用彈性空間有限，爭取開放「指定營運範圍的集合管理帳戶」後，可將一群客戶，如小資族資金集合起來，再去投資多檔股票且由券商操盤，資金運用空間也較大。證期局官員說，此舉對投資人而言，選擇投資管道比較多元，且自己對投資商品較不專精者，也可藉此由券商操盤，券商說，財管業務範圍擴大，有助增券商手續費，也有助增添台股資金活水。

《資料來源：節錄自蘋果日報 2014/07/09》

解說

　　國內可以經營「集合管理運用帳戶」的業務，以往僅侷限於銀行的信託部。前陣子，金管會也開放券商同樣透過「信託」架構，讓券商亦可經營「指定範圍的集合管理運用帳戶」的財富管理業務。此舉將有助於券商財管業務範圍的擴大，也有助於台股資金的動能。

新知速報

➤ 全天候環球方案—貝萊德環球資產配置基金

 https://www.youtube.com/watch?v=8lsmiA7Ms3g&spfreload=10

影片簡介

資產配置基金擁有優秀的風險調整後表現，且加上具備分散風險的特色及靈活性高，有助投資者涉足股票，債券及現金，為投資人提供全方位投資方案。

➤ 投資精品基金，獲利驚人？

 https://www.youtube.com/watch?v=cj-dlDebIJc

影片簡介

小資女若買不起精品名牌貨，但可以投資精品基金。藉由精品名牌公司的銷售業績成長，讓投資獲利。並在投資複利的加持下，小額進場，可月月大賺20%！

➤ 追慈濟善款流向！被爆投資「邪惡基金」

 https://www.youtube.com/watch?v=P-nH8oGi324

影片簡介

慈濟收到許多善款，不慎投資帶有對環保、世界和平有危害的公司股票。所以慈濟基金會的善款被稱為邪惡基金，但基金會並不是具有營利特性之基金。

➤ 中國熱錢，惟有CTA基金可以捕捉趨勢

 https://www.youtube.com/watch?v=ovf0ZU_PoGQ

影片簡介

許多投資人喜歡投資原物料基金，但原物料價格很難捉模；此時投資人可以選擇，由電腦程式操作的期貨基金進行投資，多空都可操作，且比較容易捕捉趨勢。

➤ 1億美金！美將設立氣候變遷基金

 https://www.youtube.com/watch?v=s6XNgWQgkjY

影片簡介

美國東部降暴雪，西部卻經歷乾旱。美國總統歐巴馬，宣布將以1億美金成立氣候變遷基金，以解決氣候變化所帶來的問題。此基金為非營利形式的基金。

本章習題

一、選擇題

(　　) 1. 下列對保本型基金敘述何者有誤？(A)不一定100%保本　(B)通常有投資期限　(C)若提早贖回，不一定保本　(D)通常是封閉型基金

(　　) 2. 下列何者非保本型基金的設計要件？(A)保本率　(B)投資期限　(C)固定利息分配率　(D)參與率

(　　) 3. 請問通常保本型基金的保本設計，是透過何種商品達成？(A)ETF　(B)零息債券　(C)可賣回債券　(D)可轉換債券

(　　) 4. 請問通常保本型基金的設計，保本率與投資在衍生性商品金額的比率，呈何項關係？(A)正比　(B)反比　(C)無關　(D)不一定

(　　) 5. 請問通常保本型基金的設計，保本率與參與率呈何項關係？(A)正比　(B)反比　(C)無關　(D)不一定

(　　) 6. 請問下列何者非資產配置基金的特性？(A)風險較高　(B)收益率較穩定　(C)亦可投資基金　(D)又稱多重收益基金

(　　) 7. 請問下列何者非目標日期基金的特性？(A)通常有投資期限　(B)投資期限愈久，操作愈保守　(C)通常會股債同時搭配　(D)又稱生命週期基金

(　　) 8. 下列何者非無人基金的特性？(A)通常有投資期限　(B)波動率較低　(C)由電腦操作　(D)獲利較穩定

(　　) 9. 下列何者非影子基金的特性？(A)通常由保險公司發行　(B)投資金額較小　(C)轉換很快　(D)獲利較穩定

(　　) 10. 下列何項非影子基金之特性？(A)投資門檻較低　(B)管理成本較低　(C)轉換很快　(D)淨值漲跌與原始基金相似

(　　) 11. 下列對共同信託基金的敘述何者有誤？(A)由投信發行　(B)由信託業發行　(C)以受益憑證發行　(D)向不特定人募集

(　　) 12. 下列何種基金通常沒設定到期日？(A)保本型基金　(B)目標日期基金　(C)特別時機基金　(D)目標風險基金

證照題 (　　) 13. 在基金存續期間，藉由保證機構保證，到期時提供受益人一定比率本金保證之基金，稱為：(A)保護型基金　(B)保證型基金　(C)平衡型基金 (D)組合型基金　　　　　　　　　　　　　　【2013年第1次投信投顧人員】

(　　) 14. 保證型基金從事廣告、公開說明會及營業活動時，在廣告文宣內容上應揭露哪些事項？(A)保證機構名稱　(B)保證期間　(C)保本比率　(D)選項 (A)(B)(C)皆是　　　　　　　　　　　　　　　【2015年第1次投信投顧人員】

(　　) 15. 保本型商品的特色：甲.投資人在可預知最大風險下，享有高報酬的投資機會；乙.保證依定百分比的本金發還　(A)僅甲　(B)僅乙　(C)甲、乙皆正確　(D)甲、乙皆不正確　　　　　　　【2012年第2次投信投顧人員】

(　　) 16. 有關保本型商品中參與率的解釋，何者正確？(A)指對本金保障的比率 (B)連結標的資產報酬權利之比率　(C)投資於連結標的的比率　(D)投資於固定收益商品的比率　　　　　　　　　【2013年第4次投信投顧人員】

(　　) 17. 有關保護型基金之描述，何者有誤？(A)未設立保證機構　(B)係透過投資工具達成保護本金之功能　(C)應於公開說明書載明基金無提供保證機構保證之機制　(D)不屬於保本型基金　　　【2014年第3次投信投顧人員】

(　　) 18. 某三個月期保本型商品保本率為90%，假設定存利率是2%，若該商品之內含選擇權每單位的價金是12%，計算該商品的參與率應為下列何者？（取最接近值）(A)76%　(B)78%　(C)84%　(D)87%

【第21屆理財規劃人員】

(　　) 19. 假設甲公司發行一億元之四個月期保本型商品，保本率為94%，倘定存利率是5%，則甲公司可用以購買衍生性商品之金額為多少元？ (A)7,541,000元　(B)8,037,000元　(C)8,652,000元　(D)9,245,000元

【第23屆理財規劃人員】

(　　) 20. 假設甲公司發行一億元之四個月期保本型商品，保本率為94%，倘當時定存利率是5%，則甲公司需存定存，以保證到期能達保本率要求之金額為多少元？（取最接近值）(A)9,246萬元　(B)9,357萬元　(C)9,412萬元 (D)9,528萬元　　　　　　　　　　　　　　　　　【第24屆理財規劃人員】

二、問答題

1. 何謂保本型基金？

2. 請問保本型基金可分為哪兩種型式？

3. 若某保本型基金保本率95%，參與率為120%，若投資人期初投資100萬元，被投信花90萬去買保本債券，剩下投入衍生性商品操作，若3年後有額外收率為150%的收益，請問到期時投資人共可領回多少錢？

4. 假設某檔3年期保本型基金，保本率設定為100%，若基金經理人此時去投資一零息債券殖利率為5%。

   (1) 請問須先投入多少資金比例，去購買零息債券？

   (2) 請問經理人還剩多少比例的資金，可以操作衍生性商品？

   (3) 若衍生性商品的的權利金佔合約價值比例為12%，則參與率應設定為何？

5. 請說明保本基金通常如何進行保本模式？

6. 請說明保本基金在運作保本機制會遇到哪些風險？

7. 何謂精品基金？

8. 何謂目標日期基金？

9. 何謂目標風險基金？

10. 何謂道德基金？

11. 何謂邪惡基金？

12. 何謂特別時機基金？

13. 請問影子基金的發行單位大都為何種機構？

14. 請問投資人投資影子基金的優勢為何？

15. 請說明共同基金、共同信託基金與集合管理運用帳戶的差別？

一、選擇題

1	2	3	4	5	6	7	8	9	10
D	C	B	B	B	A	B	A	D	B

11	12	13	14	15	16	17	18	19	20
A	C	B	D	C	B	D	D	A	A

二、問答題

1. 投資一段期間後，在最壞的情形下，投資人仍可以領回全部或一定比例的本金，強調保本爲主要目的。

2. 保證型與護本型。

3. 113萬元。

4. (1)86.38%、(2)13.62%、(3)113.5%。

5. 首先，假設投信公司先用部份支金，去市場買入幾年後，會支付本金的零息債券，如此一來就可確定幾年後，可以歸還給投資人的本金保障。

6. 信用、贖回與市場風險。

7. 精品基金主要的標的物爲日常生活中從事有關食、衣、住、行、育、樂等精品生產的公司股票，其包括生產豪華汽車、服裝、奢侈品、休閒設備與用品；以及豪華旅館、餐廳等公司的股票。

8. 此基金的特色爲在基金的目標期限內，基金經理人依據投資人，在人生不同的階段中，所追求的財富目標與風險承擔能力的不同，經理人幫投資人自動調整資產組合，以達到最佳的資產配置。

9. 此基金的特色爲在基金成立時，便預先設定了預期的操作風險，在基金期限內都維持在某依風險內進行操作。

10.基金在投資股票獲利時，也要兼顧社會道德責任。

11.基金標的物以從事社會中較具爭議的產業或公司爲主，例如：煙草，賭博、軍火武器、酒等公司的股票。

12.基金經理人的選股與投資策略，會以標的公司發生某些特殊情形時、或者市場發生特殊時機時，經理人進場去投資，以獲取較特別額外的報酬。

13.保險公司。

14.(1)降低投資門檻、(2)轉換基金較快。

15.

	共同基金	共同信託基金	集合管理運用帳戶
發行機構	投資信託公司	信託業 （銀行信託部）	信託業 （銀行信託部）
契約方式	證券投資信託契約	共同信託契約	集合管理運用契約
服務對象	不特定投資人	不特定投資人	特定少數人
募集方式	公開募集	公開募集	私下募集
資產保管	委託保管銀行	信託業自行保管	信託業自行保管
與投資人關係	委任關係	信託關係	信託關係

Chapter 私募與 公共類型基金

▼ 本章大綱

本章內容為私募與公共類型基金,主要介紹私募與幾種公共類型基金的種種。其內容詳見下表。

節次	節名	主要內容
8-1	私募基金	介紹私募基金的類型、特性、全球的發展以及在台灣的發展。
8-2	主權基金	介紹主權基金的設立動機、資金來源、基金管理模式以及全球的發展概況。
8-3	其他公共類型基金	介紹退休基金、信保基金與平準基金。

本章將介紹兩類不屬於我們一般市井小民,可以直接參與的基金型態,其一為只為少數特定投資大戶所募集的「私募基金」;另一為屬於「公共類型基金」型態(如:國家主權基金、退休基金、信保基金與平準基金等)。以下將分別介紹這兩種類型基金。

8-1 私募基金

　　私募基金（Privately Offered Fund）是指由一群少數投資人，以私人（或說非公開）的名義，私下募集資金，成立以投資為主的基金，再將資金用於特定的投資機會與標的。通常投資的標的若是以股權（Equity）為主的基金，又稱為「私募股權基金」（Private Equity Fund, PE）。

　　一般而言，私募基金與公募基金在運作上具有許多差異，例如：公募基金的投資標的主要以上市、上櫃的股票為主，但私募基金尚可擴及未上市、未上櫃的公司；私募基金因參與的人數[1]較公募基金少，所以每人的最低投資金額較高，但受政府保護管制也較寬鬆。因私募基金是採取向特定人募集資金，所以更注重特定投資者的需求，亦比較屬於私人的財富管理範疇，具有相當的隱蔽性，因此深受全球知名人士與富人的喜愛。

　　近年來，私募基金在國際上逐露頭角，確實有許多知名的基金經理人（例如：全球最大共同基金麥哲倫基金的基金經理人彼得林區（Peter Lynch））退休後，都紛紛轉入此區塊的經營，使得私募基金在全球逐漸嶄露頭角，吸引許多的國際熱錢的投入，資金管理規模成長極為迅速。所以我們必須對私募基金的種種有初步的了解。以下本節將介紹此類基金的類型、特性、以及全球的發展與對台灣的影響。

一、私募基金的類型

　　通常私募股權基金，會針對公司不同的發展時期，提供融通資金，協助公司發展，並使基金本身能獲取高額的報酬為目標。一般而言，從公司剛草創時期的創業資金、公司擴大規模時期所須的成長資金、公司即將上市上櫃前，所須的過水資金、或者已發展成熟的公司，所須的併購融資資金等等，都可見到私募基金介入的身影。以下將介紹幾種公司在不同的發展時期，須要私募基金提供各類資金協助的類型。

---

1 根據國內的法令規定私募基金，應募人總數不得超過35人。

(一) 創業投資基金[2]

私募股權基金最傳統的業務就是提供創業投資資金（Venture Capital, VC）。當公司剛草創時期需要創業資金，此時私募基金提供被稱為風險資本的資金。通常這些風險資金的金額，不會佔私募股權基金很大的比例，因為剛創業的公司所需的資金量不會太大。其投資運作方式，首先尋找創新型或具高成長型的公司進行投資，並持有被投資公司部份的股權；然後待公司發展成熟後，再選擇適當的時機退出，從中獲取高額利潤。

(二) 直接投資基金（Direct investment Fund）

當公司脫離創業初期，已逐漸邁向成長階段，此時私募股權投資基金，也會直接的提供發展資金給這些急於擴大規模的公司。通常私募基金不僅會帶給公司發展所需要的資金，也會帶來了有效的管理機制和豐富的人脈資源；有時這些附加的資源對於企業的重要性遠大於資金。通常私募基金會將資金直接投注該公司，讓公司業績與股價成長後，再獲利出場。

(三) 過橋基金（Bridge Fund）

通常公司即將上市上櫃或前，依法令規定須要某部份股權流通在外，所以此時私募基金會提供過水資金買入該公司股權，以佔有公司某部份股權，以方便公司度過特別時期，因此資金又被稱為「夾層投資基金」（Mezzanine Fund）。通常過橋基金對公司經營沒有興趣，它們最終目的就是讓公司順利上市後，再將公司股權在市場轉讓獲利出場。

(四) 收購基金（Buyout Fund）

通常私募基金會收購具有成長潛力的公司股份，並取得被收購的經營管理權後。私募基金對公司提供資源並進行調整重組改造，讓公司去蕪存菁，並優化公司資產結構，以逐步提升公司經營績效與企業的價值，待公司價值大幅提升後，再幫公司給找一個買主或者公開上市，以便於退出該項投資，並從中獲取高無報酬。通常收購基金所需的金額較大，所以若以此業務為主的私募基金，財力要相當雄厚。

---

2 近年來，國內原本的創業投資公司，都逐漸走向私募股權基金投資型態。其主要原因乃創業公司的投資標的銳減，且不易募得資金；再加上近年來國內資本市場疲弱，導致被輔導創業的目標公司，股價在上市後可能較上市前還低，造成投資虧損。

二、私募基金的特性

近年來私募基金在國際上能夠快速的發展，證明其具有一定的優勢，才能受到特定投資人的青睞。其基金大致具有以下特性：

(一) 委託代理風險較低

通常私募基金的內部組織是採「有限責任合夥制」，真正的出資人為有限合夥人，負責投資的專業經理人為一般合夥人；一般合夥人投入的主要是人力精神、以及少量的資本。若投資獲利，有限合夥人可獲得較多的投資收益，一般合夥人亦有豐厚的激勵報酬；若投資失敗，一般合夥人所出資的部分亦受到損失。所以一般合夥人一方面可能會收到豐厚的激勵報酬；另一方面也須承擔損失的責任，因此這樣唇齒相依的機制，可以降低真正的出資人的委託代理風險。

(二) 投資隱蔽性較佳

由於私募基金是僅向少數特定投資人募集資金，所以投資目標可以滿足特定客戶的需要；因參與的人數較少，所以每為投資人的最低投資金額較高[3]，政府對其管制亦較寬鬆，不用像一般的基金須定期揭露詳細的投資組合與投資績效，因此投資風格較具隱蔽性。

(三) 投資期限較長

通常私募基金所投資的標的，須一段時間的等待，才會有獲利的機會，所以投資期限通常較常一些。例如：創投基金對剛創立公司的布局，通常會持有一段期間，待公司內部穩定且能成功的上市上櫃後，才會出脫股權獲利出場。

(四) 風險與報酬均高

私募基金所從事的投資業務主要提供給公司創業資金、成長資金、過橋資金、併購融資資金等。這些投資都有可能獲得相當大的報酬收益，但相對的也會面臨到極高的投資風險。

---

3 根據國內的私募基金法令，應募自然人的資格為：須提供新臺幣3千萬元以上之財力證明、或單筆基金投資逾新臺幣3百萬元；應募法人或基金的資格為：信託財產或財務報表總資產須超過新臺幣5千萬元。

三、全球私募基金的發展

私募基金自1960年代始自於美國，1980年代才起逐而發展起來。自1990年代以來，企業融資併購風潮興起，且低利率的環境伴隨著各項高度槓桿工具的使用，以及金融風暴的襲擊，造成許多企業價值嚴重被低估，才使得私募基金大行其道。

全球私募基金的成熟度以美國為首，其著名的私募基金管理公司，包括KKR集團（Kohlberg Kravis Roberts）、黑石集團（Blackstone Group）、凱雷集團（Carlyle Group）、華平投資（Warburg Pincus）、德州太平洋集團（Texas Pacific Group, TPG）等等。這些大型的私募基金所管理的規模都超過100億美元，尤其TPG截至2015年底，其所管理的資產就接近600億美元，為全球最大的私募基金。

根據全球知名研究多元資產的機構Preqin研究指出（見圖8-1），私募基金所管理的帳面價值從2000年的4,130億美元，擴展至2015年6月已到2兆8,200億美元，成長超過6倍，可見私募基金近年來的成長速度驚人，也表示私募基金受到全球知名人士與富人的青睞。

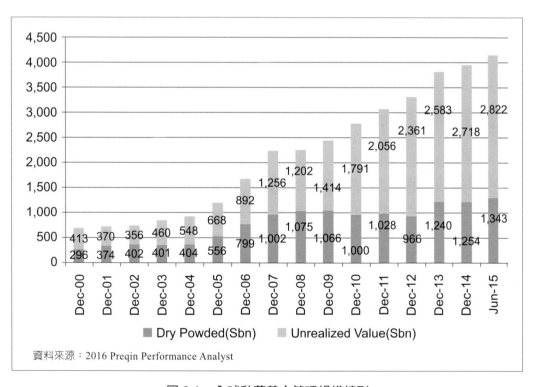

資料來源：2016 Preqin Performance Analyst

圖 8-1　全球私募基金管理規模情形

此外，私募基金經過近50年來的發展，近年來全球私募基金的發展，大致有以下幾項趨勢：

1. 從事機構多元化

近年來，除了傳統私募基金（如：黑石、凱雷、TPG）活躍於市場外，也有許多投資銀行，如：高盛、匯豐銀行、JP摩根等，皆紛紛積極的投入此行業。甚至有些大型跨國企業，也用本身的內部資金，設立私募投基金，如：奇異資本（GE Money）等。所以私募基金的市場，愈來愈多新機構加入，使得市場競爭更激烈。

2. 投資標的多樣化

現行的私募基金不僅進行股權的投資外，亦針對債券、衍生性金融商品與不動產等標的進行投資。且在股權投資上，也非著只重在科技產業，逐而轉向傳統產業；且投資策略也從經營未上市櫃的風險投資，漸轉向成熟公司的併購與重組。所以現行的私募基金投資標的與策略呈現多樣化。

3. 朝向公募化發展

近年來私募基金為了尋求更多的資金加入，以便在競爭激烈的環境，保有擴展業務的能力，所以有些知名私募基金逐漸轉成公開募集方式，至交易所掛牌交易，以便於籌資。例如：2007年美國知名私募基金－黑石集團就在紐約交易所上市交易。

四、私募基金在台灣的發展

私募基金雖在國外已風行一段期間，但直到最近幾年才開始大舉來台，主要因1997年亞洲金融風暴當時台灣未受嚴重波及，私募股權基金不易在台灣找到價值低估的案件；且台灣早期由於法令上的限制，使得私募基金在台灣的發展受到掣肘。但近年來相關的法令修訂[4]以及觀念的改變，國內於2006年初，由美商新橋資本（Newbridge Capital）公司，以270億台幣投資國內台新銀行的股權與債券，為國內私募基金投資本土的首次案例。自此之後，國內陸陸續續就有國外私募基金，來台尋求投資標的之案例。私募基金在台灣投資的案例，詳見表8-1之說明。

---

4 根據國內的私募基金相關法令規定，若於國內成立私募基金應先經國內主管機關的核准，才可募集；募集對象除了專業投資機構外，受益人數不得超過35人；且招募及銷售期間，不得為一般性廣告或公開勸誘之行為；且所募得資金不得從事放款。此外，若境外基金管理機構可自行或委任台灣境內的銀行、信託業、證券商、投信公司或投顧公司，於國內向特定人私募境外基金。

表8-1　國外私募基金在台灣投資的案例

年份	私募基金	投資標的
2006年	新橋資本（Newbridge Capital）	台新銀行
2006年	安博凱（MBK）	中嘉網路
2007年	凱雷（Carlyle Group）	大眾銀行
2007年	隆力（Longreach Group）	安泰銀行
2007年	橡樹資本（Oaktree Capital）	復盛
2007年	SAC私募（SAC Private Capital Group） 奇異資融（GE Money）	萬泰銀行
2009年	亞太置地投資（Asia Pacific Land, APL）	台北市商業不動產
2011年	KKR集團（Kohlberg Kravis Roberts）	國巨電子
2012年	豐泰地產（Phoenix Property Investors）	台北市商業不動產
2012年	基匯資本（GAW Capital）	台北市商業不動產
2014年	首峰資金管理（Alpha Investment Partners）	台北市商業不動產
2015年	子樂投資（Green Heaven Investments）	台北市商業不動產

　　國外的私募基金剛來台尋求投資標的，大都以股權投資為主，近年來也由股權逐而擴展至不動產的投資。國內首宗由國外私募基金收購不動產案例，乃於2009年日本私募基金－亞太置地投資公司（Asia Pacific Land, APL），首度揮軍台灣，以近百億的價格，向美國最大的商業不動產抵押貸款機構－美商嘉邁（Capmark）金融集團，買下3件台北市商業不動產。自此國內亦陸續有其他不動產，被國外私募基金收購之案例發生。

　　此外，金管會自2008年開放國內保險業可投資另類投資後，避險與私募基金成為壽險業的投資新管道。開放初期，各保險業者並不熱衷；但近年來，因受到市場投資氛圍不佳、以及好的投資標的變少的影響，逐漸掀起私募基金的投資熱潮，紛紛加碼投資國外的私募基金（包括：知名的黑石、KKR集團等）。希望藉由私募基金的靈活投資，以增加壽險業的投資績效。

　　由於之前國外的私募基金來台投資了不少標的物，所以催生了台灣本土的私募基金的成立。國內的私募基金亦積極的募集資金，以支援國內產業的資本及其他發展需要。由於台灣的私募基金規模並不是很大，所以較難跟國際上大型的私募基金相比擬，所以大部分的資金，都投資在中小型公司的重整案、或者是資金

需求較小的創投事業上。目前嶄露頭角的台灣私募基金公司中，以「華威集團」(CID Group)較為活躍，該集團於2015年在國內收購重整國內電子公司－穎台；以及投資新創公司，如：「本誠創投基金」，希望積極扶植國內互聯網、行動應用等金融科技新創事業。

市場焦點

金融公開收購　不歡迎私募基金

　　金管會公布12項「金融基礎工程計畫」，在金融機構整併方面，設下「公開收購」五條件，包括必須取得過半數股權、不能有股權爭議等。金管會並首度明確表態，若併購資金來源是私募基金或主權基金，「基本上是不歡迎的」。

　　金管會主委表示，過去二、三年，因金融業有意進行的「公開收購」，多具有股權爭議或涉敵意併購，金管會都不同意送件申請；但現在要「重啟」公開收購，只要符合五大條件規定，金管會就會支持。金管會銀行局長進一步說明，五大條件。

　　首先，是「須取得50％以上股權」，如果股權未過半，容易有爭議，且希望是合併，讓金融機構家數減少，而不是股權變動。不過，若金控旗下沒有銀行或壽險，併入銀行、壽險（例如市場盛傳的國票金併京城銀、開發金併中國人壽等），若屬於這類型的合併，是否符合資格？對此，若金控併入旗下沒有的金融業別，為了提高綜效而併購，是符合資格的。

　　其次，是「資金來源明確」，最好是自有資金，就可以一目了然，如果有貸款也可以，但比率不能太高、必須合理。他表示，若資金比較不透明，例如：私募基金或主權基金等，雖然不是絕對不可以，「但我們態度是不歡迎的，希望是國內和國內合併」。

　　第三，則是「無重大股權爭議」，金管會不希望金融機構整併過程出問題，尤其是涉及到國家資產的（公股）會特別審慎；第四項條件為「須確保小股東權益」；第五則是「符合股東適格性」。

《資料來源：節錄自自由時報 2015/05/13》

解說

　　私募基金有時會給人神秘的感覺，其資金的來源比較不透明。所以國內近期在進行金融整併時，金管會很明確的指出基於股東適格性，不希望私募基金介入，因為有些金融機構涉及到國家資產須特別審慎，且也須保護小股東的權益。

8-2　主權基金

　　國家主權基金，簡稱為主權基金又稱「主權財富基金」（Sovereign Wealth Fund, SWF）是指由主權國家或政府所建立並擁有的財富資產。通常資產來源主要來自國際收支盈餘、天然資源出口盈餘、以及政府財政盈餘等等。通常管理此部分資產，會由政府成立專門投資機構、或由該國中央銀行來進行管理，並在全球尋求適合投資標的，以獲取穩定且豐富的收益為主要操作目標。

　　近年來，有些新興國家經濟體受惠於經濟快速成長、以及有些享有天然資源的國家，因商品價格高漲而創造出鉅額的貿易盈餘，累積龐大的外匯存底，提供全球主權基金規模快速成長的動力。以下將介紹主權基金的設立動機、資金來源、基金管理模式以及全球的主權基金發展概況。

一、設立的動機

　　全球設立主權基金的國家，主要是以已開發國家、新興國家、以及享有天然資源豐富的國家為主。其基金設立乃源於國際收支盈餘、天然資源出口盈餘、以及政府財政盈餘等國家財富的急劇增加，但其設立基金的動機並不一樣，大致可分為下列幾項：

(一) 穩定型主權財富基金（Stabilization-oriented Fund）

　　有些靠天然資源換取外匯收入的國家，若著眼於未來天然資源枯竭後，外匯的收入就會減少。所以設立國家主權基金，乃追求外匯盈餘能夠維持中長期的穩健增長，以避免將來天然資源產出減少時，所導致的經濟波動。例如：挪威中央

銀行設立的主權基金－「挪威央行投資管理公司」，就是為了防備將來石油資源可能耗盡時，讓國家外匯收入減少。

(二) 沖銷型主權財富基金（Sterilization-oriented Fund）

有些國家的外匯存底短期內大量增加時，將導致幣值大幅升值，政府為了緩解外匯存底激增，所帶來的升值壓力，便設立主權財富基金，將部分的外匯存底分流，以便於進行沖銷操作，以維持幣值穩定。例如：1998年香港金融管理局設立的「香港金融管理局投資組合」，就是為維持港元匯率穩定所設立的主權財富基金。

(三) 儲蓄型主權財富基金（Savings-oriented Fund）

有些國家未雨綢繆，為了因應將來社會老化，導致養老資金減少；並為後代謀福積蓄財富，且力求世代間的財富公平分配。於是設立專門的主權財富基金，以儲蓄將來所需資金為考量。例如：愛爾蘭設立的主權基金－「國家養老儲備基金」，就是基於此理由所設置。

(四) 預防型主權財富基金（Preventive Fund）

有些國家為了預防突來的經濟或金融危機，對社會安定帶來衝擊，於是將巨額外匯存底，設置預防型主權財富基金，以預防社會經濟與金融危機時，能夠盡速協助經濟和社會的平穩發展。例如：科威特所管理的主權財富基金－「科威特投資局」，就是要讓科威特在伊拉克戰爭結束後，能夠重新獲得獨立，並且快速重建家園。

(五) 戰略型主權財富基金（Strategy-oriented Fund）

有些國家對整個經濟與社會發展，有其一定的戰略思考，希望國家能培育出具有影響力的一流的企業，以增進國際經濟利益與地位，將設置戰略型的主權財富基金。例如：新加坡所設置的主權基金－「淡馬錫控股公司」，就是著眼於新加坡未來國家經濟的發展，將某些資金留在新加坡，某些資金進入緊缺資金的國家和地區，以分享其經濟增長成果、並增加對其他國家的影響力。

二、資金的來源

通常主權財富基金的資金來源，大致有以下五種類：

1. **以外匯存底為基礎**：以該國中央銀行所保管的外匯儲備盈餘，當作資金來源。其主要以亞洲地區新加坡、馬來西亞、韓國、香港等幾個國家和地區為代表。

2. **以天然資源出口的外匯盈餘為基礎**：以該國所出口的天然資源（包括：石油、天然氣、銅和鑽石等）所賺取的外匯，當作資金來源。其主要以天然資源豐富的中東、拉丁美洲地區國家為代表。

3. **依靠國際援助為基礎**：以該國接受其他國家給予的經濟協助，當作資金來源。其主要以部分貧困的非洲國家代表。

4. **發行特別國債為基礎**：以該國特別發行政府公債，當作資金來源。其主要以中國為代表。

5. **以國民的公共資金為基礎**：以該國民的公共資金（如：退休金、住房公積金），當作資金來源。其主要以挪威的「政府養老退休基金全球基金」、新加坡的「新加坡政府投資基金」為代表。

三、基金管理模式

全球的主權基金幾乎都是由政府持有或控制，其資金的管理與運用，大致可分為兩種管理模式：

(一) 中央銀行

原本中央銀行就是在負責外匯存底的管理，且大部分主權基金的資金本來就是歸國家所有，因此由中央銀行負責所有的盈餘財富集中總籌管理，可以比較有完整的戰略思考，也可避免新設機構因缺乏經驗，所可能付出的成本。

但由中央銀行管理亦有其缺點：因為央行須同時管理外匯存底、以及主權基金的資金，可能在管理的思維上，會傾向保守策略，比較無法將主權基金採取較積極的管理模式。且中央銀行亦有可能利用主權基金的資金操縱外匯，導致中央銀行有聲譽風險。

(二) 專業投資機構

若將主權基金的資金，委託給獨立的專業投資管理機構，其可以採取較積極的管理模式。將主權基金積極的擴展資金投資管道，並在風險控制的條件

下，希望獲取更高的投資報酬。例如：新加坡設立的「新加坡政府投資公司」（Government of Singapore Investment Corporation, GIC）、以及南韓所設立的「韓國投資公司」（Korea Investment Corporation, KIC），就是採取此種管理模式的典範。

但委由專業的投資機構亦有其缺點：專業的機構法人基於自利行為，亦有可能勾結欲投資的標的公司內部，讓專業的投資機構私下獲利，而使得主權基金遭受到損失。

四、全球的主權基金發展概況

全球最早的主權基金，乃在1953年所成立的科威特投資委員會[5]（Kuwait Investment Board），其基金的成立目的乃在於將該國原油出口的收益進行投資規劃，並希望減少對原油的依賴。早期的主權基金的成立，大都是天然資源豐富的輸出國，因天然資源的出口產生大額的外匯儲備，且因著眼於將來能源耗竭後，對經濟的影響，於是紛紛將所賺外匯成立主權基金，以未雨綢繆。例如：現今全球最大的主權基金，為阿拉伯聯合大公國於1976年成立的「阿布達比投資局」，也是如此思考。

爾後，全球主權基金的快速成長，大致於1990年代中期以後，因美國貿易經常帳逆差持續擴大，使得整體貿易逆差超過8,000億美元。此時東亞新興國家以及中東石油出口國的經常帳順差增加，累積了大量外匯存底，所以各國緩解外匯儲備激增帶來的升值壓力，便設立主權財富基金。例如：1998年香港金融管理局為維持港元匯率穩定所設立了主權財富基金，就是如此思考所產生的。

近年來，由於2007年7月以後美國爆發次級房貸危機，導致歐美金融資產價格崩跌，更造就新興國家經濟體的主權基金，趁勢收購受到次貸風暴波及的金融業者股權。有鑑於此，有些歐美國家為了避免國家級的重要企業，被他國主權基金所收購，於是成立戰略考量的主權基金，以避免具指標性的重要企業遭外資收購。例如：法國於2008年10月成立的「公共干預基金」主權基金，即是如此考量產生的。

---

5 科威特投資委員會現已改為「科威特投資局」。

　　台灣的主權基金仍只是個初步的觀念架構，到目前為止國內並沒有真正的主權基金成立。一般所認為台灣的主權基金，乃由2000年因政府為了維持金融穩定，將「勞工保險基金」、「勞工退休基金」、「軍公教退撫金」等三大退休金、再加上「郵儲資金」共四大基金，所組成的「國家金融安定基金」。國內的國安基金，已多次在國內股市動盪時，進場維護股市與金融的安定。

　　此外，近期政府欲打算成立一個「類主權基金」，資金來源部分來自於政府，部分來自民間，但不會動用到外匯存底。希望藉由類主權基金的運作，扶植國內新創產業的研究與發展。

　　目前全球大約有52個國家設置主權財富基金，其中規模最大的幾個國家，為阿拉伯聯合大公國（阿聯）、挪威、沙烏地阿拉伯王國、中華人民共和國、科威特、俄羅斯以及新加坡等。表8-2全球各國主權基金的狀況表。

表8-2　　全球各國主權基金的狀況表			
國家或地區	基金名稱	資產總值（10億美元）	資金來源
阿聯	阿布達比投資局	627	石油
挪威	挪威政府養老基金	556.8	石油
沙烏地阿拉伯	SAMA外匯控股	439.1	石油
中國	中國華安投資有限公司	347.1	非商品
中國	中國投資有限責任公司	332.4	非商品
香港	香港金融管理局投資組合	292.3	非商品
新加坡	新加坡政府投資公司	247.5	非商品
科威特	科威特投資局	202.8	石油
新加坡	淡馬錫控股	157	非商品
加拿大	魁北克儲蓄投資集團	151.7	非商品
中國	全國社會保障基金	146.5	非商品
俄羅斯	國家財富基金	142.5	石油
卡達	卡達投資局	85	石油
澳洲	未來基金	93.1	非商品
利比亞	利比亞投資局	70	石油
阿爾及利亞	收入調節基金	56.7	石油
阿聯	國際石油投資公司	48.2	石油
美國	阿拉斯加永久基金	39.7	石油

國家或地區	基金名稱	資產總值 （10億美元）	資金來源
哈薩克	哈薩克國家基金	38.6	石油
韓國	韓國投資公司	37	非商品
馬來西亞	國庫有限公司	36.8	非商品
愛爾蘭	國家養老儲備基金	33	非商品
汶萊	汶萊投資局	30	石油
法國	戰略投資基金	28	非商品
亞塞拜然	亞塞拜然共和國國家石油基金會	25.8	石油
伊朗	伊朗石油穩定基金	23	石油
智利	社會和經濟穩定基金	21.8	銅
阿聯	杜拜投資公司	19.6	石油
臺灣	國家金融安定基金	15	非商品
加拿大	阿爾伯塔傳統儲蓄信託基金	14.4	石油
美國	新墨西哥州投資信託基金	13.8	非商品
阿聯	穆巴達拉發展公司	13.3	石油
紐西蘭	紐西蘭養老基金	12.1	非商品
巴林	瑪姆塔拉卡特控股公司	9.1	石油
巴西	巴西主權基金	8.6	非商品
阿曼	阿曼國家儲備基金	8.2	石油、天然氣
波札那	波札那普拉	6.9	鑽石、礦產
東帝汶	東帝汶石油基金	6.3	石油、天然氣
沙烏地阿拉伯	公共投資基金	5.3	石油
中國	中非發展基金	5	非商品
美國	懷俄明州礦產常駐信託基金	4.7	礦石
千里達及托巴哥	傳統及穩定基金	2.9	石油
阿聯	拉斯阿爾卡麥投資管理局	1.2	石油
委內瑞拉	FEM	0.8	石油
越南	國家資本投資公司	0.5	非商品
奈及利亞	石油溢價收益基金賬戶	0.5	石油
吉里巴斯	收益平衡儲備基金	0.4	磷酸鹽
印尼	政府投資基金	0.3	非商品
茅利塔尼亞	國家碳氫化合物儲備基金	0.3	石油、天然氣
阿聯	酋長國投資局	X	石油
阿曼	阿曼投資基金	X	石油
阿聯	阿布達比投資委員會	X	石油

資料來源：維基百科（2016/01）

主權基金邁入存亡關鍵點

圖 8-2　主權財富基金資產

　　華爾街日報報導，石油收入銳減使得部分主權財富基金規模縮小，也迫使這些基金必須進行借貸或是出售資產來維持運作，使全球市場面臨壓力。過去由於油價上漲、政府爭相拚經濟而增加海外投資，及為擴大政治影響力等多項因素影響，導致政府掌管的主權財富基金不論是規模或數量都大幅增長。

　　根據主權財富基金研究所（Sovereign Wealth Fund Institute）統計，現今全球主權財富基金共有7.2兆美元資產，較2007年增1倍。國際金融協會追蹤的主權財富基金數量，自2007年底以來也激增44%至79家。主權財富基金多靠商品營收與外匯存底所支撐，其中近6成則依賴能源出口。

　　沙烏地阿拉伯貨幣金融管理局（相當該國央行）近來受石油收入遽減，為彌補損失，該管理局今年來共計已出售近20億美元歐股。此外，沙國國營的投資基金已連6個月賣超韓股，累計出售金額達3.6兆韓元（31億美元）。

　　國際貨幣基金組織中東和中亞部門副總裁指出，全球流動性引發外界憂心之際，又遇主權財富基金出售資產，勢必讓資產價格波動加劇。

《圖文資料來源：節錄自工商時報 2015/12/24》

🕘 **解說**

　　全球大部份的主權基金的資金來源都是來自原油的收入，之前原油大漲，使得遊國的主權基金荷包滿滿；但近期油價暴跌，也使得這些主權基金的收入減少，迫使這些油國的主權基金，售出資產以維持運作；但也爲金融資產帶來波動風險。

8-3　其他公共類型基金

　　以下將介紹三種公共類型的基金，分別爲「退休基金」、「信保基金」與「平準基金」。

一、退休基金

　　退休基金（Pension Fund; Retirement Fund）是指政府、企業、工會或其他團體，爲了支付員工所提撥的資金，再加上員工所自行提撥資金所形成的基金。通常退休基金是爲了支應工作者，將來退休所需的資金；因此在管理這筆基金的單位，會以穩定安全並兼顧流動性的報酬，爲主要的管理目標。通常退休基金在金融市場進行投資時，較著重在中長期的布局，所以屬於市場中較穩定的力量。

　　通常退休金制度愈完善的國家，代表該國的社會福利愈進步。全世界幾乎每個國家都會有各式各樣的退休金制度，例如：美國的「401K退休金」制度、新加坡「公積金退休金」制度……等。當然台灣近年來，社會福利意識逐漸覺醒，也對我國舊制的勞工退休基金制度進行改革，並增加對私校教職員工提供退休金保障；所以就退休基金的種類而言，現在國內以「公務人員退撫基金」、「勞工退休基金（包含舊制勞工退休準備金）」以及「私校教職員工退撫基金」爲主。

通常退休基金的資金非常龐大，其投資管理模式，大致可分為「自行管理」與「委外管理」兩種。以下將分別介紹之：

(一) 自行管理

退休基金採自行管理制度的模式，通常會設置一個「退休基金管理委員會」，由委員會內部人員來統籌資金的投資與運用。由於委員會內部並不一定有專業的投資人才，所以在投資與管理績效，通常都不是很出色。所以近年來退休基金的資金，有部分漸委託由外部專業的投資機構代為投資管理。

(二) 委外管理

退休基金採委外管理制度的模式，通常仍會設置一個「退休基金管理委員會」，但委員會內部人員會將資金，委託外部專業的投資機構代為投資管理。通常委外管理的資金投資報酬績效，會較內部自行管理出色；但仍要嚴防委外投資機構的不法自利行為，在市場上私下勾結炒作，藉此牟取自身暴利，但損害基金的價值。所以委外管理必須慎選合作對象，須選擇信譽良好、以及具豐富投資操作經驗的專業投資機構。

通常退休基金的委外的專業機構，包括：保險、投信、投顧公司以及銀行信託部等。一般而言，不同的委外機構，其管理方式並不相同。通常委外的管理方式大致分成以下兩種：

1. **保險型退休金規劃**（Insurance Pension）：是將退休金委由「保險公司」代為管理運用。通常由保險公司會結合自家公司的年金保險合約規劃，所以資金的管理上，較屬於保守與安全的投資運用。

2. **信託型退休金規劃**（Trust Pension）：是將退休金委由「投信公司」、「投顧公司」、「銀行信託部」代為管理運用。通常退休金會由上述機構，以投資基金為主、或其他商品的方式去管理運用。通常利用此型式，其資金的的管理上，較注重投資效益與。甚至有部分的退休金投資規劃，會設計出「保守型」、「穩健型」以及「積極型」等多種類型的資產配置投資組合，提供員工依照自己的風險承擔能力，自行選擇且可以隨時轉換投資組合類別。

 市場焦點

私校退撫儲金計畫績效優

　　相對於近期全球股、債及匯市呈現較為劇烈的波動，私校儲金管理委員會董事長表示，儲金會秉持管理風險優先於取得報酬的審慎運用原則，適度調整資產配置，今年截至7月底止，新制儲金自主投資計畫中三種投資組合報酬率分別為保守型1.18％、穩健型2.76％、積極型2.95％、原基金2.82％，成果具良好表現。

　　私校退撫儲金管理委員會為協助私校教職員獲得更具保障的退休生活、提高所得替代率，自2013年4月推動私校自主投資計畫，成為台灣第一個退休金投資自選平台，基於提供私校教職員更健全的退休保障，經過公開遴選方式決定委由富蘭克林證券投顧公司擔任投資顧問，同時設計3種類型的資產配置投資組合，供私校教職員依照自身投資屬性選擇且可以自行轉換投資組合。

　　私校退撫儲金自主投資計畫能在波動的市場保持穩健表現，私校儲金管理委員會投策小組執行秘書分析，其向來著重投資風險管控，除了使用風險控管系統密切監控各投資組合及子基金風險值外，當近期希臘政局及大陸股市發生波動時，便立即啟動風險管理機制並彈性調整投資部位，以降低波動風險。

《資料來源：節錄自經濟日報 2015/08/07》

⟳ **解說**

　　國內的私校教職員工的退撫基金，委由知名的投顧公司－「富蘭克林證券投顧公司」擔任投資顧問。在退休金的規劃同時設計「保守型」、「穩健型」以及「積極型」這三種屬性，提供私校教職員自行選擇。此種退休金的管理方式，兼具投資效益與自主性，提供私校教職員更健全的退休保障。

二、信保基金

信用保證基金（Credit Guarantee Fund）乃是政府及金融機構，捐助成立之非營利性財團法人組織，而非一般我們所認知的共同基金。信用保證基金的成立是基於政府對於欠缺擔保品，但具發展潛力的中小企業、農漁業者、或僑營事業與台商事業，提供信用保證，協助其獲得金融機構的資金融通。目前在國內共有三個信用保證基金分別為「中小企業信用保證基金」、「農業信用保證基金」、以及「海外信用保證基金」。以下將分別進一步介紹這三種基金的設置目的。

(一) 中小企業信用保證基金

中小企業信用保證基金的設置目的，乃在提供信用保證，以協助中小企業獲得金融機構之融資，以達成促進中小企業融資之目的，進而協助中小企業之健全發展，增進我國經濟成長與社會安定。

(二) 農業信用保證基金

農業信用保證基金的設置目的，乃在於協助擔保能力不足之農漁民，增強受信能力，獲得農業經營所需資金，以改善農漁業經營，提高農漁民收益。且促使農業金融機構，積極推展農業貸款業務，以發揮其融資功能。並協助參加農業發展計畫之農漁民籌措配合資金，以提高政府農業政策推行績效。

(三) 海外信用保證基金

海外信用保證基金的設置目的，乃在於對具有發展潛力而欠缺擔保品之僑營事業、僑民創業者、或台商事業提供信用保證，並協助其獲得金融機構之資金融通。且協助僑營事業、僑民創業者、或台商事業在海外的事業，能夠穩定的發展，以增進國際合作交流空間。

三、平準基金

平準基金（Stabilization Fund）又稱「干預基金」（Intervention Fund），該基金是由政府透過特定的機構，所設立的公共政策基金。例如：糧食、股市、外匯與公共建設平準基金……等。該基金的資金來源，有部分由政府資助，有部分

是由民間捐助。其設立目的，是希望透過基金的運作，達到市場價格穩定與促進公共事務的發展。以下將進一步說明設立的目的：

(一) 維持市場價格穩定

當市場某些商品價格，出現非理性變動時，可藉由平準基金的運作，讓價格維持穩定。例如：當市場的糧食（如：米或砂糖）價格出現異常的暴漲、或者股票市場出現非理性的劇烈波動時，此時可藉由糧食平準基金、或者股市平準基金，進場逆向操作，以達到市場價格穩定的目的。

(二) 促進公共事務發展

有些政府所建立的公共建設，剛設立初期須藉由平準基金的扶助，讓其正常運作。例如：剛建好的公共運輸系統，由於建置的成本過大，短期內營運上，無法立即達到損益平衡，此時可藉由公共建設的平準基金的資金挹注，讓它能正常運作，以達到促進公共事務發展的目的。

 市場焦點

經營有起色　高捷現盈餘
明年擺脫「捷運平準基金」

高雄捷運公司估計今年約有新台幣8,000萬元的盈餘，明年擺脫捷運平準基金挹注，營運收支可望平衡。高雄捷運通車8年以來，一直面臨運量不足、嚴重虧損問題，市府協助高捷拚運量，營運終現轉機。

高捷公司副總經理指出，去年營運虧損，高捷依規定獲得市府撥捷運平準基金1億9,000多萬元挹注，這筆補助款今年入帳，結算到上月底，高捷約有盈餘約8,000萬元。他不諱言部分盈餘來自於平準基金，不過隨著輕軌通車、捷運南機場土地開發完成大魯閣購物中心和賽道場，不僅可以增加租金收入，還能加持捷運運量。高捷還提供淡海輕軌技術服務等勞務收入，會加持高捷的營運收入。

《資料來源：節錄自大紀元 2015/12/03》

🕓 **解說**

　　通常一項重大的公共事務的完成，有時初期並無法達到經濟規模，而產生虧損，此時有賴平準基金的資金挹注，才讓其能正常運作。高雄捷運經過8年的虧損，經營漸有起色，已經產生盈餘，終於可擺脫捷運平準基金了。

新 知速報

➡️ **「滅頂」重挫味全！私募基金想撿便宜**

https://www.youtube.com/watch?v=5yFoXw64-Eg

影片簡介

前陣子國內食安風暴，導致味全股價大幅下挫，股價出現物超所值現象。外傳國私募基金已經伺機而動，積極四處打聽，只要味全想賣，就會馬上出手承接。

➡️ **6億投資「開平」校友　私募基金盯台技職**

https://www.youtube.com/watch?v=LNSXbDz1TYQ

影片簡介

新加坡、日本跟美國的主權基金以及私募基金，都表達有意願提供國內餐飲業者資金，幫忙其創業。這有助於國內餐飲軟實力的擴展。

➡️ **油價崩　主權基金賣股套現！台股持股公開**

https://www.youtube.com/watch?v=jloxv517DSE

影片簡介

許多油國的主權基金之前，投資了國內的權值股與金融股。但礙於原油價格直直落，油國收入腰斬，引爆全球賣股潮，台灣的股市亦是他砍殺的對象。

新知速報

▶ 蔡英文推類主權基金　投資生技等5產業

https://www.youtube.com/watch?v=jQASxOqm5M0

影片簡介

新政府欲成立「類主權基金」，資金來源部分來自於政府，部分來自民間，不會動用到外匯存底，亦可引進國外資金，以提供支持國內5大創新產業發展。

▶ 退撫基金投資失利　去年慘賠108億元

https://www.youtube.com/watch?v=mQtNZvK_774

影片簡介

每當股市崩盤時，常被政府拿來當救援投手的國內4大基金之一的軍公教退撫基金，2015年慘賠108億元，且年收益率為-1.9%；讓基金破產的疑慮，雪上加霜。

▶ 退休基金自選標的？張盛和：當然沒辦法

https://www.youtube.com/watch?v=BLqi7Wb2QnE

影片簡介

國內退休金，現在的管理方式部分由政府自行管理，部份委外代操；但操作報酬，並無法超越指數報酬。有專家建議應開放民眾可自選投資標的，但財長說不。

▶ 債台高築！勞保基金吃老本　2027年恐破產

https://www.youtube.com/watch?v=nMr2DUV-1P0

影片簡介

勞保年金又傳壞消息！勞保局公布報告，勞保基金恐怕2027年會面臨破產，目前潛藏債務高達8.36兆，崩盤在即，改革卻總是慢半拍，冀望新政府來解決！

新知速報

➔ 信保基金力挺　中小企業現豐沛生命力

https://www.youtube.com/watch?v=R7xt1JPFOeg

影片簡介

國內的信保基金對於具有發展潛力的中小企業，提供信用保證，使其不用擔保品的質押，就可取得銀行的資金，讓中小企業能夠成長茁壯。

➔ 高雄市高捷財務缺口大　盼動支平準基金

https://www.youtube.com/watch?v=uF5kz0_nCsY

影片簡介

高雄捷運剛蓋好時，因民眾尚未養成搭乘的習慣，導致財務虧損。因此盼望平準基金能夠挹入資金，以彌平財務缺口，先度過初期的營運困境。

本章習題

一、選擇題

( ) 1. 請問私募基金類型中，若以資助剛起步的公司，為下列何種基金的業務？(A)創業投資基金　(B)直接投資基金　(C)過橋基金　(D)收購基金

( ) 2. 通常公司即將上市上櫃前，依規定需要某部份股權流通在外，所以何種私募基金會提供過水資金給公司使用？(A)創業投資基金　(B)直接投資基金　(C)過橋基金　(D)收購基金

( ) 3. 下列何者非私募基金的特性？(A)委託代理風險較低　(B)投資隱蔽性較佳　(C)投資期限較短　(D)投資報酬較高

( ) 4. 請問有些國家的外匯存底大量增加時，將導致幣值大幅升值，政府為了緩解外匯儲備激增帶來的升值壓力，便設立何種類型的主權財富基金？(A)穩定型　(B)沖銷型　(C)儲蓄型　(D)戰略型

( ) 5. 下列何項非主權基金的主要資金來源？(A)外匯存底　(B)天然資源出口盈餘　(C)發行國債　(D)清算國營事業盈餘

( ) 6. 下列何者不屬於公共類型基金？(A)信保基金　(B)平準基金　(C)退休基金　(D)能源基金

證照題 ( ) 7. 有關基金之私募，下列何者錯誤？(A)應募人有資格與人數上之限制　(B)不得為一般性廣告或公開勸誘之行為　(C)除法令規定專業投資機構外，受益人數不得超過35人　(D)不涉及公開募集發行，故無任何限制

【2014-1投信投顧人員】

( ) 8. 何業者非境外基金機構於國內向特定人私募基金時得委任之機構？(A)證券經紀商　(B)證券投資顧問事業　(C)銀行　(D)票券業

【2014-1投信投顧人員】

( ) 9. 私募基金的敘述何者正確？(A)投信公司私募基金應先經主管機關的核准　(B)係指對非特定人公開招募　(C)不得為放款　(D)於私募基金招募期間，得進行一般性廣告之行為

【2014-3投信投顧人員】

( ) 10. 有關證券投資信託事業私募證券投資信託基金應募人數之規定，除證券投資信託及顧問法第十一條第一項第一款對象除外，應募人總數不得超過多少人？(A)五人　(B)三十五人　(C)五十人　(D)九十九人

【2015-4投信投顧人員】

二、問答題

1. 何謂私募基金？

2. 請問私募基金的類型有哪幾種？

3. 請問私募基金的特性為何？

4. 何謂主權基金？

5. 通常主權基金的設立動機為何？

6. 通常主權基金的資金來源有哪些？

7. 請問退休金委外管理方式，通常分成哪二種？

8. 請問國內的信保基金，可分為哪三種？

一、選擇題

1	2	3	4	5	6	7	8	9	10
A	C	C	B	D	D	D	D	C	B

二、問答題

1. 私募基金是指由一群少數投資人，以私人（或說非公開）的名義，私下募集資金，成立以投資為主的基金，再將資金用於特定的投資機會與標的。

2. 創業投資基金、直接投資基金、過橋基金、收購基金。

3. 委託代理風險較低、投資隱敝性較佳、投資期限較長、投資報酬與風險較高。

4. 由主權國家或政府所建立並擁有的財富資產。

5. 穩定型、沖銷型、儲蓄型、預防型、戰略型。

6. 以外匯存底為基礎、天然資源出口的外匯盈餘為基礎、依靠國際援助為基礎、發行特別國債為基礎、以國民的公共資金為基礎。

7. (1)保險型退休金規劃、(2)信託型退休金規劃。

8. (1)中小企業信保基金、(2)農業信保基金、(3)海外信保基金。

第三篇

投資分析篇

投資人進行基金買賣時，會面臨到一些投資的問題。例如：此時是否為進場時機？到底要投資哪一種類型或哪一檔基金？如何去研判基金的績效表現？所以學習如何投資分析，對於基金理財而言，是一項重要課題。本篇包含三大章，主要介紹投資基金時，所需會用到的分析工具與技巧。

第九章　　基本面分析

第十章　　技術面分析

第十一章　投資績效分析、方法與觀念

Chapter 基本面分析

9

▼ 本章大綱

本章內容為基本面分析，主要介紹基本面分析中的基本分析模式、以及市場面與產業面分析，其內容詳見下表。

節次	節名	主要內容
9-1	基本面分析概論	介紹由上而下與由下而上兩種基本分析模式。
9-2	市場面分析	介紹非經濟因素與總體經濟面因素。
9-3	產業面分析	介紹產業生命週期、特性與結構分析。

基金投資和股票投資一樣，都必須付出許多時間與精神進行研究分析，才能獲取不錯的利潤。在研究投資分析工具中，基本面分析（Fundamental Analysis）與技術面分析（Technical Analysis），是最常被使用的分析工具。

通常投資基金在基本面和技術面分析的使用上，與投資股票的運用有些出入。在股票的基本面分析我們必須考慮「市場面」、「產業面」與「公司面」這三大因素；但基金是投資組合觀念，所以只要考慮「市場面」、「產業面」即可。通常基金投資人會使用基本面分析中的「市場面分析」，去研判現在是否是適合投資的時機；使用基本面中的「產業面分析」，去分析尋找合適標的產業類型基金進行投資。

以下本章除了將針對基本面分析中的市場面與產業面分析，對股票型基金（或說股票市場）所產生的影響進行介紹外，仍將基本面分析的基本概論簡述說明之。

9-1 基本面分析概論

在基本面分析的模式中，市場面、產業面與公司面這三大因素，若依不同的分析角度可以分成兩種模式，分別為「由上而下」與「由下而上」兩種分析模式，以下將分別介紹之：

一、由上而下（Top Down）

由上而下的分析方式是由從整體市場分析為始，再縮小至產業面分析，最後再進行公司面分析。此分析方式通常首先針對整體市場的政經情勢進行分析，若決定此時可以進行投資，再進一步針對產業面進行分析，並選擇一個具有成長潛力的產業後，最後再從該產業中篩選出具有成長潛力的公司進行投資。其分析模式見圖9-1。

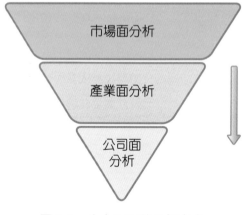

圖 9-1　由上而下的分析方式

二、由下而上（Bottom Up）

由下而上的分析方式剛好與由上而下相反，是由公司面分析為始，再逐漸擴大比較分析產業，最後再進行整體市場的評估。此分析方式通常先鎖定一家具有成長潛力的公司進行分析，然後再與該產業的相似公司進行比較，評量該公司在該產業的競爭優勢與股價的相對性比較後，再來評估此時整體市場的大環境，是否值得投資該公司的股票。其分析模式見圖9-2。

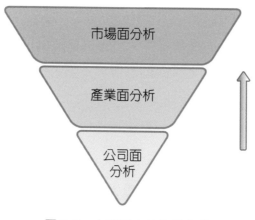

圖 9-2　由下而上的分析方式

9-2　市場面分析

　　以下的市場面分析，本章主要針對股票型基金（也就是股票市場）的分析為主。在市場面分析中，大致上有二種因素會影響股票市場資產價格的變動，分別為「非經濟因素」（例如：政治、戰爭、天災與謠言等等因素）與「總體經濟面因素」（例如：景氣、利率、匯率、物價等等因素）。

一、非經濟因素

　　市場上會影響股票市場波動的非經濟因素，大概包括：「國內外政治情勢」、「政策法令限制」、「戰爭恐怖攻擊」、「地震海嘯天災」以及「不實傳言謠言」等因素。這些非經濟因素，通常會對經濟產生影響，進而影響股票市場的變動。以下將介紹之：

(一)「國內外政治情勢」方面

　　例如：國內2000～2012年來每四年一次總統大選後、或者美國每4年的總統大選後，可能因不同政黨當選，所引起的政治情勢不同，將會造成經濟政策的差別，而影響股票市場未來的走勢。

(二)「政策法令限制」方面

　　例如：國內於2000年政府停建核四政策、2013年國內恢復課徵證所稅等政策法令限制，都會造成社會經濟的不安，進而影響股票市場價格的變動。

(三)「戰爭恐怖攻擊」方面

例如：1996年中共對台飛彈演習、2000年美國與伊拉克戰爭、2001年美國911恐怖攻擊事件等，都會引起人民的恐懼與不安，也會造成經濟損失，使得股票市場異常動盪不安。

(四)「地震海嘯天災」方面

例如：1995年的日本阪神大地震、1999年的臺灣921大地震與2011年的日本東北大海嘯事件等天災，都會造成經濟重大損失，使得股票市場因而受到影響。

(五)「不實傳言謠言」方面

例如：1997年謠傳中共領導人鄧小平去世等謠言事件，會造成政局不安，時常干擾股票市場的走勢。此外，近年來手機通訊軟體（如：Line）發達，市場常有不肖份子利用它來發佈不實謠言（如：某電子業大老闆身體微恙），企圖引起投資人恐慌，造成股票市場的動盪。

二、總體經濟因素

影響股票市場的總體經濟因素包括：國際經濟、景氣、利率、匯率、物價與貨幣供給額等因素。以下將分別介紹之：

(一) 國際經濟

臺灣為出口導向的經濟體，隨著金融自由化、國際化，國內的經濟金融脈動難免受到國際影響，國際經濟大國，如：美國、日本、中國與歐盟等國的經濟成長狀況、物價水準、國際貿易收支及利率水準的變化，往往也會牽動國內投資市場的情勢變化。尤其美國是全球經濟的龍頭老大，又是臺灣重要的出口國家之一，所以有人說「美國打噴嚏，臺灣就得重感冒」反應出我國景氣受到美國很大影響；此外，近年來臺灣對中國的貿易依存度大增，所以只要中國市場的消費力道下降，臺灣的出口亦受到很大的影響；這些影響都會間接的影響臺灣投資市場的走勢。

此外，由於美國是全球最大的經濟體，也是全球基金規模最龐大的市場。因此美國的經濟的變化，是全球基金經理人與一般投資人最為關注的焦點。以下表9-1列出通常在觀測美國經濟情勢變化的幾項重要項目與指標：

項目	重點指標
整體景氣	ECRI每週領先指標、GDP成長率、出口、進口、國民生產毛額、勞動生產力、經常帳、芝加哥FED景氣指數
製造業	ISM製造業採購經理人指數、工業生產、工廠訂單、半導體B/B值、Richmond區FED製造業調查、芝加哥採購經理人指數、耐久財訂單、紐約州製造業指數、產能利用率、費城FED製造業調查
消費	汽車銷售量、ICSC-瑞銀連鎖店銷售調查、個人所得、個人消費支出、消費者信心指數、消費者信用貸款、消費者舒適指數、密西根大學消費者信心指數、電子商務銷售
就業	失業率、Monster僱用指數、平均一週工作時數、每小時工資、求才廣告指數、初次領取失業救濟人數、連續申請失業救濟人數、CHALLENGER企業裁員報告
物價	CPI、PPI、天然氣儲存報告、出口物價指數、API原油週庫存量、勞動成本指數、進口物價指數、未來通貨膨脹指標、DOE原油週庫存量
房地產	成屋銷售、房貸綜合指數、建築許可、國家建築開發業協會指數、新屋開工率、新屋銷售率、營建支出
金融情勢	M1、M2、政府收支、重貼現率、聯邦基金利率

表9-1　有關觀測美國經濟情勢變化的幾項重要項目與指標

(二) 景氣

　　經濟景氣循環包括四個階段，分別是「谷底」、「擴張」、「高峰」和「收縮」。通常景氣從谷底翻升後，往往會隨著景氣復甦而後擴張，直至達到高峰後，再收縮回到谷底，此種循環的過程，稱為「景氣循環」（Business Cycles）（如圖9-3）。一般而言，「股市是景氣的先行指標」，當股市開始轉差時，也代表將來景氣可能由高峰將要進入收縮期；或說股市開始轉好時，也代表將來景氣可能由谷底將要進入擴張期。因此，要在剛步入谷底階段就應該買進，不宜等到擴張階段才買進；或剛要進入高峰階段就應該賣出，不宜等到進入收縮階段才賣出。所以股票市場的走勢與景氣循環具有密切的關係。

　　通常在衡量景氣好壞的指標最常見的是由國家發展委員會每月公佈的「景氣對策信號」[1]，分別為「紅燈」、「黃紅燈」、「綠燈」、「黃藍燈」與「藍燈」五種燈號，其各代表景氣由繁榮至衰退的信號。紅燈表示景氣過熱，黃紅燈

---

[1] 「景氣對策信號」包含這9個項目分別為「貨幣供給額M1B變動率」、「股價指數」、「工業生產指數」、「製造業銷售量指數」、「製造業營業氣候測驗點」、「非農業部門就業人數」、「海關出口值」、「機械及電機設備進口值」及「商業營業額」。

表示景氣趨向熱絡，綠燈表示景氣穩定，黃藍燈表示景氣趨向衰退，藍燈表示景氣衰退。通常實務上景氣對策燈號算是落後指標，較不能預測股市未來的走勢，但兩者具密切之關係。

此外，在國家發展委員會每月公佈的「領先指標」[2]（Leading Indicators）和「同時指標」[3]（Coincident Indicators）這兩指標皆是預測未來景氣趨勢的方法。一般而言，領先指標有領先同時景氣指標3～5個月，所以若領先指標連續3個月上揚（下跌），表示景氣有復甦（衰退）的跡象，我們可以藉由這兩者指標的變化，預測未來景氣趨勢，間接預期未來股市的走勢。

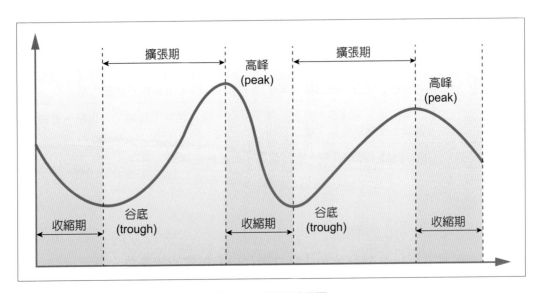

圖 9-3　景氣循環圖

(三) 利率

通常利率的走勢是與股價走勢呈反比的，當利率上升，會造成股票價格下跌；利率下降則股票價格反而會上漲。以投資人的觀點，當利率上升時，表示要借錢買股票的資金成本增加、或此時將錢放進定存利息會增加，這將導致投資人不願投入資金買股票，將使得股價下跌；反之亦然。

2　「領先指標」構成項目包含這6個項目分別為「外銷訂單指數」、「貨幣總計數 M1B」、「股價指數」、「工業及服務業受僱員工淨進入率」、「核發建照面積（住宅類住宅、商業辦公、工業倉儲）」與「SEMI 半導體接單出貨比」。

3　「同時指標」構成項目包含這7個項目分別為「工業生產指數」、「電力（企業）總用電量」、「製造業銷售量指數」、「商業營業額」、「非農業部門就業人數」、「海關出口值」與「機械及電機設備進口值」。

在實務上，央行的貨幣政策中可以藉由調整重貼現率與存款準備率，以影響國內短期利率（以金融同業拆款市場利率為主）或長期利率（以10年長期公債殖利率為主）的走勢，並直接與間接的影響股票市場走勢。

(四) 匯率

匯率變動對股市的影響可以從「產業面」與「金融面」來進行分析，以下為這兩方面的分析：

1. **產業面**：臺灣一個以出口為導向的海島型國家，匯率是國內外資產價格聯繫的橋樑，匯率的變動會對經濟產生相當大的影響，進而影響股票價格。當新臺幣升值時，對出口業而言，臺灣外銷產品的價格相對升高，國際競爭力下降，使得外銷量將減少，業績衰退獲利下降，出口產業的股票價格下跌。如：臺灣的電子與紡織業等外銷產業就常受到新臺幣升值所造成的不利影響。反之，當新臺幣貶值時，出口產業的股票價格就較容易上漲。

2. **金融面**：貨幣升貶值，將使國際資金產生流動，間接影響股票價格。當新臺幣升值時，國際資金為了套利將資金轉移至臺灣，造成新臺幣貨幣供給量增加，若有部分資金流入股票市場時，將推升股票價格。反之，當新臺幣貶值時，外國資金抽離將不利股票市場。

所以由上述兩方面分析，匯率升貶值會對股市造成正面或反面影響，須端視那兩方面的影響力孰大來決定。

(五) 物價

穩定物價控制通貨膨脹，一直是中央銀行在擬定調整貨幣政策中最優先考量的。當物價不穩定，導致通貨膨脹或通貨緊縮，將造成金融面與經濟面的震盪，使得股票市場也受到影響。當物價不斷上揚時，將使生產成本增加，可能迫使企業轉嫁成本給消費者，導致銷售量可能降低，廠商的利潤下滑，因而使得經濟景氣衰退，整體股票價格下跌。

通常所有的物價以「油價」對經濟影響最大，當油價上揚，則大多數產業的經營或生產成本會提高，如：運輸航空、汽車業、石化業、塑膠業或其他依賴石油的類股，可能因成本增加，導致利潤下跌，股票價格因而下跌。

一般而言，用來衡量物價水準的指標是是由行政院主計處每月公佈的「消費物價指數」（Consumer Price Indices, CPI）與「蠆售物價指數」（Wholesale Price Indices, WPI）為主。特別要注意的是消費者物價指數，若是消費者物價指數年增率連續三個月超過3.0%以上，即有引發通貨膨脹之虞。此外，蠆售物價指數亦是觀測消費物價指數的先行指標，投資人可以觀測蠆售物價指數的變動，來暸解消費物價指數未來的變動，以研判是否會造成通貨膨脹，進而影響股票市場。

(六) 貨幣供給額

股票價格要上漲最直接原因就是來自於資金的動能，貨幣供給量可作為資金動能的指標。當貨幣供給量增加時，使得可投入股票市場的資金增加，會造成股價上漲；反之，當貨幣供給量減少時，可投入股票市場的資金減少，股票市場資金不足，有可能導致下跌。目前國內衡量貨幣供給額指標分為三種，即M1A、M1B、及M2，三者的差別在於統計的範圍大小不一。以下為這三者的定義：

M1A＝通貨淨額＋支票存款＋活期存款

M1B＝M1A＋活期儲蓄存款

M2＝M1B＋準貨幣（定期存款＋定期儲蓄存款＋外幣存款＋郵政儲金＋外國人持有新新臺幣存款＋附買回交易餘額＋貨幣市場共同基金）

一般而言，M1B為短期流動性較高的資金，當股市活絡時，資金會從定存（儲）會轉入活存（儲）；反之，當股市氣衰時，資金會從活存（儲）會轉入定存（儲），所以M1B年增率的變動會較大些。M2為所有的貨幣總額，所以不管股市榮枯，其定存（儲）與活存（儲）資金相互流動，並不太會影響整體貨幣的總量，所以M2年增率的變動較平穩些。

因此在實務上，會對M1B與M2年增率的變動情形進行觀察[4]，以暸解資金的流向，進而研判對股市的影響。通常當M1B由低處往上突破M2，亦稱「黃金交叉」，表示短期資金活絡，股市資金充沛，可能會帶動股市有資金行情；反之當M1B由高處往下突破M2，亦稱「死亡交叉」，表示短期資金退縮，股市資金動能不足，股市可能會有下跌情形。

---

4 通常利用M1B與M2年增率的兩者變動，所形成的「黃金交叉」與「死亡交叉」，根據作者經驗需當時市場活期存款利率與定期存款利率兩者有相當的差距，「黃金交叉」與「死亡交叉」才具參考價值。

9-3 產業面分析

投資股票型基金時，除了投資綜合類型的基金，有些基金會著重在某些產業股票的投資，例如：科技類、生技類等。所以產業面分析對於基金的投資，仍有其重要性。

所謂的產業是由一群生產或服務相似的廠商所組合而成，例如：塑膠、鋼鐵、電子、金融與觀光業等。每一產業內有可能存在上中下游廠商，廠商相互之間的依存所形成產業結構。在這產業結構內，須了解上中下游廠商之間的競爭與互補，才能知道公司的經營優劣勢。且各產業之間的互動與受景氣的影響，都會牽扯公司的經營表現。因此一個產業興衰，有時會影響一家公司的營運獲利，進而影響其股價表現。以下將介紹產業生命週期、特性與結構分析。

一、產業的生命週期

一般而言，產業生命週期可分為四個時期，分別為「草創期」、「成長期」、「成熟期」與「衰退期」（如圖9-4）。以下藉由觀察產業的營收變化，可分析產業處於生命週期之何種階段，以下將說明產業各生命週期階段之主要特性。

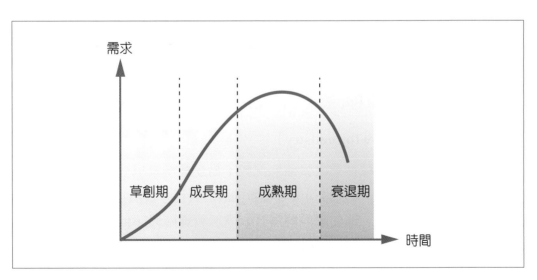

圖 9-4　產業生命週期圖

(一) 草創期 (Pioneering Stage)

若產業處於草創期時,大都需要大量資金去擴展、開發與實驗,所以未來獲利具有高度的不確定性,風險較高。所以此時投資人去投資剛創立的公司,將來有可能獲取高額暴利,也有可能血本無歸。

(二) 成長期 (Expansion Stage)

若產業處於成長期,通常已經順利經過草創時期的不確定風險,此時業績快速成長,營收利潤增加。所以此時投資人去投資處於成長期的公司,將來可以獲取不錯利潤的機會很大。

(三) 成熟期 (Maturing Stage)

若產業處於成熟期時,通常歷經前兩個時期後,成長終將趨緩,營收與利潤增加幅度有限。所以此時投資人去投資處於成熟期的公司,會享有較高的股利收益為主,資本利得為輔。

(四) 衰退期 (Declining Stage)

若產業處於衰退期時,可能因產業結構改變、替代產品出現、新技術興起或社會需求改變,使得產業成長受阻,利潤下降。所以此時投資人去投資處於衰退期的公司,可能股利收益與資本利得都不盡人意,甚至可能血本無歸。

二、產業的特性

根據不同產業對於總體經濟景氣變化的敏感度,可將產業進一步區分為:成長型、防禦型、循環型與利率敏感產業等四種類型,以下分別說明之:

(一) 成長型產業 (Growth Industry)

成長型產業是指此種產業之景氣狀況較不易受經濟景氣波動之影響,市場上的需求大於供給,其營收及獲利優於整體經濟的表現,當然也勝過其他產業。例如:臺灣的電子產業,即使國內經濟景氣處於衰退階段,但國際訂單源源不斷,電子產業的銷售依然暢旺,所以電子業為臺灣成長型產業之代表。

(二) 防禦型產業（Defensive Industry）

防禦型產業是指此種產業較不易受經濟景氣波動的影響，獲利相當穩定，也沒有很高的成長率。通常防禦型產業多半是屬於成熟時期之民生必需品產業，即使在經濟蕭條時，產業營收及獲利都能維持穩定水準。例如：食品業、油電燃氣業等就是典型之防禦型產業。

(三) 循環型產業（Cyclical Industry）

循環型產業與經濟景氣榮枯關係密切。當經濟景氣好轉時，該產業營收及獲利數字有良好表現；但當經濟景氣轉壞時，產業的營收及獲利數字亦隨之下降，甚至於虧損。例如：汽車、家電與觀光產業即屬此一類型，當景氣繁榮時，消費者消費意願提高，循環型產業的銷售額會快速成長；反之，當景氣蕭條時，消費者消費意願降低，循環型產業銷售額將隨之下跌。

(四) 利率敏感產業（Interest-sensitive Industry）

利率敏感產業是指此種產業會因市場利率走勢改變而波動。當預期市場利率走跌時，該產業會因而受惠，產業的營運表現會變好；但當預期市場利率走高時，產業的營運表現會衰退。例如：銀行業、證券業、票券業等金融服務業以及營建業即屬此一類型，當預期利率上漲或下跌時，這種產業分別會有受害或受惠的影響。

三、產業的結構分析

一個成熟的產業內部會有不少的競爭與上下游廠商，這些廠商會對產業內部企業產生競爭與合作關係，會影響整個產業的整體獲利能力。根據國外知名學者波特（Porter）所提出五個企業在產業中所會面臨到的競爭因素（五力分析），分別為「原有競爭者的威脅」、「供應商的議價能力」、「購買者的議價能力」、「替代性產品的威脅」、「潛在進入者的威脅」等這五種因素。以下將分別說明這五種因素，對產業競爭力的影響。（見圖9-5）

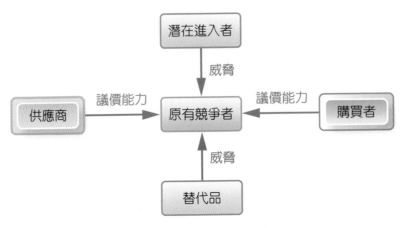

圖 9-5　產業結構五力分析圖

(一) 原有競爭者的威脅

當產業存在原有競爭者時，競爭者希望增加市場佔有率，通常會採取價格戰，此時同產業的其他公司也會受威脅，也加入促銷戰，同產業內公司彼此銷價競爭下，這樣將導致整個產業利潤下降。

(二) 供應商的議價能力

如果上游供應商掌握產業重要生產因素，例如：原料、零組件等，且對這些生產因素有絕對的議價能力，則公司將受制於供應商，進貨成本就無法有效降低，進而影響公司的利潤，也影響整個產業的利潤。

(三) 購買者的議價能力

如果產業內有一購買者可以購買產業大部分的產品，將擁有相當大的議價力量，可以要求廠商在價格和數量的讓步，若公司為順利銷售產品，便會答應買方的條件要求，這樣會造成整個產業的獲利下降。

(四) 替代性產品的威脅

若有替代性產品出現，消費者在購買上會有更大的選擇空間，此時也代表廠商生產之產品有可能會被替代品更替，造成產品消費量減少，使得廠商與整個產業的銷售下降，獲利減少。

(五) 潛在進入者的威脅

當有潛在競爭者欲進入個產業時，表示該產業仍有利可圖，新廠商進入產業後，將造成產業的競爭生態改變，勢必會對原有產商的銷售造成威脅，彼此為了爭食地盤，利用價格戰，最後導致整個產業利潤下降。

 市場焦點

從基本面出發　布局成熟國家股票基金

針對不同基金的長期投資來看，通常股票型基金的波動風險確實比債券型基金來得大，但股票型基金其實還區分很多的類型，例如：全球型基金、美國股票型基金。基本上，基金的主要配置在成熟國家的股票，通常波動會比新興市場或是產業型基金來得平穩許多。

東歐基金屬於新興市場基金，觀察大多數的東歐基金，都會配置較高比重在東歐股票，結果就會發生如去年因國際油價大跌，加上西方制裁的影響，導致俄羅斯盧布匯價幾乎腰斬，不僅重創俄羅斯經濟，也拖累東歐股市表現。所以，這類基金建議短期先暫時避開，可以等到基本面回穩之後，再評估要不要進場。

對於目前的布局建議，應還是以美國股票型基金，或是亞洲股票型基金為優先，因為兩者的經濟面相對紮實，並且貿易連結度高。其中，美國消費提升將帶動亞洲企業獲利回升，同時大陸與印度的政策改革，市場給予肯定，也能提高股市的能見度，有利股市行情的表現。

相對於債券型基金，股票型基金更具有防禦利率走升的能力，尤其今年美國將邁出升息的第1步，市場雜音預期增加，債市的波動也會隨之上升，但股票型基金可受惠企業獲利成長，有較佳的防禦性，通常升息階段，股票型基金的表現將領先債券型基金。

若依照目前情勢希望提撥一筆資金作為投資之用，目的用來籌措子女的教育基金，由於投資的時間相對較長，不妨可忽略短期的震盪，從基本面做為出發，挑選景氣較強、能見度較佳、且走勢較為平穩的美國股票型基金、亞洲股票型基金，或全球型股票基金來布局，將可達到網羅長期增值的機會。

　　當然，如果希望能分散投資組合風險，還可再適度的納入與景氣連動的美國高收益債券基金，或是短天期的新興債券基金，更將達到進一步降低整體投資組合的波動度，讓市場在震盪下免於過度憂心損失，在市場朝向復甦時穩定提高收益，如期準備好小孩的教育基金。

《資料來源：節錄自工商時報 2015/02/14》

解說

　　投資基金當然首重標的基金所屬區域的基本面。投資人須尋找景氣較強、能見度較佳的地區進行投資，且也可適度的納入債券型基金，使整體投資組合的風險降低，且收益更平穩。

新知速報

➜ 紅包滾財！歐美景氣復甦　留意股票、基金

https://www.youtube.com/watch?v=Q0Wv-fhytF8

影片簡介

全球景氣復甦，專家認為積極投資人可以選擇股票，保守型可以選擇
債券；此外投資人可以留意歐美股票型基金。所以投資基金必須注重
景氣的變化。

➜ 動盪多！法人：東協基金底子好　經濟有動力

https://www.youtube.com/watch?v=80J2tJ9sPGg

影片簡介

東南亞國家最近政治變數多，專家認為，東協基金還是有前景可期，
因為東協國家不只年輕勞動人口破2億，內需市場也相當龐大，還是
吸引許多外資前往投資。

➜ 憂希臘倒債變"黑天鵝"　基金理專戒備

https://www.youtube.com/watch?v=xZY8fgbJUxs

影片簡介

投資境外的股票型基金，投資人必須隨時注意國際情勢的變化。尤
其，已經困惱全球金融市場許久的希臘倒債危機，將會導致投資於歐
洲地區的基金受到波及。

本章習題

一、選擇題

(　　) 1. 基本分析中，由上而下分析法認為選股應該最先應考慮的何種方面的因素？　(A)市場面　(B)產業面　(C)公司面　(D)消息面

(　　) 2. 基本分析中，由下而上分析法認為選股應該最先應考慮的何種方面的因素？　(A)市場面　(B)產業面　(C)公司面　(D)消息面

(　　) 3. 下列何者屬於市場面分析的非經濟因素？(A)利率　(B)物價　(C)政策　(D)匯率

(　　) 4. 下列何項不算景氣指標？(A)景氣燈號　(B)同時指標　(C)領先指標　(D)物價指數

(　　) 5. 當景氣燈號為黃藍燈，表示景氣處於？(A)過熱　(B)穩定　(C)趨向熱絡　(D)趨向衰退

(　　) 6. 通常市場利率的走勢會與債券型基金淨值成何種關係？(A)正比　(B)反比　(C)無關　(D)穩定

(　　) 7. 當台幣升值時，可能會導致台灣以出口為導向的公司股價？(A)下跌　(B)上漲　(C)無關　(D)穩定

(　　) 8. 當台幣貶值時，可能會導致外國資金流出，對股市的走勢造成何種情形？(A)下跌　(B)上漲　(C)無關　(D)穩定

(　　) 9. 通常物價持續上漲對股市的影響為何？(A)正面　(B)反面　(C)無關　(D)穩定

(　　) 10. 當貨幣供給額增加，將導致股市價格？(A)下跌　(B)上漲　(C)無關　(D)穩定

(　　) 11. 當預期M1b年增率減緩，投資人將預期整體股價：(A)上漲　(B)下跌　(C)可能上漲或下跌　(D)無關

(　　) 12. 就產業生命週期而言，投資下列何種時期的股票比較容易獲取資本利得？(A)草創期　(B)成長期　(C)成熟期　(D)衰退期

(　　) 13. 呈上題，投資人會以享有較高的股利收益為主？(A)草創期　(B)成長期　(C)成熟期　(D)衰退期

( ) 14. 下列哪一產業比較屬於成長型產業？(A)食品業 (B)電子業 (C)汽車業 (D)證券業

( ) 15. 下列哪一產業比較屬於防禦型產業？(A)食品業 (B)電子業 (C)汽車業 (D)證券業

( ) 16. 下列哪一產業比較屬於循環型產業？(A)食品業 (B)電子業 (C)汽車業 (D)公用事業

( ) 17. 下列哪一產業比較屬於利率敏感型產業？(A)證券業 (B)電子業 (C)汽車業 (D)公用事業

( ) 18. 對產業結構分析中，常常使用的五力分析，不包括何項？(A)潛在競爭者 (B)替代性產品 (C)政府介入 (D)買方議價力

( ) 19. 下列敘述中何者有誤？(A)同時指標為基本面分析之一 (B)景氣燈號，紅黃燈代表景氣趨向衰退 (C)國際經濟衰退，台灣也會受衝擊 (D)股市漲跌領先景氣起落

( ) 20. 下列事項那些對股市具有正面效果？a.領先指標上揚、b.央行調高存款準備率、c.台幣升值、d.油價上漲、e.M1B貨幣供給額增加。(A)abc (B)ae (C)abce (D)be

( ) 21. 下列何者為M1B貨幣供給額所包含的項目？a.通貨淨額、b.支票存款、c.活期存款、d.活期儲蓄存款、e.定期存款、f.活期儲蓄存款。(A)abc (B)abd (C)abcd (D)abcdef

( ) 22. 下列敘述中何者正確？(A)汽車業與鋼鐵業為抗景氣循環的產業 (B)若投資草創期的公司，一定會有暴利 (C)產業中出現競爭者，通常產業的獲利會增加 (D)利率上揚時，通常對營建業不利

證照題 ( ) 23. 從整體經濟、個別產業、個別公司來研判公司獲利能力，再探求股價的走勢，此種分析是：(A)趨勢分析 (B)技術分析 (C)K線分析 (D)基本分析 【2015-3 投信投顧人員】

( ) 24. 共同基金經理人採取由下而上(Bottom-up)管理方式，認為基金的超額報酬主要來自於：(A)大盤研判 (B)類股波段操作 (C)尋找價值低估的潛力股 (D)分散風險 【2013-1信投顧人員】

( ) 25. 股價循環的谷底與景氣循環的谷底：(A)前者領先後者 (B)前者落後於後者 (C)前者與後者同步 (D)選項(A)、(B)、(C)皆非

【2013-1 投信投顧人員】

( ) 26. 在景氣循環的蕭條期末期，股價總指數一般呈：(A)上升走勢 (B)下跌走勢 (C)持㣠狀態 (D)不確定 　　　　　　　　　　【2013-1投信投顧人員】

( ) 27. 一般而言，股價循環的「谷底」發生於景氣循環的：(A)復甦期 (B)繁榮期 (C)衰退期 (D)蕭條期 　　　　　　　　　【2015-2 投信投顧人員】

( ) 28. 「生產指數」是景氣指標的：(A)落後指標 (B)同時指標 (C)領先指標 (D)綜合指標 　　　　　　　　　　　　　　　　【2015-3 投信投顧人員】

( ) 29. 所謂總體經濟分析，不包括下列那項？(A)利率 (B)物價 (C)匯率 (D)公司接單情形 　　　　　　　　　　　　　　　【2013-4 投信投顧人員】

( ) 30. 其他因素不變下，中央銀行握有的外匯存底增加，貨幣供給額會：(A)增加 (B)不變 (C)減少 (D)無關係 　　　　　【2013-1 投信投顧人員】

( ) 31. 一般而言，未預期的物價大幅上漲報告發布，股價將：(A)上漲 (B)下跌 (C)不一定上漲或下跌 (D)先漲後跌 　　【2014-3 投信投顧人員】

( ) 32. 其他因素不變下，預期新台幣大幅貶值，外資在股市可能呈：(A)淨買超 (B)淨賣超 (C)不一定 (D)無影響 　　　【2013-4 投信投顧人員】

( ) 33. 貨幣供給額M1b係指：(A)通貨發行淨額 (B)通貨發行淨額＋支票存款 (C)通貨發行淨額＋支票存款＋活期存款 (D)通貨發行淨額＋支票存款＋活期存款＋活期儲蓄存款 　　　　　　　　　　　【2015-1 投信投顧人員】

( ) 34. 以下哪一種產業的產品生命週期比較短？(A)紡織業 (B)石化業 (C)電子業 (D)鋼鐵業 　　　　　　　　　　　　【2013-1證券商高級業務員】

( ) 35. 請問汽車產業係屬於：(A)成長性產業 (B)防禦性產業 (C)循環性產業 (D)夕陽產業 　　　　　　　　　　　　　　【2013-2證券商業務員】

( ) 36. 當預期未來的整體經濟衰退，投資人應投資於股價對整體景氣：(A)較敏感產業 (B)較不敏感產業 (C)毫不敏感的產業 (D)負相關的產業

【2011-4證券商業務員】

(　) 37. 依據產業生命週期循環，投資處於草創階段產業的公司股票，屬於那
投資？(A)高風險高報酬　(B)高風險低報酬　(C)低風險高報酬　(D)低風
險低報酬　　　　　　　　　　　　　　　　【2012-4證券商業務員】

(　) 38. 在其他條件不變下，當通貨膨脹發生，下列何種類股最有利？(A)資產股
(B)中概股　(C)外銷概念股　(D)科技股　　　【2013-3 證券商高級業務員】

二、問答題

1. 請問基本面分析可分為哪兩種形式？

2. 請列出四種市場面分析中的非經濟因素？

3. 一般而言景氣循環可分哪四個階段？

4. 請問M1B及M2的組成為何？

5. 一般而言，產業生命週期可分為那四階段？

6. 請問產業結構分析中，常用五力分析，請問是哪五種因素？

一、選擇題

1	2	3	4	5	6	7	8	9	10
A	C	C	D	D	B	A	A	B	B
11	12	13	14	15	16	17	18	19	20
C	B	C	B	A	C	A	C	B	B
21	22	23	24	25	26	27	28	29	30
C	D	D	C	A	A	D	B	D	A
31	32	33	34	35	36	37	38		
B	B	D	B	B	A	C	C		

二、問答題

1. 由上而下、由下而上。

2. 政治、戰爭、天災與謠言。

3. 谷底、擴張、高峰和收縮。

4. M1B＝M1A＋活期儲蓄存款

   M2＝M1B＋準貨幣（定期存款＋定期儲蓄存款＋外幣存款＋郵政儲金＋外國人
   持有新台幣存款＋債券附買回交易餘額＋債券型基金餘額）

5. 草創期、成長期、成熟期、衰退期。

6. (1)現有競爭者的威脅、(2)供應商的議價能力、(3)購買者的議價能力、(4)替代性
   產品的威脅、(5)潛在進入者的威脅。

Chapter 技術面分析

10

▼ 本章大綱

本章內容為技術面分析，主要介紹技術面分析中的技術面分析概論、以及線型類與指標類的技術分析指標，其內容詳見下表。

節次	節名	主要內容
10-1	技術面分析概論	介紹線型類與指標類技術分析。
10-2	線型類技術分析	介紹道氏理論、波浪理論與移動平均線理論。
10-3	指標類技術分析	介紹價與量兩種主要類型以及其他類型技術分析。

通常技術面分析，比較普遍運用在個別股票或期貨等商品上，因為基金是屬於投資組合的概念，且大部分的基金依淨值買賣，並不是由投資人多空勢力交織而成的市價所決定。因此投資基金，基本上是比較不會運用到技術面分析。

但新形態的「指數股票型基金」（ETF），因屬於封閉型基金的型式，具有市價可以參考，且又是追縱某些股價指數的漲跌。因此可運用「技術面分析」，分析指數股票型基金（ETF）的最佳買賣時點、或研判大盤指數的高低，以提供投資人買賣基金時機的判斷。因此本章將依序介紹幾種常見與常用的技術面指標，供投資參考。

10-1 技術面分析概論

投資人在進行股票投資時，技術面分析可以協助研判個股與大盤指數，尋找最佳買賣時點。但因基金是投資組合觀念，所以投資人在進行基金投資時，可運用「技術面分析」，分析指數股票型基金（ETF）的最佳買賣時點、或研判大盤指數的高低，藉以供買賣基金時機的參考。所以所有的技術分析指標，不全然都可用運在基金投資分析。

技術分析自19世紀末發展至今，已超過百年了。近年來因電腦的發達，也使得運用技術分析進行預測方便了許多。一般而言，技術分析大概可分成「線型類」與「指標類」兩種類型，以下分別簡單介紹之：

一、線型類技術分析

此種類型的技術分析是以股價變動所產生的「趨勢線型」，來當作研判買賣的基準。因為此種類型所產生的技術趨勢線型，每個人的看法並不一定相同，所以此分析方法較為主觀。此類型技術分析包括：道氏理論、波浪理論與移動平均線理論等。

二、指標類技術分析

此種類型的技術分析是以股票的價格與成交量所產生的「數值」，來當作研判買賣的基準。此類型的技術指標通常有明確的數值當研判基準，但在運用於個股時，這些指標常常會出現高檔與低檔鈍化的情形，也就是說指標已經顯示應該可以買或賣了，但其實還不到買或賣的時刻，所以投資人若依原標準進行買賣，容易產生損失。此類型技術分析包括：「價」與「量」兩種主要類型，以及其他類型等。

10-2 線型類技術分析

此類型技術分析包括：道氏理論、波浪理論與移動平均線理論等。以下將分別介紹之：

一、道氏理論

道氏理論（The Dow Theory），是多數技術分析的始祖，其目的是在辨認股價變動的長期趨勢。該理論認為股市有兩種趨勢，分別為「主要趨勢」與「次要趨勢」，以下分別介紹之，其圖詳見圖10-1。

(一) 主要趨勢

主要趨勢或基本趨勢（Primary Trends）表示股票價格長期變動的主要趨勢，通常觀察期間從幾個月持續到幾年。主要趨勢是整個股票市場走勢的大方向，如果股票價格長期呈持續上漲趨勢，就形成多頭市場；如果股票價格長期呈持續下跌趨勢，就形成空頭市場。

(二) 次級趨勢

次級趨勢（Secondary Trends）是指在主要趨勢中，股價短期（通常數日或數週）偏離基本趨勢線所引起的，股價有可能短期內出現超漲或超跌，但經過一陣子修正後，又回歸基本趨勢線內。

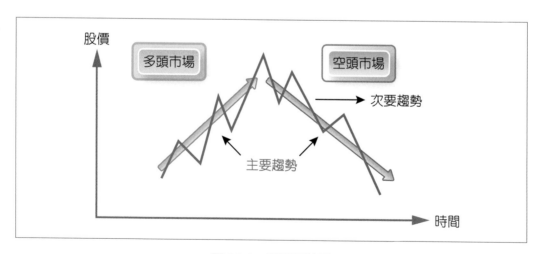

圖 10-1　道氏理論圖

二、波浪理論

波浪理論（The Wave Principle）是艾略特（Elliott）在1930年代所提出的股市波動原理。波浪理論是依據歷史資料所發展出來的一套股市波動原理，將市場上的價格趨勢型態，歸納出幾種不斷反覆出現的型態。

波浪理論認為一個完整的股市的價格波動型態，將分成8個波浪，其中前5個波浪屬於上漲區段（1、3、5為主升波，2、4為修正波），後3個波浪屬於下跌區段（a、c為主下波，b為反彈波）。其波浪理論示意圖如圖10-2。

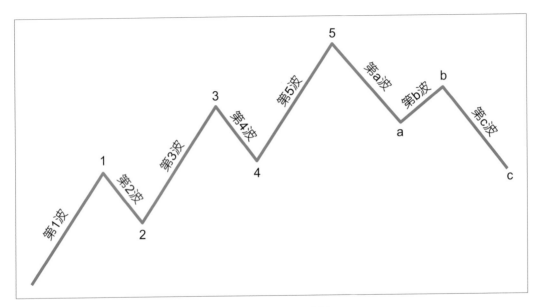

圖 10-2　波浪理論圖

三、移動平均線理論

移動平均線（Moving Averages Curve, MA）是一種趨勢判別指標，將一段期間內的股票收盤價格相加，計算其平均數，然後連接成一條線，用以觀察股價趨勢線。一般而言，投資人可以透過移動平均線判斷市場股價的走勢到底是漲勢、跌勢、還是盤整。移動平均線依期間長短可分為5日線（週線）、10日線、20日線（月線）、60日線（季線）與240日線（年線），它們分別代表某段期間投資人的股票平均持有成本。通常在實務上以5日線（週線）或20日線（月線）為「短期平均線」；60日線（季線）為「中期平均線」；240日線（年線）為「長期平均線」。

　　投資人利用移動平均線與每日收盤價之間的關係變化，分析某一期間多空的形勢，以研判股價的可能變化，讓投資人判斷壓力與支撐。通常當股價在平均線之上由高點回跌並迫近平均線時，通常都會有一定支撐；同樣地，當股價在平均線之下由低點回升，並接近平均線，通常都會遇到壓力。且當時的股價若一直處在長期移動平均線之上，屬多頭市場；反之，若一直處於長期移動平均線之下，則為空頭市場。

　　此外，美國投資專家葛蘭碧提出葛蘭碧八大法則（Joseph Granville Rules）乃運用股價與200日移動平均線之間的關係，做為投資人判斷買點與賣點的依據。其買賣時機說明如下：圖見10-3。

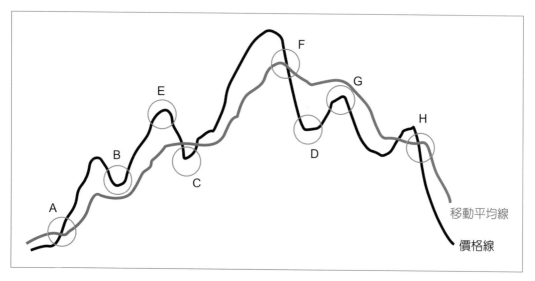

圖 10-3　葛蘭碧八大法則

1. **買進時機**

　　A. 平均線從下降逐漸走平（盤整），股價從平均線的下方向上突破，為買進訊號。

　　B. 股價走在平均線之上，股價突然下跌，未破均線，然後又繼續上漲，此時可以進行加碼。

　　C. 移動平均線仍在上升，股價跌破平均線，但隨即又回到平均線之上，為買進訊號。

　　D. 股價低於平均線，平均線為下降趨勢，股價突然連續暴跌，為買進時機。

2. 賣出時機

E. 股價在平均線之上，股價連續急漲，遠離平均線，而平均線未明顯上升，可能會再跌回平均線，爲賣出時機。

F. 平均線從上升逐漸走平，股價從平均線的上方往下跌破平均線，爲賣出訊號。

G. 股價走在平均線之下，股價上升但未達均線又回跌，爲繼續下跌之訊號。

H. 股價雖然上升突破平均線，但均線仍在下降，不久又回到平均線之下，爲賣出訊號。

10-3 指標類技術分析

指標類技術分析指標，包括：「價」、「量」類型與其他類型，以下將分別說明之：

一、價的技術指標

一般常見的價類型技術指標，乃指利用過去股價所計算出的指標，其指標大致包括：KD 值、MACD、RSI、乖離率、威廉指標與趨勢指標（DMI）等。以下將分別介紹之：

(一) KD值—隨機指標

KD值—隨機指標可分爲兩項指標，其一爲K值，另一爲D值。K值變動的速度較快，可視爲短期線，而D值則較慢，可視爲長期線；且K值與D值皆介於0至100之間。通常乃利用K值與D值的交叉情形與數值變化，來研判買賣時機。

其使用KD值的研判標準如下：

1. KD值高於80以上，代表超買區，表示賣出訊號；KD值低於20以上，代表超賣區，表示買進訊號。

2. 若K值大於D值，K線由下往上漲破D線時（亦稱黃金交叉），表示買進訊號。

3. 若D值大於K值，K線由上往下跌破D線時（亦稱死亡交叉），表示賣出訊號。

(二) RSI相對強弱指標

相對強弱指標（Relative Strength Index, RSI）為衡量買賣雙方的相對強弱度，假設收盤價是買賣雙方力道的最終表現，則上漲視為買方力道，下跌視為賣方力道。而RSI式中RS即為買方力道與賣方力道的比值，亦即雙方相對強度的概念。RSI則是把相對強度的數值定義在0～100之間，如此更能方便參考使用。

其使用RSI值的研判標準如下：

1. RSI大於85以上為超買，表示賣出訊號；RSI小於15以下為超賣，表示買進訊號。此外，利用此指標來研判「個股」時，可能會出現高、低檔有鈍化情形。

2. 股價創新高，同時RSI也創新高時，表示後市仍強；若RSI未創新高，表示賣出訊號。

3. 股價創新低，同時RSI也創新低時，表示後市仍弱；若RSI未創新低，表示買進訊號。

(三) MACD

平滑異同移動平均線（Moving Average Convergence Divergence, MACD）是一種技術分析工具，MACD的基本原理是利用一快及一慢兩條不同速度的指數平滑移動平均線（EMA）來計算兩者之間的差離狀態（DIF），然後再對DIF進行平滑移動後為MACD線。通常DIF定義為快線（或稱短線），MACD定義為慢線（或稱長線），再利用DIF與MACD兩者的關係變化，研判買進與賣出股票的時機與信號。

其使用MACD值的研判標準如下：

1. 若MACD值與DIF值都大於0，表股價呈多頭走勢；反之，都小於0為空頭走勢。

2. 若DIF值由下往上漲破MACD值，表示買進訊號。

3. 若DIF值由上往下跌破MACD值，表示賣出訊號。

(四) 乖離率（Bias）

乖離率主要在衡量目前股價偏離移動平均線的程度，任何遠離移動平均線的股價，最終均可能會修正趨近於移動平均線；若偏離程度越遠，則修正的機

率及幅度就越大。此偏離有兩個方向，當收盤價在移動平均線之上則爲「正乖離」，股價可能有向下修正的機會；反之，當收盤價小於移動平均線時稱爲「負乖離」，股價很可能上漲，以接近移動平均線。

其使用乖離率的研判標準如下：

1. 若5日的乖離率在-3%以下，則爲買進訊號；若在+3.5%以上，則爲賣出訊號。

2. 若10日的乖離率在-4.5%以下，則爲買進訊號；若在+5%以上，則爲賣出訊號。

3. 若20日的乖離率在-7%以下，則爲買進訊號；若在+8%以上，則爲賣出訊號。

4. 若60日的乖離率在-11%以下，則爲買進訊號；若在+14%以上，則爲賣出訊號。

(五) 威廉指標（%R）

威廉氏超買超賣指標（Williams Overbought / Oversold Index, WMS）；亦稱爲百分比R指標，或者寫爲%R指標。WMS主要衡量市場現在是處於超買或超賣狀態，其研判方式剛好與「KD值」相反。

其使用威廉指標的研判標準如下：

1. 當WMS值低於50時，股價是呈現多頭狀態，而當WMS值高於50時，股價則是呈現空頭狀態。

2. WMS值低於20以上，代表超買區，表示賣出訊號；WMS值高於80以上，代表超賣區，表示買進訊號。

(六) 趨向指標（DMI）

趨向指標（Directional Movement Index, DMI），其主要在判斷股價在上漲與下跌過程中，藉創新高價與新低價的動能，研判多空力道，以判斷股價趨勢。相較MACD爲中期技術指標，DMI 則比較屬於中長期指標。DMI 指標在線圖的設計上，將呈現出二條的方向線分別爲上升方向線（+DI）、下跌方向線（-DI）與一條趨向平均線（ADX），利用這三者關係來估算出買賣雙方所累積的力量，並且以此來尋求雙方力量的均衡點。

其使用DMI的研判標準如下：

1. 若+DI由下往上漲破-DI，屬於多頭市場，此為買進訊號。

2. 若-DI由上往下跌破+DI，屬於空頭市場，此為賣出訊號。

3. 若+DI與ADX都在-DI上方，且ADX上升，此表示上升趨勢轉強。

4. 若-DI與ADX都在+DI上方，且ADX上升，此表示下降趨勢轉強。

二、量的技術指標

一般常見的量類型技術指標，乃指利用過去股票成交量所計算出的技術指標，包括：成交量、OVB與融資融券等。以下將分別介紹之：

(一) 成交量

一般而言，股市成交量與價格的變動具有密切的關係，實務上常說「量」是「價」的先行指標。通常股市會先見量，後見價，成交量是股市的動能，股價只不過是其表徵。多頭市場，投資人看好後市，不斷買進股票或換股操作，新資金不斷湧入，成交量放大。空頭市場，投資人看淡後市，套牢者不願認賠，新介入者進場又再套牢，購買意願降低，在惜售及看淡後市的情況下，成交量萎縮。

通常使用成交量與價格關係，研判行情走勢的規律如下：

1. **價漲量增**：股價上漲，成交量遞增，表示買方力量持續不墜，買方換手積極，股價有可能繼續上漲。

2. **價漲量縮**：股價上漲，成交量減少，表示買方接手力道不強，股價上漲行情恐已至強弩之末。

3. **價跌量增**：股價下跌，成交量遞增，表示賣方力量仍未歇手，股價可能繼續往下探底。

4. **價跌量縮**：股價下跌，成交量萎縮，表示賣方力量已緩和，股價下跌行情恐告一段落。

(二) OBV線

能量潮指標（On Balance Volume, OBV）又稱成交量平衡指數，以成交量的方式來推測股價的趨勢。透過上漲日與下跌日的成交量差異變化，去評估資金的流向，其主要在衡量買賣盤力道的強度。

其使用OBV的研判標準如下：

1. 若OBV線下降，股價上漲，為賣出訊號。

2. 若OBV線上升，股價下跌，為買進訊號。

3. 若OBV線由正轉為負，為下跌趨勢，為賣出訊號。

4. 若OBV線由負轉為正，為上漲趨勢，為買進訊號。

(三) 融資融券

　　融資融券是投資人欲擴大信用所進行的交易行為，投資人可利用融資、融券的變化去研判市場投機的多空力道強弱。通常投資人看好未來股市，融資額度會增加；相反的，看壞未來股市，融券額度會增加，所以單獨利用融資或融券的變化、以及相對的變化（**券資比**），可以以進一步判斷大盤的未來的多空走勢。

　　其使用融資、融券與券資比的研判標準如下：

1. 融資上升，表示投資人看好後市，股價上漲；但若融資比率太高，表示市場可供融資的張數減少，融資動能減少，可能續漲的機會減少。

2. 融券上升，表示投資人看壞後市，股價下跌；但若融券比率太高，表示市場可供融券的張數減少，融券動能減少，可能續跌的機會減少。

3. 券資比越高，代表軋空的可能性越大。不過，券資比每達到一定的比率，放空就會有所收斂，使軋空行情達到瓶頸。

三、其他的技術指標

　　以下將介紹三種研判大盤走勢的技術指標。

(一) 騰落指數（ADL）

　　騰落指標（Advance Decline Line, ADL）是以每天股票上漲與下跌家數的差值，來判斷大盤指數的強弱。通常多頭市場，漲多跌少；反之，空頭市場，漲少跌多。

　　其使用ADL的研判標準如下：

1. 若大盤指數持續上漲，ADL上漲，表示大盤繼續上漲的機率很高。

2. 若大盤指數持續上漲，ADL下跌，表示大盤反轉的機率很高，此為賣出訊號。

3. 若大盤指數持續下跌，ADL下跌，表示大盤繼續下跌的機率很高。

4. 若大盤指數持續下跌，ADL上漲，表示大盤反轉的機率很高，此為買進訊號。

(二) 漲跌比率（ADR）

漲跌比率（Advance Decline Ratio, ADR）是以每天股票上漲與下跌家數的比率，來判斷大盤指數漲升力道的強弱變化，通常ADR的常態分佈範圍值在0.5到2.5左右。

其使用ADR的研判標準如下：

1. 若ADR低於0.5時，表示市場行情超跌，是買進的時機。若ADR值高於2.5以上時，表示市場行情超漲，賣出的時機。

2. 若大盤指數持續上漲，ADR上漲，表示大盤繼續上漲的機率很高。

3. 若大盤指數持續上漲，ADR下跌，表示大盤反轉的機率很高，此為賣出訊號。

4. 若大盤指數持續下跌，ADR下跌，表示大盤繼續下跌的機率很高。

5. 若大盤指數持續下跌，ADR上漲，表示大盤反轉的機率很高，此為買進訊號。

(三) 心理線（PSY）

心理線（Psychology Line, PSY）為一建立在研究投資人心理趨向基礎上的技術指標，是指一段期間內股票上漲日數和總日數之比，其將投資者傾向為買方或賣方的心理轉化為數值，以作為判斷股價變動的方向。

其使用PSY的研判標準如下：

1. 當PSY落於25%至75%為正常範圍。

2. 若12日PSY高於91.67%（11/12），表示股市連漲11天，顯示有超買情形，為賣出訊號。

3. 若12日PSY低於8.33%（1/12），表示股市連跌11天，顯示有超賣情形，為買進訊號。

槓桿／反向ETF 緊盯技術指標、融資餘額

　　槓桿／反向ETF均為交易型產品，投資人會自動進行低買高賣操作，當股市行情走高，投資人選擇布局反向ETF，作為避險或賺取市場反轉的獲利空間；走跌時則逢低買進槓桿ETF，但操作此類商品掌握趨勢相當重要，且需善用判斷指標工具，才可穩操勝算。

　　槓桿ETF上市以來，有幾個籌碼指標可以觀察市場投資人的動態，建議可做為投資參考；包括指數相對低點時，往往槓桿ETF融資餘額會大幅增加，而指數達相對高點時融資餘額開始反轉下降，顯示善用槓桿ETF的投資人是一群非常有紀律執行低買高賣策略的老手，與過往透過融資操作追高殺低的散戶很不一樣。

　　至於自營商主要採用折溢價套利策略，獲取低風險之穩定獲利，但也使ETF的市價跟淨值得以貼近，方便投資人以合理價格參與市場；至於主力庫存為籌碼較大之交易者，以銀行自營部為主要組成，策略偏向低買高賣之波段交易。

　　在波段接近高點時，基金經理人透過帶有槓桿效果的工具，在不影響參與市場程度下騰出較多現金部位，以因應投資人贖回基金需求。而反向ETF的操作樣態與槓桿ETF正好相反，只是過去市場缺乏反向操作的「現貨」投資工具，現在透過反向ETF，讓一般投資人用習慣的投資方式，就可賺取大盤回檔的空間，也對台灣股市的成交量注入另一股動力。

　　善用技術指標透析盤勢變化，再來就是市場投資情緒的掌握，觀察融資餘額的變化，或有人習於使用5日均線或較長天期均線，沿著均線進行槓、反ETF的操作，都是相當實用的指標。

《資料來源：節錄自工商時報 2015/04/26》

🕥 **解說**

　　在基金的投資上，技術面指標大概可提供指數股票型基金（ETF）的最佳買賣時點的參考。國內近期上市的槓桿或反向ETF的操作，建議可觀察股票的融資餘額的變化，或長短天期的股價平均線，這兩種技術面指標都是不錯的參考指標。

新知速報

▶ **台灣50　Smart投資術：景氣對策分數+日KD指標**

https://www.youtube.com/watch?v=bTSYX-_VH5M&spfreload=10

影**片簡介**

若要單筆投資基金的話，台灣50ETF是個不錯的選擇，但投資人選擇進場時機，需留意景氣對策分數以及日KD指標，若兩者相互搭配，可獲取不錯的報酬。

▶ **台灣50　樂活投資法**

https://www.youtube.com/watch?v=1Y4hALGuawQ

影**片簡介**

投資台灣50ETF簡單又輕鬆。專業投資人分享操作心得，只要每日觀察價位與KD值，當日K線小於20買進，大於80則賣出，這樣操作年報酬率可超過18%。

本章習題

一、選擇題

( ) 1. 通常買賣何種基金須考量技術分析？(A)債券型基金　(B)平衡型基金　(C)指數股票型基金　(D)能源基金

( ) 2. 波浪理論中上漲波與下跌波，各有幾波？(A)3,5　(B)5,8　(C)3,8　(D)5,3

( ) 3. 下列對KD值，敘述何者正確？(A)K為短線　(B)D為長線　(C)KD介於0~100　(D)以上皆是

( ) 4. 請問RSI指標中，下列何值屬於超賣區？(A)100　(B)90　(C)50　(D)10

( ) 5. 下列對MACD的敘述，何者錯誤？(A)有快與慢線之分　(B)指標計算過程中加以平滑化　(C)為成交量的技術指標　(D)有二條平均線

( ) 6. 下列對乖離率的敘述，何者錯誤？(A)有正負乖離率之分　(B)價格性指標　(C)正乖離率愈大愈要買進　(D)負乖離率愈大愈要買進

( ) 7. 下列有關成交量敘述，何者正確？(A)價是量的先行指標　(B)價漲量縮，後勢看漲　(C)價跌量增，後市看空　(D)價漲量增，後市持平

( ) 8. 有關心理線(PSY)敘述，何者有誤？(A)PSY愈高，表示超買　(B)是衡量上漲或下跌天數的一種技術指標　(C)PSY愈低，表示賣出訊號　(D)正常值介於25%~75%

( ) 9. 下列有關融資融券，何者有誤？(A)融資太高，股價愈易上漲　(B)融券太高，愈容易軋空　(C)券資比為融券金額除以融資金額　(D)研判市場投機的多空力道強弱

( ) 10. 下列敘述何者有誤？(A)價漲量增，後勢看漲　(B)若OBV線下降，股價上升，為賣出訊號　(C)ADL與ADR技術指標都與漲跌家數有關　(D)心理線愈高，愈應買進

證照題 ( ) 11. 移動平均線(MA)，其切線斜率的方向，下列描述何者正確？(A)切線斜率為負代表較樂觀　(B)切線斜率為正代表較悲觀　(C)切線斜率為正代表較樂觀　(D)切線斜率為負沒有任何意義　　　【2013-3 投信投顧人員】

( ) 12. 下列對於隨機指標KD的描述，何者錯誤？(A)有遞延現象　(B)由兩條慢速及快速線所形成　(C)KD值可超過100以上　(D)用於短期分析　　　【2013-1 投信投顧人員】

（　）13. 在KD中，下列對日、月、週各基期的描述，何者正確？（一般常以何基期爲主）(A)日KD基期爲9日KD　(B)週KD基期爲6週KD　(C)月KD基期爲30月KD　(D)日KD基期爲6日KD　　　　【2013-3 投信投顧人員】

（　）14. 在MACD中，計算差離值平均值DEM（或一般所稱MACD值），實務上採用幾天的指數平滑移動平均線？(A)12　(B)26　(C)9　(D)14
　　　　　　　　　　　　　　　　　　　　　　　　　【2014-3 投信投顧人員】

（　）15. 在 RSI 中，下列何者的敏感性較高？(A)6日RSI　(B)12日RSI　(C)24日RSI　(D)72日RSI　　　　　　　　【2013-2 投信投顧人員】

（　）16. 乖離率(BIAS)，下列描述何者錯誤？(A)上漲行情，乖離率常爲負值　(B)下跌行情，乖離率常爲負值　(C)上漲行情，乖離率常爲正值　(D)乖離率與股價的報酬率相似　　　　　　　　　　【2013-2 投信投顧人員】

（　）17. 30日正乖離率爲＋10%，若收盤價爲55元，其30日平均線爲多少？(A)50元　(B)55元　(C)60元　(D)65元　　　【2014-4 投信投顧人員】

（　）18. 下列技術指標，何者可以詳細計算出買進或賣出的點數位置？(A)融資融券　(B)BIAS　(C)ADL　(D)平均量　　　【2014-1 投信投顧人員】

（　）19. DMI中，大盤呈現盤整走勢，對ADX值的描述下列何者較爲正確？(A)ADX大於100　(B)ADX小於100　(C)ADX小於20　(D)ADX大於60
　　　　　　　　　　　　　　　　　　　　　　　　　【2013-4 投信投顧人員】

（　）20. 在DMI中，ADX值越小代表：(A)漲勢凌厲　(B)跌勢兇猛　(C)盤整　(D)沒有任何意義　　　　　　　　　【2014-4投信投顧人員】

（　）21. 14日內股票上漲累計家數120家，14日內股票下跌累計家數106家，其ADL爲多少？(A)－120　(B)106　(C)14　(D)2　　【2014-3 投信投顧人員】

（　）22. 下列何者不是利用兩條平均線形成交易買賣訊號？(A)KD　(B)MACD　(C)DMI　(D)BIAS　　　　　　　　【2014-4 投信投顧人員】

二、問答題

1. 請問道氏理論認為股市有兩種趨勢？

2. 波浪理論中上漲波與下跌波，各有幾波？

3. 下列哪些指標與價有關？哪些與量有關？哪些與漲跌家數有關？

　　(1) KD值　　　(2) 威廉指標　　　(3) RSI　　　(4) 心理線　　　(5) 成交量

　　(6) 能量潮指標(OBV)　　　(7) 騰落指標(ADL)　　　(8) 漲跌比率(ADR)

　　(9) 乖離率　　　(10) MACD　　　(11) DMI

一、選擇題

1	2	3	4	5	6	7	8	9	10
C	D	D	D	C	C	C	C	A	D
11	12	13	14	15	16	17	18	19	20
C	C	A	C	A	A	A	B	C	C
21	22								
C	D								

二、問答題

1. 主要趨勢與次要趨勢。

2. 上漲區段有5個波浪，下跌區段有3個波浪。

3. 價有關：(1)、(2)、(3)、(9)、(10)
   量有關：(5)、(6)
   漲跌家數有關：(7)、(8)

Chapter 投資績效分析、方法與觀念

▼ 本章大綱

本章內容為投資績效分析、方法與觀念，主要介紹評估基金績效的分析指標、投資基金的兩種方法，以及投資基金的重要觀念。其內容詳見下表。

節次	節名	主要內容
11-1	基金的投資績效分析	介紹評估基金的絕對績效指標、相對績效指標以及實務的評鑑分析。
11-2	基金的投資方法	介紹定期投資法與單筆投資法。
11-3	基金的投資觀念	介紹幾項投資基金時，所必須知道的重要觀念。

投資基金須選擇一檔或數檔優秀的標的進行投資，所以如何衡量基金的績效優劣，對於投資基金而言，是一項重要的課題。此外，投資人到底現在要進行定期還是單筆投資，對將來的獲利會比較有利；且投資基金時必須建立哪些正確的觀念，這些都是投資人須考慮的重要議題。以下本章將分別介紹「基金的投資績效分析」、「基金的投資方法」與「基金的投資觀念」等內容。

11-1 投資績效分析

在進行基金投資時，除了要選擇一間服務品質、以及公司誠信度優良的基金公司外，最重要的就是要選擇一檔操作績效優秀的基金。通常衡量基金的績效好壞，大多數的投資人都只有考慮報酬率這個因素，其實這是不夠的，因為基金的風險也是很重要的。因此選擇一檔優異的基金，除了要同時考慮報酬與風險的「絕對績效」表現外，更要去考慮報酬與風險的「相對績效」表現。以下我們將介紹幾種評估基金「絕對績效」與「相對績效」的指標；此外，也介紹實務界，由知名的基金評鑑公司，所提供的簡明評估基金的績效指標，供讀者參考。

一、絕對績效指標

衡量基金的絕對績效指標，將以基金的報酬率與風險（包含：總風險與系統風險）的介紹為主。

(一) 報酬率（Returns）

報酬率為最普遍被用來觀察基金投資績效的指標，主要衡量基金的獲利能力。通常基金的報酬率，會拿來跟「大盤指數」或「同類型基金」的報酬相比較，若優於這兩者的報酬率，代表基金操作績效良好，基金經理人對於選股有其獨到之處；反之，則較差。

通常開放型基金的報酬率，是以淨值為計算標準，但封閉型基金是以市價為計算標準；若基金有配息制度，須將股息加入計算。一般而言，基金公司會同時顯示出基金短期（1年以下）、中期（1年～3年）、長期（3年以上）的績效表現，供投資人參考。投資人可依自己的投資策略，自由選擇。

基金的報酬率計算公式，如下式11-1：

$$R = \frac{N_2 - N_1 + D}{N_1} \quad\quad\quad (11\text{-}1)$$

R：報酬率
N_1：期初基金淨值（市價）
N_2：期末基金淨值（市價）
D：期間的配息

(二) 總風險 (標準差)

衡量基金的總風險通常是用統計學的標準差 (Standard Deviation) 來表示，在統計學的觀念，標準差表示分散程度，主要衡量報酬率的波動程度。通常標準差愈大，表示基金的報酬率波動性愈大，風險性愈大。所以當報酬率每增加一單位時，當然希望所增加的風險性愈少愈好。故當兩支基金報酬率相同時，應選擇標準差愈小者，風險性愈小。

基金的年化標準差計算公式，如下式11-2：

$$\sigma = \sqrt{\frac{\sum\left(\overline{R_i} - R_i\right)^2}{n-1}}$$ .... (11-2)

σ：標準差

$\overline{R_i}$：單一基金的年報酬率平均值

R_i：單一基金的每日報酬率

n：觀察年的天數

(三) 系統風險 (β 值)

因為基金是投資組合概念，所以投資組合的總風險，其實已經將非系統風險給分散掉了，剩下的只剩系統風險，因此衡量基金的風險，亦可僅用系統風險來處理之。通常衡量基金的系統風險，是用統計學的貝它係數 (Beta Coefficient, β) 來表示。

若從統計學的觀點來看，β 係數其實是一個經由線性迴歸模型實證所得到的迴歸係數 (Regression Coefficient)，其可說明個別資產 (或投資組合) 報酬率與市場報酬率的線性關係。此處用以衡量「基金報酬率」與「市場報酬率」的連動關係；亦可解釋為，當市場報酬率變動一單位時，基金報酬率的反應靈敏程度。

每檔基金的 β 值可能大於、等於或小於1，也可能為負值。若 β 值等於1時，表示基金的漲幅與大盤指數 (市場報酬率) 相同。若 β 值等1.5 時，表示大盤指數 (市場報酬率) 上漲1% 時，基金報酬率會上漲1.5%；相對的當大盤指數 (市場報酬率) 下跌1%，基金報酬率則下跌1.5%。若 β 值等於-1時，表大盤指數 (市場報酬率) 上漲1%，基金報酬率則下跌1%，與大盤指數 (市場報酬率) 連動成反比。

此外，國內型基金的 β 值的計算，是個別基金相對國內大盤指數；若是區域型基金或全球型基金的 β 值的計算，是個別基金相對所追縱國家的大盤指數之加權平均。

基金的 β 值其計算公式，如下式11-3：

$$\beta_i = \frac{\sigma_i}{\sigma_m} \times \rho_{im} \cdots\cdots\cdots\cdots\cdots\cdots\cdots (11\text{-}3)$$

β_i：單一基金的Beta係數

σ_i：單一基金報酬率的標準差

σ_m：全體市場報酬率的標準差

ρ_{im}：單一基金報酬率與全體市場報酬率的相關係數

例11-1 絕對績效指標

假設A基金與大盤指數近4季報酬率如下表所示，且兩者相關係數為0.9。

季	1	2	3	4
A基金報酬率	20%	-10%	-15%	25%
大盤指數報酬率	18%	-15%	-10%	15%

請問

(1) A基金與大盤指數的平均年報酬率各為何？

(2) A基金與大盤指數的標準差（風險）各為何？

(3) A基金的 β 值為何？

解

(1) 平均報酬率

$$R_A = \frac{20\% + (-10\%) + (-15\%) + 25\%}{4} = 5\%$$

$$R_m = \frac{18\% + (-15\%) + (-10\%) + 15\%}{4} = 2\%$$

(2) 變異數

$$\sigma_A^2 = \frac{(20\% - 5\%)^2 + (-10\% - 5\%)^2 + (-15\% - 5\%)^2 + (25\% - 5\%)^2}{4-1}$$

$$= 4.167\%$$

標準差（風險）　$\sigma_A = \sqrt{4.167\%} = 20.41\%$

$$\sigma_m^2 = \frac{(18\% - 2\%)^2 + (-15\% - 2\%)^2 + (-10\% - 2\%)^2 + (15\% - 2\%)^2}{4-1}$$

$$= 2.86\%$$

標準差（風險）　$\sigma_m = \sqrt{2.86\%} = 16.91\%$

(3) A基金的 β 值

$$\beta_A = \frac{\sigma_A}{\sigma_m} \times \rho_{im} = \frac{20.41\%}{16.91\%} \times 0.9 = 1.086$$

二、相對績效指標

上述中報酬率與風險值，都是一個「絕對」值的觀念，若只用它來衡量基金績效，又難免太過簡略。所以應將報酬與風險同時考量採取「相對」的概念，這樣衡量出來的投資績效就比較客觀。以下將介紹幾種常見衡量基金績效的相對指標：

(一) 報酬風險比率

報酬風險比率（Return to Risk Ratio, R/R Ratio）是由基金報酬率除以投資組合風險而得，其實該比率即是變異係數（CV）的倒數。該比率衡量基金每承擔一單位總風險可以獲取多少報酬率，該比率愈高愈好，表示基金每承受一單位的風險可以獲取的報酬就愈高。

基金的報酬風險比率其計算公式，如下式11-4：

$$R/R = \frac{R_P}{\sigma_p} \quad \text{......................................} (11\text{-}4)$$

R/R：報酬風險比率

R_p：基金報酬率

σ_p：基金總風險

(二) 夏普指數

夏普指數（Sharpe Index）是1990年諾貝爾經濟學獎得主夏普（Sharpe）所提出的，該指數是指基金每多承受一單位的風險，可以獲取多少的風險溢酬。夏普指數愈高，表示基金投資組合每承受一單位的風險，可以獲取的風險溢酬就愈高。若夏普指數為正值（負值），表基金報酬率高於（低於）無風險報酬（定存利率）。

基金的夏普指數其計算公式，如下式11-5：

$$S_p = \frac{R_p - R_f}{\sigma_p} \quad \text{.....................................} (11\text{-}5)$$

S_p：夏普指數

R_p：基金報酬率

R_f：無風險報酬率

σ_p：基金總風險

(三) 崔納指數

崔納指數（Treynor Index）是1966年由崔納（Treynor）所提出，其衡量方式與夏普指數相似，唯一不同乃崔納指數是利用 β 係數（系統風險），來替代夏普指數的標準差（總風險）。崔納指數是指基金每多承受一單位的系統風險，可以獲取多少的風險溢酬。崔納指數愈高，表示基金每承受一單位的系統風險，可以獲取的風險溢酬就愈高。

基金的崔納指數其計算公式，如下式11-6：

$$T_p = \frac{R_p - R_f}{\beta_p} \quad \text{.. (11-6)}$$

T_p：崔納指數

R_p：基金報酬率

R_f：無風險報酬率

β_p：基金系統風險

(四) 傑森指數

傑森指數（Jensen Index）亦稱為 α 指標。此指標乃在計算「基金投資組合」與「市場投資組合」兩者在風險溢酬之間的差異。若 α 值大於（小於）零，則表示此基金投資組合的績效優於（劣於）整個市場投資組合績效。此指標大於零，又表示基金經理人具有良好的「選股能力」，因為經理人的選股績效優於大盤指數績效。

基金的傑森指數其計算公式，如下式11-7：

$$\alpha_p = (R_p - R_f) - \beta_p(R_m - R_f) + \varepsilon_p \quad \text{................................(11-7)}$$

α_p：傑森指標

R_p：基金報酬率

R_f：無風險報酬率

β_p：基金系統風險

ε_p：基金隨機誤差

(五) 資訊比率

資訊比率（Information Ratio, IR）乃在衡量基該基金相較於同類型基金的績效表現以及穩定的持續性。其該比率為該基金與同類型基金報酬率的平均差距、與該差距的標準差之比值。藉由資訊比率可以看出，該基金擊敗同類型基金的能力強弱程度；若比率愈高，表示該基金愈優於同類基金。此比率是知名基金評鑑機構－「理柏」與「標準普爾」這兩家評鑑基金優劣的依據。

基金的資訊比率其計算公式，如下式11-8：

$$IR_p = \frac{E(R_p - R_i)}{\sigma(R_p - R_i)} \quad\text{...................................} \text{(11-8)}$$

IR_p：資訊比率

R_p：基金報酬率

R_i：同類型個別基金報酬率

例11-2 資訊比率

假設某觀光類A基金年報酬率為20%，其該同類型基金有5檔其年報酬率分別為下表所示，請問該基金的資訊比率為何？

基金	1	2	3	4	5
年報酬率	10%	25%	15%	18%	16%

解

$$IR_p = \frac{E(R_p - R_i)}{\sigma(R_P - R_i)}$$

$$= \frac{\dfrac{(20\%-10\%)+(20\%-25\%)+(20\%-15\%)+(20\%-18\%)+(20\%-16\%)}{5}}{\sqrt{\dfrac{(20\%-10\%)^2+(20\%-25\%)^2+(20\%-15\%)^2+(20\%-18\%)^2+(20\%-16\%)^2}{5-1}}}$$

$$=0.49$$

例11-3 報酬風險比率、夏普指數、崔納指數與傑森指數

假設現在市場報酬率為8%，無風險報酬率為5%，若下列ABC三檔基金，其報酬率、總風險、系統風險如下所示：

證券	A	B	C
報酬率	10%	16%	22%
總風險	8%	12%	18%
系統風險	0.6	1.4	2.1

請問ABC三檔基金，報酬風險比率、夏普指數、崔納指數與傑森指數各為何？何者較優？

解

(1) 報酬風險比率

$$R/R_A = \frac{10\%}{8\%} = 1.25$$

$$R/R_B = \frac{16\%}{12\%} = 1.33$$

$$R/R_C = \frac{22\%}{18\%} = 1.22$$

➜若以報酬風險比率衡量，B基金較優。

(2) 夏普指數

$$S_A = \frac{10\%-5\%}{8\%} = 0.625$$

$$S_B = \frac{16\%-5\%}{12\%} = 0.916$$

$$S_C = \frac{22\%-5\%}{18\%} = 0.944$$

➜若以夏普指數衡量，C基金較優。

(3) 崔納指數

$$T_A = \frac{10\% - 5\%}{0.6} = 0.0833$$

$$T_B = \frac{16\% - 5\%}{1.4} = 0.0785$$

$$T_C = \frac{22\% - 5\%}{2.1} = 0.0809$$

→若以崔納指數衡量，A基金較優。

(4) 傑森指數

$$\alpha_A = (10\% - 5\%) - 0.6 \times (8\% - 5\%) = 3.2\%$$

$$\alpha_B = (16\% - 5\%) - 1.4 \times (8\% - 5\%) = 6.8\%$$

$$\alpha_C = (22\% - 5\%) - 2.1 \times (8\% - 5\%) = 10.7\%$$

→若以傑森指數衡量，C基金較優。

例11-4 報酬風險比率、夏普指數、崔納指數與傑森指數指標轉換

(1) 假設甲基金其報酬風險比為1.2，該基金報酬率為20%，無風險報酬為8%，請問夏普指數為何？

(2) 假設乙基金夏普指數為1.2，該基金總風險為12%，系統風險為1.0，請問崔納指數為何？

(3) 假設丙基金其崔納指數為0.10，該基金報酬率為20%，無風險報酬為4%，市場報酬為10%，請問傑森指數為何？

 解

(1)

$$R / R = \frac{R_P}{\sigma_P} \Rightarrow 1.2 = \frac{18\%}{\sigma_P} \Rightarrow \sigma_P = 15\%$$

$$S_P = \frac{R_P - R_f}{\sigma_P} = \frac{20\% - 8\%}{15\%} = 0.8$$

(2)

$$S_p = \frac{R_p - R_f}{\sigma_p} = \frac{R_p - R_f}{12\%} = 1.2 \Rightarrow R_P - R_f = 14.4\%$$

$$T_p = \frac{R_p - R_f}{\beta_p} = \frac{14.4\%}{1.0} = 0.144$$

(3)

$$T_p = \frac{R_p - R_f}{\beta_p} \Rightarrow 0.10 = \frac{20\% - 4\%}{\beta_P} \Rightarrow \beta_P = 1.6$$

$$\alpha_p = (R_p - R_f) - \beta_p(R_m - R_f) = (20\% - 4\%) - 1.6 \times (10\% - 4\%) = 6.4\%$$

三、實務評鑑分析

此節上述所介紹的絕對性與相對性績效指標，在實務上，是廣泛被使用的。至於這些指標的使用，在實務上，有比較簡明的相對應指標可供直接參考。國際上有幾家知名的基金評等機構，如：「晨星」（Morningstar）、「理柏」（Lipper）、標準普爾（Standard & Poor's, S&P）等機構，都有對基金的各項指標進行評鑑，而且提供簡明的評鑑指標，供投資人參考。以下將針對全球知名基金評等機構－「晨星」對基金評鑑，所提供的星等評鑑目標、星等評級以及如何使用星等評級等項目進行說明。

(一) 星等評鑑目標

晨星基金評鑑公司為了提供投資人，一個全方位的衡量基金績效指標。於是設置了「晨星星等評級」（Morningstar Rating），該評鑑乃根據基金的「報酬」、「風險」以及「費用」這三個面向進行評鑑，其評級指標的高低用以呈現，被評鑑的基金與同類組基金，其風險調整後的相對績效表現。透過分組評級的方法，讓投資人更容易清楚的知道被評鑑的基金在同類組基金中，其基金經理人和管理團隊的相對優劣表現如何。

(二) 星等的評級

　　晨星公司為了提供給投資人簡明的評鑑指標，其將基金的績效指標，予以星等化，星等共分為5級。星等評級乃使用客觀的量化評級方法，以該公司所計算的風險調整後收益（MRAR）當作計分的依據，其計算程式係根據預期效用理論（Expected Utility Theory）所制定，不僅全面考量基金過往每月報酬率的變化，並且特別注重基金，在下跌時的波動幅度。雖然計算程式較為複雜，但有助於降低市場多空變化對星等評級的影響。星等評級不僅可以表揚績效表現穩健的基金，也會呈現基金為承擔較高的風險所付出更多代價。

　　晨星的星等評級，乃將單一基金與相同組別基金進行比較。若評鑑出的MRAR愈高的基金，所獲得的星等評級也愈高。評級結果由最高5顆星到最低1顆星。通常同組別內，得分最高的前10%，可獲得5顆星評級；之後22.5%，可獲得4顆星評級；再之後35%，可獲得3顆星評級；再之後22.5%，可獲得2顆星評級；最後的10%，則僅獲得1顆星評級。星等評級的分配比例係按常態分佈，獲得1顆星評級的基金數目等同5顆星評級的基金數目，有關晨星的基金星等評級分佈詳見圖11-1的說明。

圖 11-1　晨星的基金星等評級分佈

　　此外，評等結果又分別計算3年、5年和10年的星等評級，然後再以這三個不同年期的評級結果，加權計算出該基金的整體綜合評級。所以星級評等結果將顯示「整體」、「3年」、「5年」和「10年」的星等評級。投資人可根據各期間的評級結果，更清楚地比較不同基金的績效表現。有關「晨星」的基金績效評分星等資料，可於國內的「證券投資信託暨顧問商業同業公會」的網站搜尋到結果。網址：http://www.sitca.org.tw/。

(三) 如何使用星等評級

　　根據晨星基金評鑑公司對星等評級的結果說明，該評級結果僅基於基金的風險調整後的績效給予星等評級，並無加入質化研究分析的因素。因此星等評級目的在於提供投資人一個簡單明瞭的基金篩選工具，投資人不應將其視作買賣基金的推薦建議。且晨星公司對投資人使用星等評級時，尚需注意以下事項：

1. 當基金經理人變更時，星等評級不會隨之改變。因此，評級結果可能只反應了前任基金經理人的績效。

2. 星等評級係將投資標的相近的基金分組比較。投資人要特別注意，若某基金組別的平均報酬率為負數，則該組別內獲得5顆星評級的基金亦可能出現負報酬率。

3. 星等評級調整時，投資人不應以評級下降視為賣出基金的訊號。星等評級的改變，並不一定表示該基金表現有失水準，可能只是因為同組別內其他基金的表現相對更為出色。

市場焦點

第18屆傑出基金金鑽獎出列！
國內投信向「世界盃」邁大步

表 11-1　國內第 18 屆金鑽獎國內基金得獎名單

單位：累積報酬率（%）

類別		三年	績效	五年	績效	十年	績效
股票型基金	科技類股	復華數位經濟基金	109.55	復華數位經濟基金	67.53	台新2000高科技基金	278.68
	中小型股	復華中小精選基金	94.91	野村中小基金	48.91	野村中小基金	241.39
	價值型股	宏利台灣高股息基金	62.62	宏利台灣高股息基金	53.66	宏利台灣高股息基金	145.01
	一般類股（包括特殊類、中概、指數股票）	貝萊德寶利基金	94.74	德盛台灣大壩基金	83.53	統一大滿貫基金	267.02
						野村成長基金	267.13
	上櫃型股	群益店頭市場基金	74.21	群益店頭市場基金	36.39	群益店頭市場基金	188.01
平衡型基金	價值型股票	中國信託精穩基金	43.76	摩根平衡基金	26.99	保德信平衡基金	112.77
	一般型股票	復華人生目標基金	65.64	永豐趨勢平衡基金	64.64	永豐趨勢平衡基金	172.28

表 11-2　國內第 18 屆金鑽獎國外基金得獎名單

單位：年化報酬率（％）

類別		三年	績效	五年	績效	十年	績效
股票型基金	環球已開發市場股票基金	摩根基金-摩根環球醫療科技基金	35.73	貝萊德全球基金-世界健康科學基金	17.11	貝萊德全球基金-世界健康科學基金	10.48
	環球新興市場股票基金	野村新興傘型基金之中東非洲基金	14.89	安本環球-新興市場小型公司基金	8.85	安本環球-新興市場股票基金	9.74
	亞洲太平洋（含日本）股票基金	宏利亞太中小企業基金	17.95	富達基金-太平洋基金	10.30	統一亞太基金	9.23
	已開發歐洲股票基金	亨德森遠見泛歐地產股票基金	23.53	MFS全盛基金系列-MFS全盛歐洲小型公司基金	14.32	MFS全盛基金系列-MFS全盛歐洲小型公司基金	10.85
	新興歐洲股票基金	瑞銀（盧森堡）中歐股票基金	19.87	從缺	—	施羅德環球基金系列-新興歐洲基金	4.07
	新興拉美股票基金	從缺	—	從缺	—	富達基金-拉丁美洲基金	9.73
	大中華股票基金	瑞銀（盧森堡）中國精選股票基金	19.87	景順大中華基金	6.67	富達基金-中國聚焦基金	13.56
	美國股票基金	富達基金-美國基金	24.44	駿利資產管理基金-駿利美國創業基金	19.39	駿利資產管理基金-駿利美國創業基金	10.78
	印度與印度次大陸股票基金	首域環球傘型基金-首域印度次大陸基金	28.38	首域環球傘型基金-首域印度次大陸基金	15.30	***	—
	日本股票基金	柏瑞日本小型公司股票基金	22.42	法巴百利達日本小型股票基金	13.14	亨德森遠見日本小型公司基金	5.26
	能源與天然資源股票基金	匯豐環球投資基金-全球股票氣候變化概念基金	15.77	東方匯理系列基金-全球農業基金	6.48	天利（盧森堡）-全球能源股票基金	5.55
	科技產業股票基金	駿利資產管理基金-駿利環球科技基金	21.73	富蘭克林高科技基金	14.57	駿利資產管理基金-駿利環球科技基金	9.25
債券型基金	環球已開發市場債券基金	法儲銀盧米斯賽勒斯債券基金	9.64	法儲銀盧米斯賽勒斯債券基金	7.66	富蘭克林坦伯頓全球投資系列-全球債券總報酬基金	8.65
	環球新興市場債券基金	貝萊德新興市場債券基金	6.70	貝萊德新興市場債券基金	6.51	新加坡大華新興市場債券基金	8.17
	高收益債券基金	博綠貝多元資產基金	10.97	PIMCO高收益債券基金	8.13	都柏林法儲銀國際基金有限公司基金I-盧米斯賽勒斯高收益債券型基金	8.27
平衡型基金	環球平衡型基金	貝萊德多元資產基金	10.66	羅素多元資產35基金	5.33	霸菱亞洲平衡基金	7.99
不動產證券化基金	不動產證券化基金	駿利資產管理基金-駿利環球房地產基金	20.21	路博邁投資基金-NB美國房地產基金	14.37	***	—
組合型基金	跨國投資組合型股票基金	富達卓越領航全球組合基金	15.58	***	—	***	—
	跨國投資組合型債券基金	聯邦優是策略全球債券組合基金	5.50	德盛安聯四季回報債券組合基金	4.72	***	—
	跨國投資組合平衡型基金	群益多重資產組合基金	9.98	群益多重資產組合基金	5.74	***	—

註：統計至2014年12月31日　「從缺」表示該類別之後選基金，均未達評審標準。
　　「***」表示該類別基金檔數不足10檔，故不列入評比。

資料來源：台北金融研究發展基金會

　　由台北金融研究發展基金會主辦、《今周刊》及彭博（Bloomberg）協辦，最受台灣投信業界及投資大眾矚目的傑出基金「金鑽獎」。在國內目前各項基金獎之中，金鑽獎不僅歷史最悠久，也被業界公認是「得獎難度門檻最高」的基金獎，除了在最後的面試關卡中，評審委員會逐一嚴審各檔基金的投資邏輯之外，就連在實際的績效表現數字上，主辦單位也設下了一道不易攀越的高牆。

　　簡單講，參選基金必須同時符合兩項標準：一是績效超越大盤指數，二是正數報酬，即使大盤指數下跌，基金的同期報酬率也不能為負；換言之，想要成為金鑽獎贏家，先決條件是基金所展現的投資效果，必須兼顧攻擊與防禦。於是，金鑽獎的贏家基金與團隊，也就堪稱最能在波動難測的盤勢之中，精準掌握攻守之道，的確值得投資人給予更高的關注。

　　值得一提的是，在本屆「海外基金」得獎名單中可以發現，不少是由台灣資產管理業者發行，證明國內投信業者也有進軍「亞洲盃」，甚至「世界盃」的能力。以上這些金鑽贏家，無論是橫掃同類基金或者蟬聯多年霸主，必然在操作選股上有其獨到之處，值得每一位投資人細細咀嚼，向金鑽贏家學習戰勝股海的不敗心法。

《圖文資料來源：節錄自今週刊 2015第953期》

⏱ 解說

　　由國內金融研究發展基金會所主辦的傑出基金「金鑽獎」，是國內歷史最久、評選最嚴格的基金獎，也被稱為「基金界的奧斯卡獎」。獲獎基金皆是當時的一時之選，所以投資人欲挑選基金，亦可參考歷屆得獎次數最多的基金，當作投資的參考。

11-2 基金的投資策略

　　投資共同基金，首先，須依個人的報酬與風險偏好，選擇適合自己且操作績效良好的基金進行投資；其次，再依現在的市場狀況與個人的資金狀況，擬定投資策略。一般而言，共同基金的投資策略可分為「定期投資法」與「單筆投資法」這二種方法。以下將分別介紹之。

一、定期投資法

　　一般而言，基金定期投資法又可分為「定期定額」與「定期不定額」兩種方式。

(一) 定期定額

　　定時定額投資乃是投資人每隔一段時間，通常是1個月（可自由選擇月初、月中與月底），以固定金額（通常國內基金須3,000元以上，國外基金須5,000元以上）投資於某一開放型基金，以分批買進，以降低時間風險，定時定額投資法亦被稱為「平均成本法」（Dollar-Cost Averaging）。此法適合中長期投資人進行財務規劃，且適合投資波動幅度較大的基金；且既使現在基金短期內損失，仍然須繼續扣款，不應停止扣款，這樣才能在市場低點時，買入更多低成本的基金，待將來市場好轉，可以獲取更高的收益。

　　有關定時定額法的優點如下幾點：

1. **分散風險**：採定時定額投資法，因買進時點分散而大幅降低投資風險。

2. **儲蓄兼投資**：把小錢累積成一筆大錢，由於投資時間愈長，複利效果愈顯著，投資績效有明顯（見表11-3）。

3. **理財便利**：由定時定額是採每月固定從您的銀行帳戶扣款，所以申購很方便，且不用費心鑽研股市費時勞力。

4. **隨時解約無罰則**：定期定額投資基金可以隨時暫停扣款或終止扣款，不像定存中途解約會有利息損失，資金運用較有彈性。

表11-3　每月投入3,000元於與基金績效3%、6與12%的年報酬率比較表

年	投入金額累計	基金績效3%	基金績效6%	基金績效12%
1	36,000	36,499	37,006	38,047
2	72,000	74,108	76,295	80,920
5	180,000	193,940	209,310	245,009
10	360,000	419,224	491,638	690,116
15	540,000	680,918	872,456	1,498,740
20	720,000	984,905	1,386,122	2,967,766
25	900,000	1,338,023	2,078,981	5,636,539
30	1,080,000	1,748,210	3,013,545	10,484,892
40	1,440,000	2,778,178	5,974,472	35,294,317

(二) 定期不定額

近年來，承做定期定額，除了宣導短期內損失，仍然須繼續扣款，不應停止扣款外，市場上興起另一種投資法乃定期不定額。定期不定額投資法乃是當股票指數上漲時，投資金額減少；當股票指數下跌時，投資金額增加。希望透過「逢低加碼；逢高減碼」之機制，讓所購入的基金降低平均成本，進而提高投資效率。

目前定期不定額的投資方式，通常投信公司會根據某一種參考基準（如：「大盤指數」或「基金淨值」）的高低，設計出不同的扣款金額。以下為表11-4國內的中國信託商業銀行，所推出的定期不定額的扣款案例。該扣款案例是依據基金「淨值」高低所設計出來的。

表11-4　　定期不定額依據基金淨值高低所設計出來的扣款案例					
加碼			減碼		
投資標的 淨值跌幅	扣款金額 調整比例	調整後 扣款金額	投資標的 淨值漲幅	扣款金額 調整比例	調整後 扣款金額
跌幅<5%	不變	扣款金額 ×100%	漲幅<5%	不變	扣款金額 ×100%
5%≦跌幅<10%	10%	扣款金額 ×110%	5%≦漲幅<10%	-10%	扣款金額 ×90%
10%≦跌幅<15%	20%	扣款金額 ×120%	10%≦漲幅<15%	-20%	扣款金額 ×80%
15%≦跌幅<20%	30%	扣款金額 ×130%	15%≦漲幅<20%	-30%	扣款金額 ×70%
20%≦跌幅<25%	40%	扣款金額 ×140%	20%≦漲幅<25%	-40%	扣款金額 ×60%
跌幅≧25%	50%	扣款金額 ×150%	漲幅≧25%	-50%	扣款金額 ×50%

資料來源：中國信託商業銀行

　　此外，利用「定期定額」與「定期不定額」來進行基金投資，其兩者的績效表現如何？一直是投資人感到有興趣的議題。以下表11-5為國內的中國信託商業銀行針對同樣的基金，進行採取「定期定額」與「定期不定額」（利用淨值高低進行加減碼）的績效比較。

　　由表11-5得知：若市場由「多頭市場步入空頭市場」時，採取定期定額的績效為-10.59%，但採取定期不定額的績效為-9.04%；若市場由「空頭市場邁向多頭市場」時，採取定期定額的績效為17.83%，但採取定期不定額的績效為19.45%。由此兩情形觀之，基金採定期不定額的績效表現都會優於採定期定額的績效表現。所以，實務上許多基金公司都會建議投資人，採取較機動的定期不定額的基金投資法，可以獲取更高的投資報酬。

表11-5　定期定額與定期不定額績效比較

| 月份 | 多頭市場→空頭市場 | | | | | 空頭市場→多頭市場 | | | | |
| | 基金淨值 | 定期定額 | | 定期不定額 | | 基金淨值 | 定期定額 | | 定期不定額 | |
		投資金額	購買單位數	投資金額	購買單位數		投資金額	購買單位數	投資金額	購買單位數
1	10.0	10,000	1,000.0	10,000	1,000.0	10.0	10,000	1,000.0	10,000	1,000.00
2	10.5	10,000	952.4	9,000	857.1	9.5	10,000	1,052.6	11,000	1,157.89
3	11.0	10,000	909.1	8,000	727.3	9.0	10,000	1,111.1	12,000	1,333.33
4	11.5	10,000	869.6	7,000	608.7	8.5	10,000	1,176.5	13,000	1,529.41
5	12.0	10,000	833.3	6,000	500.0	8.0	10,000	1,250.0	14,000	1,750.00
6	12.5	10,000	800.0	5,000	400.0	8.0	10,000	1,250.0	14,000	1,750.00
7	12.5	10,000	800.0	5,000	400.0	7.5	10,000	1,333.3	15,000	2,000.00
8	12.0	10,000	833.3	6,000	500.0	7.0	10,000	1,428.6	15,000	2,142.86
9	11.5	10,000	869.6	7,000	608.7	8.5	10,000	1,176.5	13,000	1,529.41
10	11.0	10,000	909.1	8,000	727.3	8.0	10,000	1,250.0	14,000	1,750.00
11	10.5	10,000	952.4	9,000	857.1	9.0	10,000	1,111.1	12,000	1,333.33
12	10.0	10,000	1,000.0	10,000	1,000.0	10.0	10,000	1,000.0	10,000	1,000.00
總投資	-	120,000	10,728.7	90,000	8,186	-	120,000	14,139.7	153,000	18,276
平均成本	11.21	-	11.18	-	10.99	8.64	-	8.49	-	8.37
報酬率		-10.59%		-9.04%		-	17.83%		19.45%	

資料來源：中國信託商業銀行整理

市場焦點

定期不定額新玩法　3大策略自由選

表 11-6　國泰世華「自由 FUND 定期不定額」投資方式之說明

3 大投資策略	觸發加（減）碼門檻	扣款金額		
		(A) 達漲幅 扣款金額	**(B) 基準** 扣款金額	**(C) 跌幅** 扣款金額
逆勢加碼	±5% OR±10% OR±15%	3,000	4,000	5,000
自由設定		6,000	4,000	7,000
順勢加碼		5,000	4,000	3,000

註：最低扣款金額為等值新台幣3,000元，累加金額以新台幣1,000元為級距，外幣扣款以10元為級距，以新台幣為例，將3種策略分別說明如下：(1)「逆勢加碼」：扣款金額為3,000元≦A<B<C，(2)「自由設定」：扣款金額A、B、C皆需≧3,000元，(3)「順勢加碼」：扣款金額需A>B>C≧3,000元。

　　國內近期股市回檔整理，法人指出，不失為逢低加碼的好時機，但若投資人對於行情的走勢沒有把握，又不想承受可能的下檔風險，不妨觀望等多頭確立後再行進場。目前市場已有業者推出新型的定期不定額加碼法，搭配均線法則，可拉高勝算。

　　國泰世華銀行指出，新型的「自由FUND定期不定額」服務，以順勢加碼、逆勢加碼、自由設定等三大靈活投資策略，搭配「均線法則」亦即基金淨值的周均線及年均線走勢，作為判斷加減碼依據，可讓投資人面對不同行情時的策略需求。

　　國泰世華銀行表示，一般大眾對於定期不定額的觀念僅停留在跌時加碼，漲時減碼，危機入市固然可以撿便宜；倘若股市是處於多頭行情時，此時採「漲時減碼」反而會錯失財富增長的機會。

　　新型的定期不定額投資法，可突破傳統思維，新增「順勢加碼」策略，提供投資人另一種選擇，在多頭期間，選擇「順勢加碼」做為投資組合的核心策略，增加扣款金額參與股市上漲行情，隨著投資期間拉長，選擇「順勢加碼」的投資組合，財富累積效果更明顯。此外，投資人可依自身的投資屬性及可承受風險程度，選擇加減5％、10％、15％三種加減碼門檻，門檻愈小，代表加、減碼愈積極。

《圖文資料來源：節錄自工商時報 2014/03/11》

↻ **解說**

　　基金定期不定額的投資方式，希望透過「逢低加碼；逢高減碼」之機制，讓所購入的基金降低平均成本，進而提高投資效率。但近期國內業者推出新型的定期不定額投資法，新增「順勢加碼」策略，提供投資人在多頭期間，增加扣款金額，以順勢參與股市上漲行情，這樣或許財富累積效果會更明顯。

二、單筆投資法

　　單筆投資基金如同投資股票一樣，必須選好時機進場，不像定期投資法可以任意時點進場皆可，但如果選對時機進場，通常獲利會優於定期投資法，所以兩者各優其優點。以下將介紹單筆投資法的進場時機選擇、優點以及與定期投資法的比較。

(一) 進場時機

　　通常進行單筆投資時，投資人需熟悉金融市場的脈動，在買賣基金時應先對市場的基本面、技術面、資金面，政策面、政治面及心理面等因素，進行瞭解。且對資訊須具備分析研判的能力，再加上參考投資專家的建議，適時的選擇進出場時機，這樣的投資勝算才會大。

　　在實務上，常常建議投資人在進行單筆投資基金時，可依據景氣循環的變化，去選擇適合現在可投資的基金。通常我們會利用國家發展委員會每月公佈的「領先指標」來研判景氣循環的變化，當領先指標連續3個月上揚（下跌），表示景氣有復甦（衰退）的跡象。

　　通常景氣循環週期包括四個階段，分別是「谷底」、「擴張」（復甦）、「高峰」和「收縮」（衰退）。這四個時期分別適合投資的基金如下介紹。並用圖11-2來說明景氣循環與當時適合投資基金的類型。

1. **谷底**：當景氣剛落谷底時，因爲將來景氣復甦時，公司的業績最容易出現大幅成長。所以此時可選擇「積極成長型」或「成長型」的股票基金來進行投資，可以獲取較高的報酬。

2. **擴張**：當景氣步入擴張（復甦）階段，許多公司還處於成長階段，但成長幅度不若之前剛由谷底翻身時那麼勇猛。所以此時可選擇「成長型」股票基金或股債搭配的「平衡型」基金來進行投資，可以獲取較穩定成長的報酬。

3. **高峰**：當景氣邁向高峰期時，公司的股價也大部分會處於高檔，所以此時較不適合進場投資股票型基金。且此時市場利率也相對高檔，所以可以選擇「貨幣型」基金與「債券型」基金來進行投資，以獲取固定安全的收益。

4. **收縮**：當景氣落入收縮（衰退）階段，大部份的公司業績會衰退，所以不是適合進場投資股票型基金。通常此時政府會調降市場利率，以刺激景氣回溫，所以適合投資「債券型」基金，可獲取因利率下滑而得利的資本利得報酬。

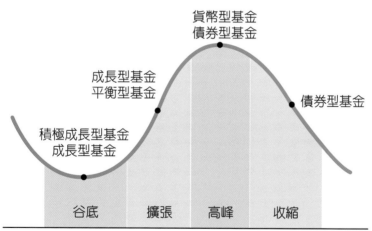

圖 11-2　景氣循環與當時適合投資基金的類型

(二) 投資優點

　　通常單筆投資基金可以依據市場行情波段操作，且應選擇此時比較具題材性，或是中長期績效具高度穩定性的基金來進行投資。該投資方式的優點如下：

1. **資金具機動性**：通常採取單筆投資，可以依據市場變化隨時機動調整，資金較具機動性。

2. **投資報酬較高**：若投資人能精準掌握買賣時點，獲利將相當可觀，不過如果看錯方向，損失也同樣很明顯。

(三) 兩者投資方法比較

投資基金可選擇定期定額與單筆進出，這兩種方式各有其特性，以下表11-7將比較兩者的差異。

表11-7　定期定額投資法與單筆投資法比較		
	定期定額	**單筆投資**
投資門檻	國內須每月3,000元以上 國內須每月5,000元以上	國內10,000元以上 國外30,000~50,000元以上
資金機動	較低	較高
理財規劃	中長期	短中期
獲利情形	較穩定	較高但波動較大
進場選擇	無須判斷進場時機	須選擇市場相對高低點進出場
適合標的	波動較大的基金	具穩定成長有題材性的基金

母子基金投資法　自動錢滾錢

表 11-8　母子基金投資法配置範例

	積極型投資組合	穩健型投資組合
母基金 （求穩健）選擇	全球高收債基金 中國／美國高收債基金 貨幣型基金 多重收益型基金	全球投資等級債券基金 股債平衡型基金
子基金 （求高報酬）選擇	全球成長基金 中國／印度股票基金 傳產／高科技基金 房地產基金 黃金基金	全球股票組合基金 全球高收債基金 積極回報債券組合基金 多重收益型基金

資料來源：富蘭克林、瀚亞投資、彰銀、國泰人壽　　　聯合報

　　適時停利是定期定額關鍵，但停利後的獲利該如何處理？據調查，逾半國人會進行再投資，讓錢滾錢，業界更推出定期定額3.0版的「母子基金投資法」，以獲利和配息投入其他基金，幫為投資人累積更多退休財富。

　　富蘭克林華美投信總經理解釋，母子基金意味資產組合有2檔以上基金，不同於傳統定期定額，投資人在申購首筆基金時，可同時設定該基金獲利達報酬目標後，資金自動轉入第2筆基金，隨首筆基金持續獲利，第2筆基金也一起長大。當第2筆基金也達到報酬目標，其資金再自動轉入第3筆「子」基金，等於一筆錢投入多個基金。由於「子」基金的資金來源為「母」基金，兩者形同母子，被稱為母子基金投資法。

　　富蘭克林證券投顧表示，母子基金法至少涵蓋2種優勢，包括定期定額讓小額資金累積更多財富，以及母子基金同時滾利，使資產股債兼具，永不閒置。但為避免投資人未及時停利導致虧損，許多業者採用的母子基金法設定了自動停利，一旦子基金達獲利目標即全數贖回，回饋母基金，落袋為安。

　　母子基金的類型可按投資人的投資屬性分類，投資為求穩健和積極並行，一般母基金會搭配波動度低、報酬穩定的債券型基金，例如全球或區域性高收益和投資級債券基金；子基金求高報酬，則可搭配具發展潛力和波動較高的股票型或積極回報債券型基金等，使投資效率最佳化。

《圖文資料來源：節錄自聯合報 2015/12/17》

⟳ 解說

　　母子基金投資法乃結合「單筆」與「定期定額」的投資方式。通常先將一筆資金投資於較穩定類型的「母基金」；隨後，每月再從母基金所配到的利息或本金，提撥依固定金額去投資風險係數較高的「子基金」。這樣的投資方式可兼顧穩健與積極。

11-3　基金的投資觀念

　　基金幾乎已是現代人最常使用的投資工具之一，投資人在進行投資時，須注意哪些事項，本節將整理幾項要點說明之：

(一) 避免投資週轉率過高、或頻繁更換經理人的基金

　　通常一檔基金的週轉率太高，表示經理人過於頻繁轉換投資標的，這樣投資所獲得的利益較容易被交易的手續費所侵蝕，對基金淨值的累積具負面的影響。此外，每檔基金的經理人，都有其特有的思考模式、與短中長期的布局策略以及操作習性；若投信太過於頻繁更換某檔基金的經理人，這樣會影響該基金的績效穩定度。

(二) 投資低淨值基金，並不一定具獲利機會

　　通常某檔股票，因某些原因，價格突然暴跌或低於合理價格過多，此時大量的資金進場買該檔股票，這檔股票價格可能因而彈升，投資人可賺取利益。但此觀點並不適合於基金的操作，若某檔基金淨值暴跌或淨值價格很低，此時大量資金投入該檔基金，是將資金交給經理人去操作；若基金淨值低落是經理人操作失當所引起，再將大量資金交給經理人操作，操作績效並不會因此好轉，所以可能無濟於事；除非那檔基金所投資的市場，短期遇到非理性情形所引起的暴跌，那此時投資偏離合理價格的基金，才具獲利機會。所以有時去購買因經理人優異的操作，所產生的高淨值基金，才有繼續獲利的契機。

(三) 採定期定額投資方式，應停利不停損

通常一個國家的經濟狀況，都會歷經谷底、擴張、高峰和收縮的景氣循環現象。所以利用定期定額的方式投資基金，若當股市剛好落到景氣衰退時期時，基金此時的報酬可能就會下滑，甚至為負值。投資人在這段期間，不應停止扣款，因為這樣會喪失在股市低點時，大量買入低成本基金的機會，此時也不應停損贖回，但可加碼買進；待景氣回溫，股市上漲後，基金報酬為正值或已到達到目標報酬，可趁機贖回停利。

(四) 採定期定額投資方式，應選擇波動大的基金或市場

通常採取定期定額方式，比較適合投資波動幅度較大的基金、或者選擇基金所要投資的市場波動性較大。因為基金的淨值波動大，表示投資人比較有機會買入較低成本的基金，雖然負報酬的機會較大；但將來基金淨值，也比較有可能大幅彈升，其獲利的空間也會較大些。

(五) 投資獲獎基金，並無法長期保證績效

通常投資人在投資基金時，以往長期績效良好、或曾經獲獎的基金，比較容易成為投資人的投資標的。雖然那些明星基金的經理人，過去擁有較優異的操作能力，但並不代表它可一直持續下去；或者明星基金被更換了經理人，都有可能使績效不如以往出色。因此投資獲獎基金，並無法長期保證績效都可一直保持的很突出。但基本上，根據大部分的學術實證研究，優異的基金大都有「正向持續性」的現象，雖績效一直要保持名列前茅，確屬不易，但大部分以往表現優異的基金，績效不至於落後致中下水準。因此獲獎基金，仍是投資人當下要進行投資時，可優先考慮的投資標的。

市場焦點

定時定額兩大訣竅
自動停利、逢低加碼缺一不可

薪資凍漲、物價居高不下，一般人想有額外收入，除了兼差就只有投資了，只是面對股市震盪，很多人也擔心錢投下去，可能一去不復返。雖然投資本來就有風險，誰也不能保證能獲利，但投信業者表示，只要選對投資工具及保有正確的投資觀念，像是定時定額共同基金搭配自動停利及逢低加碼，不僅可以讓投資事半功倍，更可降低風險，同時提高投資勝率。

年輕人也做投資，7成愛用定時定額

根據國內先前的一份調查，有76.9%的基金投資人採用定期定額方式投資基金，其中，20至39歲的基金投資人，更有67%是以定時定額投資為主，顯有投資理財規劃的民眾，從年輕的時候就開始了。

傳統定時定額只做一半，獲利大打折扣

不過，目前傳統的定時定額只有半套服務，通常是投資人自己設定停利、停損點，例如：報酬率達到12%時就通知，由投資人自行決定是否贖回，但如果錯過好的賣點或便宜的買點，獲利便會大打折扣。

也因此，許多傳統定時定額的基金投資人，常因追高未能果斷停利出場；或因為害怕虧損而停止扣款，導致錯失低成本買入、蓄積未來反彈獲利的契機；更多人是因為缺乏正確的停利、停損建議，而讓投資跟著市場隨波逐流，導致投資失利，賺不到什麼錢。

升級版定時定額，自動停利克服人性貪念

其實，投資並不困難，難就難在克服貪念，因此，建立良好的投資觀念及選對投資工具非常重要，尤其對於忙碌的上班族來說，在手頭可運用的資金有限，大多以定時定額買基金的方式來投資，而定時定額講求的是平均成本法，最忌諱就是遇到市場波動就停止扣款，因景氣是有循環的，在低檔持續扣款可累積更多基金單位數，一旦行情反轉向上，就有機會提早收成。

現在有投信業者提供升級版的定期定額，結合「低買高賣法」及「平均成本下降法」的優勢，透過電腦自動化機制將傳統的定時定額再升級，在獲利達到設定的目標時，就會自動停利，克服人性的貪念，將獲利轉到保守穩健型基金，原來的定時定額則再繼續展開另一輪投資。

《資料來源：節錄自NOWnews今日新聞 2015/06/30》

⟳ **解說**

現代年輕人已經愈來愈習慣，利用基金定期定額的方式來進行投資理財。但常犯了損失時停止扣款，獲利時又未設停利點，導致投資失利。現在許多基金公司，將傳統的定時定額再升級，透過電腦自動化機制逢低加碼，獲利時設定目標報酬自動停利，以克服人性的恐懼與貪婪。

 新知速報

➡ 私校退撫儲金投資　年報酬**9.14%**

https://www.youtube.com/watch?v=E4AdaGENDkE

🎬片簡介

成立近兩年的私校退撫儲金自主投資平台，期投資績效相當亮眼；以積極型為例，去年報酬率高達9.14%。其主要原因乃慎選績效優良的基金才能入投資組合。

➡ 定時、定額再加上定習象，獲利馬上三級跳

https://www.youtube.com/watch?v=C1G1yRFA9as

🎬片簡介

定時定額投資基金，不管股市高低點都進場買股，可分散風險，亦可獲取不錯的報酬。且投資人也可自行鎖定股票的定期買股，這樣的獲利更甚基金。

➡ 買基金常犯錯誤

https://www.youtube.com/watch?v=0dlUp_13T-w

🎬片簡介

買基金常會有一個錯誤觀念，若去投資淨值很低的基金，同樣金額可以買到很多單位數，但你投資的卻是一個操作欠佳的基金，未來不一定會幫你獲利。

➡ 定期定額適合波動型較低的債券型基金嗎？

https://www.youtube.com/watch?v=_bJjW0mq-Hc

🎬片簡介

利用定期定額的投資方式，比較不合適波動較小的債券型基金，較合適波動較大的股票型基金。但近期如果債券可能有較大的波動，才可考慮定期定額的投資。

一、選擇題

( ) 1. 下列何者為衡量基金風險的指標？(A)全距　(B)標準差　(C)四分位距 (D)以上皆是

( ) 2. 下列何者為衡量基金系統風險的指標？(A)全距　(B)標準差　(C)β係數 (D)α指標

( ) 3. 下列何者可以用來衡量基金的相對風險？(A)變異數　(B)標準差　(C)夏普指數　(D)貝它係數

( ) 4. 假設有一基金近5年的年報酬率分別為8%、10%、-3%、6%、4%，請問算術平均報酬率為何？(A)4%　(B)5%　(C)6%　(D)7%

( ) 5. 同上題，請問此基金的風險為何？(A)5.0%　(B)7.12%　(C)8.24% (D)10.32%

( ) 6. 有一基金之β值為1.2，若市場之期望報酬率上升5%，則此基金之預期報酬率應上升多少？(A)3%　(B)4%　(C)5%　(D)6%

( ) 7. 下列何種基金的β值最接近1？(A)產業型　(B)債券型　(C)指數型　(D)避險型

( ) 8. 請問高β值的證券在多頭市場狀況下，比低β值的證券(A)上漲較快 (B)上漲較慢　(C)與漲跌無關　(D)以上皆非

( ) 9. 若某一基金酬率為18%，總風險值為12%，系統風險值0.8，此時無風險報酬為6%，市場報酬為10%，請問報酬風險比為何？(A)1.28　(B)1.33 (C)1.36　(D)1.5

( ) 10. 承上題，夏普指數為何？(A)1.0　(B)1.2　(C)1.25　(D)1.3

( ) 11. 承上題，崔納指數為何？(A)0.12　(B)0.13　(C)0.14　(D)0.15

( ) 12. 承上題，傑森指數為何？(A)6.8%　(B)7.2%　(C)8.4%　(D)9.6%

( ) 13. 下列哪一個指標，尚考慮非系統風險的影響？(A)夏普指數　(B)崔納指數　(C)傑森指數　(D)β值

( ) 14. 下列哪一個指標，是在衡量基金經理人的選股能力？(A)夏普指數　(B)崔納指數　(C)傑森指數　(D)資訊比率

(　　) 15. 下列哪一個指標，是在衡量基金績效的持續性？(A)夏普指數　(B)崔納指數　(C)傑森指數　(D)資訊比率

(　　) 16. 通常衡量基金績效指標中，採用資訊比率，是單一基金績效與何種進行比較？(A)大盤指數　(B)無風險利率　(C)同類型基金　(D)資訊類基金

(　　) 17. 請問知名基金評等公司－晨星的星等評級結果，將基金績效分成幾級？(A)5　(B)3　(C)10　(D)8

(　　) 18. 下列何者非定期定額投資基金的好處？(A)分散風險　(B)穩定投資　(C)理財便利　(D)獲利較高

(　　) 19. 下列何種基金較適合定期定額的操作？(A)債券型基金　(B)貨幣型基金　(C)平衡型基金　(D)股票型基金

(　　) 20. 下列敘述何者有誤？(A)承做定期定額，適合波動度大的基金　(B)單筆投資時，景氣落底時較適合成長型基金　(C)定期定額的績效通常會優於單筆投資　(D)承做定期不定額，通常是透過「逢低加碼；逢高減碼」之機制

證照題 (　　) 21. 下列哪種共同基金的貝它係數最接近零？(A)全球股票基金　(B)中小型股票基金　(C)店頭基金　(D)債券基金　　　　【2014-4 投信投顧人員】

(　　) 22. 貝它(Beta)係數高之證券，其價格在空頭市場中較其他低貝它係數的證券：(A)上漲較慢　(B)下跌較快　(C)下跌較慢　(D)不管上漲或下跌均較慢　　　　【2015-2 投信投顧人員】

(　　) 23. 每承擔一單位投資組合系統風險所能獲得的超額報酬，又稱為：(A)市場風險溢酬　(B)崔納指標　(C)變異係數　(D)詹森指標
　　　　【2013-4 投信投顧人員】

(　　) 24. 下列何者指標適合尚未完全分散仍存有非系統風險投資組合績效之評估？(A)夏普指標　(B)崔納指標　(C)詹森指標　(D)貝它係數
　　　　【2014-1 投信投顧人員】

(　　) 25. 在投資組合績效評估中，崔納指標(Treynor Index)的計算方式為：(A)超額報酬／非系統風險　(B)超額報酬／總風險　(C)超額報酬／系統風險　(D)超額報酬／無風險利率　　　　【2014-1 投信投顧人員】

( ) 26. 在考量風險因素之下，下列指標中，哪一項不適合用來衡量投資績效？
(A)夏普指標　(B)崔納指標　(C)貝它係數　(D)詹森的 α 指標
【2014-3 投信投顧人員】

( ) 27. 投資組合X之平均報酬率為13.6%、貝它(Beta)係數為1.1、報酬率標準
差為20%，假設市場投資組合平均報酬率為12%，無風險利率為6%，請
問組合X之詹森指標(Jensen Index)為多少？(A)0.015　(B)0.069　(C)0.38
(D)0.01　　　　　　　　　　　　　　　　　　　【2013-2 投信投顧人員】

( ) 28. A投資組合產生13%的年報酬率，其貝它(Beta)為0.7，標準差為17%。市
場指數報酬率為14%，標準差21%。若無風險利率為5%，則A投資組合
之夏普(Sharpe)衡量為何？(A)0.3978　(B)0.4158　(C)0.4563　(D)0.4706
　　　　　　　　　　　　　　　　　　　　　　　　【2013-4 證券投資分析人員】

( ) 29. 有關共同基金評比指標之敘述，下列何者錯誤？(A)夏普指數主要衡量每
單位總風險下所能產生的超額報酬　(B)夏普指數愈大時表示風險溢酬愈
高　(C)崔諾指數值越大時表示績效愈好愈可以投資　(D)詹森指數值不
顯著不等於0時表示績效不彰不值得投資　　　　　【第24屆理財規劃人員】

( ) 30. 假設X與Y兩種基金屬於同一區域或類型，投資X基金的平均報酬率為
10%，無風險利率為4%，標準差為12%，投資Y基金的平均報酬率為
7%，無風險利率為4%，標準差為4%，下列敘述何者錯誤？(A)投資X
基金的夏普指數(Sharpe Index)為0.50　(B)投資Y基金的夏普指數(Sharpe
Index)為0.75　(C)投資X基金的績效優於Y基金　(D)投資Y基金的績效優
於X基金　　　　　　　　　　　　　　　　　　　【第27屆理財規劃人員】

( ) 31. 為了規避選時之風險，可採取：(A)不定期定額投資法　(B)單筆投資法
(C)定期定額投資法　(D)選項(A)、(B)、(C)皆非　【2013-2 投信投顧人員】

( ) 32. 有關定期定額投資基金策略，下列敘述何者錯誤？(A)增值倍數等於趨勢
倍數乘以振幅倍數　(B)趨勢倍數大於1時，表示基金的趨勢往上　(C)投
資定期定額最好仍須配合對市場多空走勢作判斷　(D)短期震盪幅度大，
但長期向下趨勢明顯，適合做定期定額投資　　　　【第25屆理財規劃人員】

二、問答與計算題

1. 假設T基金與大盤指數近4季報酬率如下表所示，且兩者相關係數為0.85。

季	1	2	3	4
基金報酬率	12%	-6%	-8%	18%
大盤指數報酬率	14%	-12%	-10%	16%

   請問

   (1) T基金與大盤指數的平均年報酬率各為何？

   (2) T基金與大盤指數的標準差（風險）各為何？

   (3) T基金的 β 值為何？

2. 請問報酬風險比率、夏普指數、崔納指數、傑森指數、資訊比率的計算式中，哪幾個指標會用到 β 值？哪一指標在衡量基金的選股能力？哪一指標在衡量基金的持續性？

3. 假設某能源類基金年報酬率為12%，其該同類型基金有5檔其年報酬率分別為下表所示，請問該基金的資訊比率為何？

基金	1	2	3	4	5
年報酬率	15%	20%	6%	8%	10%

4. 設現在市場報酬率為10%，無風險報酬率為4%，若下列ABC三檔基金，其報酬率、總風險、系統風險如下所示：

證券	A	B	C
報酬率	8%	12%	15%
總風險	5%	8%	12%
系統風險	0.8	1.2	1.5

   請問ABC三檔基金，報酬風險比率、夏普指數、崔納指數與傑森指數各為何？

5. 假設現在市場報酬率為10%，無風險報酬率為6%，若X基金其報酬率12%、總風險10%、系統風險1.5，請問X基金的報酬風險比率、夏普指數、崔納指數與傑森指數各為何？

6. 若現在股市呈現上漲、下跌與盤整三種情形，請問若利用定期定額、定期不定額與單筆投資基金何者適宜，請說明之？

習題解答

一、選擇題

1	2	3	4	5	6	7	8	9	10
D	C	C	B	A	D	C	A	D	A

11	12	13	14	15	16	17	18	19	20
D	B	A	C	D	C	A	D	D	C

21	22	23	24	25	26	27	28	29	30
D	B	B	A	C	D	D	D	D	C

31	32
C	D

二、簡答與計算題

1. (1) T基金報酬為4%，大盤指數報酬為2%。

    (2) T基金風險為12.27%，大盤指數風險為15.06%。

    (3) T基金的 β 值0.692。

2. 崔納指數與傑森指數；傑森指數；資訊比率。

3. 資訊比率為0.0352。

4. (1) 報酬風險比率：A基金為1.6，B基金為1.5，C基金為1.25。

    (2) 夏普指數：A基金為0.8，B基金為1，C基金為0.917。

    (3) 崔納指數：A基金為0.05，B基金為0.067，C基金為0.073。

    (4) 傑森指數：A基金為-0.8%，B基金為0.8%，C基金為2%。

5. 報酬風險比率為1.2、夏普指數為0.6、崔納指數為0.04、傑森指數為0。

6. (1) 股市呈現上漲，利用定期定額、定期不定額與單筆投資皆可，但單筆投資的報酬可能較高。

    (2) 股市呈現下跌，利用定期定額與定期不定額皆可，但定期不定額投資的持有成本可能較低。

    (3) 股市呈現盤整，利用定期定額與定期不定額皆可，但定期不定額投資的持有成本可能較低。

第四篇
資產管理篇

基金經理人在進行資產配置時,都希望能夠建立一個效率投資組合,但在真實的市場中,並不容易達到;因為市場常缺乏高度效率與理性。因此財務領域中,有關效率市場、投資理論與投資行為的相關研究,對於經理人而言,是一項重要的議題。本篇將包含三大章,主要介紹經理人進行效率資產配置時,所必須具備的基本常識。

第十二章　投資組合概論
第十三章　投資理論
第十四章　投資策略、風格與行為

Chapter 投資組合概論

▼ 本章大綱

本章內容為投資組合概論，主要介紹投資組合報酬與風險、風險分散、以及資產配置概論，其內容詳見下表。

節次	節名	主要內容
12-1	投資組合報酬與風險	介紹投資組合的報酬與風險之衡量。
12-2	投資組合的風險分散	介紹系統與非系統風險、投資組合風險與報酬之關係、以及系統風險的衡量。
12-3	資產配置概論	介紹資產配置的觀念與執行步驟。

基金經理人在進行資產配置時，如何選擇合適的標的與數量，對整個基金投資組合風險與報酬的表現，具有重要性的影響。所以建構一個有效率投資組合，是經理人的重要工作任務。以下本章將介紹經理人在建構投資組合所會面臨到的報酬與風險的衡量、風險如何分散，以及資產如何配置等議題。

12-1 投資組合報酬與風險

　　通常投資人在進行投資時，基於風險的考量，不會把所有的資金集中投資於某項資產上。而會將資金廣泛投資於數種資產以建構一投資組合（Portfolio）。所謂投資組合是指同時持有兩種以上證券或資產所構成的組合。投資組合理論是由財務學者馬可維茲（Markowitz）於1952年所提出，該理論希望藉由多角化投資，以期使在固定的報酬率之下，將投資風險降到最小，或在相同的風險之下，獲取最高的投資報酬率。故投資組合管理所強調的就是建構一個「有效率」的投資組合，以下將介紹投資組合報酬與風險之衡量。

一、投資組合報酬

　　投資組合的預期報酬率之衡量，就是將投資組合內各項資產的預期報酬率，依投資權重加權所得的平均報酬率。投資組合報酬率的計算方式，如（12-1）式：

$$\tilde{R}_p = W_1\tilde{R}_1 + W_2\tilde{R}_2 + \cdots + W_n\tilde{R}_n$$
$$= \sum_{i=1}^{n} W_i\tilde{R}_i \quad\text{...}(12\text{-}1)$$

$\tilde{R}_p$：投資組合的預期報酬率

W_i：即權重，投資組合內各項資產價值佔投資組合總價值的比率

$\tilde{R}_i$：投資組合內各項資產的個別預期報酬率

二、投資組合風險

　　投資組合報酬的衡量較為簡單，但投資組合的風險則較複雜，因為兩種或數種個別報酬率很高的資產，所組合出的投資組合報酬，無疑的一定也很高；但兩種或數種個別風險很高的資產，所組合出的投資組合風險就不一定了。因為必須取決於資產之間的相關性，若彼此相關程度很高，投資組合風險才會高；若彼此相關程度很低或甚至是負相關，則投資組合風險就會降低甚至為零。因此要衡量投資組合風險，還須端視資產之間的相關性。

以下我們就先說明由兩種、三種資產所組合的投資組合風險，再擴充到多種資產組合的投資組合風險。

(一) 兩種資產組合的風險衡量

上述投資組合預期報酬率的計算，以個別證券預期報酬率之加權平均相加即可，但投資組合的風險，則須引入兩種資產的**相關係數**。其投資組合預期報酬率與風險的計算方式，如(12-2)、(12-3)式。

1. 投資組合預期報酬率：$\tilde{R}_P$

$$\tilde{R}_p = W_1\tilde{R}_1 + W_2\tilde{R}_2 \quad\cdots\cdots\cdots\cdots\cdots\cdots\cdots\cdots\cdots (12\text{-}2)$$

2. 投資組合預期風險：

$$VAR(\tilde{R}_P) = VAR(W_1\tilde{R}_1 + W_2\tilde{R}_2) = W_1^2\tilde{\sigma}_1^2 + W_2^2\tilde{\sigma}_2^2 + 2W_1W_2\rho_{12}\tilde{\sigma}_1\tilde{\sigma}_2$$

$$= W_1^2\tilde{\sigma}_1^2 + W_2^2\tilde{\sigma}_2^2 + 2W_1W_2\tilde{\sigma}_{12} \quad\cdots\cdots\cdots\cdots\cdots\cdots (12\text{-}3)$$

$\tilde{\sigma}_1$：表示第一種資產報酬率之標準差（風險值）

$\tilde{\sigma}_2$：表示第二種資產報酬率之標準差（風險值）

ρ_{12}：表示這兩資產報酬率之相關係數

$\tilde{\sigma}_{12}$：表示這兩資產報酬率之共變異數

其中，共變異數（Covariance）為表達兩種資產的相關程度與變化方向之量數，其與相關係數關係，如(12-4)式：

$$\rho_{12} = \frac{\sigma_{12}}{\sigma_1\sigma_2} \quad\cdots\cdots\cdots\cdots\cdots\cdots\cdots\cdots\cdots (12\text{-}4)$$

另外，在衡量兩種資產組合投資風險時，須知道兩種資產彼此間相關係數。所謂相關係數（Correlation Coefficient），是指表達兩種資產的相關程度與變化方向之量數。通常相關係數乃介於正負1之間。（$-1 \le \rho_{12} \le 1$）

1. 當 $\rho_{12} = 1$ ➜ 完全正相關（表示兩資產預期報酬率呈現完全同向變動）。
2. 當 $\rho_{12} = -1$ ➜ 完全負相關（表示兩資產預期報酬率呈現完全反向變動）。
3. 當 $\rho_{12} = 0$ ➜ 零相關（表示兩資產預期報酬率沒有關係）。
4. 當 $0 < \rho_{12} < 1$ ➜ 正相關（表示兩資產預期報酬率呈同方向變動）。
5. 當 $-1 < \rho_{12} < 0$ ➜ 負相關（表示兩資產預期報酬率呈反方向變動）。

(二) 三種資產組合的風險衡量

若為三種資產組合的風險，其兩兩資產之間就有1個相關係數，所以三種資產之間就有3個相關係數。其計算式，如(12-5)式：

$$VAR(\tilde{R}_P) = VAR(W_1\tilde{R}_1 + W_2\tilde{R}_2 + W_3\tilde{R}_3) \quad \cdots\cdots (12\text{-}5)$$

$$= W_1^2\tilde{\sigma}_1^2 + W_2^2\tilde{\sigma}_2^2 + W_3\tilde{\sigma}_3 + 2W_1W_2\rho_{12}\tilde{\sigma}_1\tilde{\sigma}_2 + 2W_1W_3\rho_{13}\tilde{\sigma}_1\tilde{\sigma}_3 + 2W_2W_3\rho_{23}\tilde{\sigma}_2\tilde{\sigma}_3$$

(三) n種資產組合的風險衡量

若為n種資產組合的風險，n種資產之間就有 個相關係數。其計算式，如(12-6)式：

$$VAR(\tilde{R}_P) = VAR(W_1\tilde{R}_1 + W_2\tilde{R}_2 + \cdots\cdots + W_n\tilde{R}_n)$$

$$= \sum_{i=1}^{n} W_i^2\sigma_i^2 + 2\sum_{i=1}^{n-1}\sum_{j>i}^{n} W_iW_j\rho_{ij}\sigma_i\sigma_j \quad \cdots\cdots\cdots\cdots (12\text{-}6)$$

若n項資產，每一項的投資比重均等為1/n，每種資產的變異數為 σ 2，則投資組合風險，如(12-7)式：

$$\sigma_P^2 = n(\frac{1}{n})^2\sigma^2 + (\frac{1}{n})^2 n(n-1)\sigma_{ij} \quad \cdots\cdots\cdots\cdots (12\text{-}7)$$

由上式得知，當n→∞， $\sigma_P^2 = \sigma_{ij}$。總風險中的個別風險部份，亦即非系統風險已被分散，只剩下系統風險。

例12-1 投資組合報酬與風險

投資人投資A與B兩種證券，證券A與B的預期報酬率分別為12%與18%，證券A與B的預期報酬率之標準差為15%與25%，若兩證券間的相關係數為0.7，投資人投資於兩證券的權重為40%與60%，則投資組合預期報酬率與風險為何？

解

(1) 投資組合預期報酬率

$$\tilde{R}_p = 0.4 \times 12\% + 0.6 \times 18\% = 15.6\%$$

(2) 投資組合預期風險

$$VAR(\tilde{R}_P) = \tilde{\sigma}_P^2 = (0.4)^2 \times (15\%)^2 + (0.6)^2 \times (25\%)^2 + 2 \times 0.4 \times 0.6 \times 0.7 \times 15\% \times 25\%$$
$$= 0.0387$$
$$\tilde{\sigma}_P = \sqrt{0.0387} = 19.67\%$$

例12-2 投資組合報酬與風險

下表為A與B投信內部對未來1年不同經濟景氣狀況下，其相對應基金報酬率的機率分配。

經濟景氣狀況	A基金		B基金	
	發生機率	股票報酬率	發生機率	股票報酬率
繁榮	0.3	30%	0.4	40%
持平	0.5	10%	0.4	10%
衰退	0.2	-20%	0.2	-30%

請問
(1) 求A投信基金預期報酬率與風險各為何？
(2) 求B投信基金預期報酬率與風險各為何？
(3) 若投資兩家投信公司所屬的A與B基金，其資金比重為6:4，且兩者的相關係數為0.8，求投資組合預期風險與報酬各為何？
(4) 同上，且兩者的相關係數為-0.8，求投資組合預期風險與報酬各為何？

(1) A投信基金預期風險

預期報酬率為

$$\tilde{R}_A = E(R_A) = 0.3 \times 30\% + 0.5 \times 10\% + 0.2 \times (-20\%) = 10\%$$

預期風險為

$$\tilde{\sigma}_A = \sqrt{(30\% - 10\%)^2 \times 0.3 + (10\% - 10\%)^2 \times 0.5 + (-20\% - 10\%)^2 \times 0.2}$$
$$= 17.32\%$$

(2) B投信基金預期風險

預期報酬率為

$$\tilde{R}_B = E(R_B) = 0.4 \times 40\% + 0.4 \times 10\% + 0.2 \times (-30\%) = 14\%$$

預期風險

$$\tilde{\sigma}_B = \sqrt{(40\% - 14\%)^2 \times 0.4 + (10\% - 14\%)^2 \times 0.4 + (-30\% - 14\%)^2 \times 0.2}$$
$$= 25.76\%$$

(3) 當時，投資組合預期報酬率

$$\tilde{R}_p = 0.6 \times 10\% + 0.4 \times 14\% = 11.6\%$$

當時，投資組合預期風險

$$\tilde{\sigma}_P = \sqrt{(0.6)^2 \times (17.32\%)^2 + (0.4)^2 \times (25.76\%)^2 + 2 \times 0.6 \times 0.4 \times 0.8 \times 17.32\% \times 25.76\%}$$

$$\tilde{\sigma}_P = \sqrt{0.0385} = 19.63\%$$

(4) 當時，投資組合預期報酬率

$$\tilde{R}_p = 0.6 \times 10\% + 0.4 \times 14\% = 11.6\%$$

當時，投資組合預期風險

$$\tilde{\sigma}_P = \sqrt{(0.6)^2 \times (17.32\%)^2 + (0.4)^2 \times (25.76\%)^2 + 2 \times 0.6 \times 0.4 \times -0.8 \times 17.32\% \times 25.76\%}$$

$$\tilde{\sigma}_P = \sqrt{0.0043} = 6.55\%$$

由上可知：兩種資產所組合的投資組合風險，會因兩種資產報酬的相關性不同，產生很大的差異。

12-2 投資組合的風險分散

　　當基金經理人在進行投資時，須建構一個投資組合。通常投資組合所面臨到的風險稱為總風險，總風險中有一部分可藉由多角化投資，將它分散掉稱為非系統風險；有一部分仍無法藉由多角化投資，將它規避掉稱為系統風險。因此投資組合的總風險是由系統風險與非系統風險所組成。以下將介紹此兩種風險的特性。

一、系統與非系統風險

(一) 系統風險

　　系統風險（Systematic Risk）是指無法藉由多角化投資將之分散的風險，又稱為不可分散風險（Undiversifiable Risk）。通常此部分的風險是由市場所引起的，例如：天災、戰爭、政治情勢惡化或經濟衰退等因素，所以此類風險即為市場風險。

(二) 非系統風險

　　非系統風險（Unsystematic Risk）是指可藉由多角化投資將之分散的風險，又稱為可分散風險（Diversifiable Risk）。通常此部分的風險是由個別公司所引起的，例如：新產品開發失敗、工廠意外火災或高階主管突然離職等因素，所以此類風險即為公司特有風險。由於這些因素在本質上是隨機發生的，因此投資人可藉由多角化投資的方式，來抵銷個別公司的影響（亦即一家公司的不利事件，可被另一家公司的有利事件所抵銷）。

　　由圖12-1可以看出，當投資組合只有1檔股票時，該組合的風險最高，但隨著股票數目的增加，投資組合的風險亦隨之下降，而當投資組合內超過30檔股票以上，投資組合風險的下降幅度會**趨緩**，最後**趨近**於一個穩定值，此時再增加股票數目，投資組合風險已無法再下降。上述中可藉由增加股票數而下降的風險即為非系統風險，無法利用增加股票數而下降的風險即為系統風險。

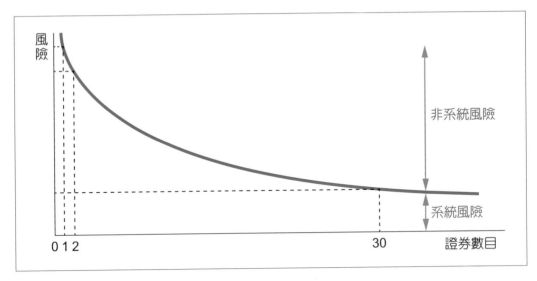

圖 12-1　系統與非系統風險關係圖

二、投資組合風險與報酬之關係

在投資的領域中，將一筆資金建構一組投資組合，在風險與報酬的關係中，風險愈高的資產，其所獲取的報酬愈高，通常這種所指的風險是以系統風險為代表。因為總風險中的非系統風險可以藉由多角化將之去除，所以非系統風險的部分，並不能獲取額外的風險溢酬（Risk Premium）亦稱風險貼水；或稱超額報酬（Excess Return），但仍有其資金投入的最基本機會成本報酬可以取之，此乃無風險利率（Risk-free Rate）。至於系統風險的部分因不可分散，所以必須冒風險才可得到的額外報酬，稱為風險溢酬。

因此投資組合的報酬與風險的關係，我們可以由(12-8)、(12-9)式以下兩式得知：

投資組合報酬率＝無風險利率＋風險溢酬 ....(12-8)
投資組合風險＝非系統風險＋系統風險 ....(12-9)

三、投資組合的系統風險衡量

由上述投資組合的報酬與風險關係中得知，系統風險是決定資產（或投資組合）報酬和風險溢酬的重要因素。因此，要決定預期報酬之前，須先知道個別資產（或投資組合）的系統風險水準。通常每一資產受到系統風險（或市場風險）

的影響程度不一，例如：現在經濟不景氣，民眾消費減少，但傳統的民生必需品食品股所受到的衝擊相對較小，電子類股就可能受到較大的衝擊，因此這兩類資產受到市場風險（系統風險）的影響就不一致。所以個別資產報酬受系統風險的影響程度，我們通常用「貝他（β）係數（Beta Coefficient）」來表示之。

(一) 意義

上一章11-1節我們就介紹過 β 係數，此處用以衡量單一資產（或投資組合）的報酬率與整個市場報酬率的連動關係。亦可解釋為，當整個市場報酬率變動一單位時，單一資產（或投資組合）報酬率的反應靈敏程度。其計算公式如(12-10)式：

$$\beta = \frac{Cov(R_i, R_m)}{Var(R_m)} = \frac{\sigma_{i,m}}{\sigma^2_m} = \rho_{i,m} \times \frac{\sigma_i}{\sigma_m} \quad \cdots\cdots\cdots\cdots (12\text{-}10)$$

$Cov(R_i, R_m)$：i資產（或投資組合）報酬率與市場報酬率的共變數

$Var(R_m)$：市場報酬率的變異數

$\rho_{i,m}$：i資產（或投資組合）報酬率與市場報酬率的相關係數

σ_i：i資產（或投資組合）報酬率的標準差（風險）

σ_m：市場報酬率的標準差（風險）

例12-3 β 值

若A基金的風險值為20%，大盤指數風險值為12%，若兩者間的相關係數為0.7，則該基金的 β 值為何？

解

$$\beta = \rho_{i,m} \times \frac{\sigma_i}{\sigma_m} = 0.7 \times \frac{20\%}{12\%} = 1.167$$

(二) 投資組合的 β 值

每一資產都有其 β 值，若投資人建構一投資組合，欲求整個投資組合的 β 值，則將投資組合中個別資產的 β 值與權重相乘後相加，即為投資組合的 β 值。投資組合的 β 值反映出投資組合報酬率相對於市場投資組合報酬率的變動程度。其計算式，如(12-11)式：

$$\beta_P = \sum_{i=1}^{n} W_i \beta_i = W_1 \beta_1 + W_2 \beta_2 + \cdots\cdots + W_n \beta_n \quad\text{.....................(12-11)}$$

β_P：投資組合 β 值

W_i：第i種資產權重

β_i：第i種資產 β 值

例12-4 投資組合的 β 值

假設投資人投資500萬元於5檔基金，其個別基金的投資金額與貝他係數，如下表所示，試問投資組合的 β 值為何？

基金	投資金額	貝他
A	200萬元	1.24
B	40萬元	1.16
C	80萬元	0.88
D	100萬元	1.28
E	80萬元	0.86

 解

投資組合的 β 值

$$\beta_P = \frac{200}{500} \times 1.24 + \frac{40}{500} \times 1.16 + \frac{80}{500} \times 0.88 + \frac{100}{500} \times 1.28 + \frac{80}{500} \times 0.86$$

$$= 1.1232$$

12-3 資產配置

資產配置（Asset Allocation）是為一投資組合管理概念，簡單的說就是不把雞蛋放在同一個籃子裡，也就是分散投資的概念。其指將資金廣泛的投資在各種資產上，如：股票、債券、基金、黃金、房地產等，希望將風險控制在可接受範圍內，使得資產能或取理想的報酬收益。

一般而言，資產配置對個人而言，乃根據自己的資金多寡以及風險可忍受度，將投資分散於各項資產，並隨著年齡階段與景氣變化，隨時調整資產內容，使得財富能夠穩定增長。對於基金經理人而言，是在建構一個多角化的投資組合時，資產種類可從單一資產擴展到多資產類型、可從國內市場擴展到國際市場，並隨著資產波動，適時的調整投資組合內的資產部位，並在風險控制下，達到投資效益最大化。

若投資人或基金經理人要建立一個最適的資產配置，必須建立一套完整慎密的資產配置流程，才能使資產配置得更有效率。其流程包含以下：(一)確立投資目標、(二)選擇最適資產、(三)動態調整資產、(四)定期檢視分析等四大步驟。

一、確立投資目標

若投資人要建立一個最適的資產配置，首先要確立短中長投資目標。投資人根據本身所設定的投資目的、預期報酬率、風險忍受度、投資期間、投資金額等項目，擬定投資組合並選擇適當的金融資產。例如：若要以保守穩健為目標，則投資組合要以固定收益證券為主；若要以積極成長為目標，則投資組合要以股權證券為主。

二、選擇最適資產

在確立投資目標後，投資人需選擇最適的資產進行資產配置。由於資產的種類與型態繁多，故投資人必須考量個別資產的風險、報酬、流動性、稅率等因數，再配合投資目標的規劃，選擇合適的資產進行投資。例如：投資人若考慮投資固定收益證券，若投資於國內的債券，可能會有高額利息收入的稅率考量，此時反而可以選擇免課稅的海外債券類商品。

三、動態調整資產

在選定資產進行投資後,個別資產可能經過一段時間後,報酬、風險、流動性或市場情勢都發生改變,此時投資人必須適時的動態調整資產部位,以符合當初所設定的投資目標。通常動態資產配置(Dynamic Asset Allocation)又依持有資產的時間,可分為「戰略性資產配置」與「戰術性資產配置」。有關這兩種配置的說明如下,且兩者差異整理於表12-1。

(一) 戰略性資產配置

戰略性資產配置(Strategic Asset Allocation)是一種較長期的投資規劃,投資人持有資產的時間,比較不會因為市場短期間的變化而常常改變。通常投資人期初針對經濟情勢、以及市場的現況和未來的發展趨勢進行深入分析研究後,確定各種資產預期的收益率及風險水準;並根據本身風險承擔能力,設定好各種資產的投資比例,建構一個可以有效控制風險下的最適投資組合;且同時根據對市場趨勢的判斷以及不同資產的收益變化,適時的對投資組合內的資產進行調整。通常此部分的投資組合,被視為「核心」的資產投資組合,提供「長期」穩定的報酬為主。

(二) 戰術性資產配置

戰術性資產配置(Tactical Asset Allocation)是一種較短期投資規劃,投資人持有資產的時間,會隨著資產本身條件的變化隨時更動。通常投資人針對短期內經濟情勢與市場環境的變化,隨時動態性的調整各種資產比例,並以積極獲取投資組合短期內價值的增加為目標。此種策略亦可稱為積極式的管理(Active Management)策略,且通常此部分的投資組合,被視為「衛星」資產投資組合,投資比重不能太高,以提供「短期」套利或投機收益為主。

表12-1　戰略性與戰術性資產配置之比較

	戰略性資產配置	戰術性資產配置
時間規劃	長期	短期
資產變動	比較不會因為市場短期間的變化而常常改變	會隨著資產本身條件的變化隨時更動
獲利情形	長期穩定報酬為主	短期套利或投機收益為主
投資組合情勢	核心的資產投資組合	衛星的資產投資組合

四、定期檢視分析

由於金融市場的詭譎多變，定期檢視資產的報酬與風險、以及分析動態資產配置的成效，對於投資組合風險管控、以及提升投資績效是相當重要的。所以投資人必須定期檢視是否偏離原有目標，最後再針對未來總體經濟及金融市場環境進行分析與研判，決定是否調整投資組合內各項資產的比重，以維持最適的資產配置狀態。

 市場焦點

投資組合避險　首重「價格分散」

投資機構法人建議，真正的分散風險是價格分散，資產配置以此為基礎，才能增進投資組合效益。風險控管可以借鏡期信基金（CTA）的概念：在資產配置上力求與主要資產低度相關以分散風險。

簡單來說，元大投信期貨部協理指出，投資人可檢視自己的投資組合，如走勢一致時表示風險相對集中，但若資產走勢間的相關性愈低，甚至是負相關，則投資組合風險相對較低，就可望獲得較理想的報酬。

目前在金融市場上，成熟股市、新興市場債、或高收益債等標的，國人資產配置時較多著墨；但歐洲與美國股市，或是新興市場債與高收益債，彼此之間相關程度高，難以靠資產分散達到風險分散目的，也就是雞蛋並沒有真正放在不同籃子裡。

投資組合關聯度高的壞處是，多空交換時價格易齊漲齊跌，投資人相對承受較高風險，因此法人建議，除了資產分散外，真正要做到降低風險，就要納入低度價格相關的資產組合。

《資料來源：節錄自聯合報 2016/01/27》

↻ **解說**

投資首重分散風險，要如何分散風險？通常投資人都會去將資金廣泛投資於數種資產，但若這數種資產彼此相關性太高，仍無法達到分散風險的效果。因此若真要降低風險，就是要多元的投資在、與主要資產低度相關的標的物上，這樣才能達到分散風險的目的。

新知速報

➜ 2016資產配置？37%理專喊"股優於債"

https://www.youtube.com/watch?v=QZjl30_MmB8

影片簡介

投資須多元的資產配置，才能分散風險。通常股票與債券的搭配是最常見的資產配置方式。2016年有部分的理財專員，認為投資應股票部位高於債券部位。

➜ 多元化配置─投資組合致勝之道

https://www.youtube.com/watch?v=S22-RlG6K90

影片簡介

若現時的投資環境，股市劇烈波動、利率低迷及債券收益不明朗時。投資者應考慮高度靈活及投資多元化的基金，有助在跌勢時保值，並在漲勢時提高報酬。

一、選擇題

( ) 1. 假設有一筆資金7:3投資A與B股票,其預期報酬率分別為12%、15%,其標準差分別為15%及18%,其投資組合報酬率為何?(A)12.9% (B)13.2% (C)14.6% (D)15.4%

( ) 2. 承上題,若兩股票之相關係數為+0.6,則投資組合報酬率的標準差為何?(A)14.40% (B)15.38% (C)15.78% (D)16.20%

( ) 3. 若A基金之年期望報酬率為20%,而標準差為30%,無風險利率為5%,假若你投資60%資金於A資產,其餘投資於無風險資產。試問你的投資組合報酬與標準差為何?(A)12%,24% (B)14%,18% (C)18%,16% (D)24%,12%

( ) 4. 當兩證券的相關係數為何時,可以建構完全無風險的投資組合?(A)相關係數為-1 (B)相關係數為+1 (C)相關係數為0 (D)相關係數介於-1與+1之間

( ) 5. 當投資組合的股票數目由5種增為20種時,則投資組合的(A)總風險不變 (B)市場風險增加 (C)系統風險降低 (D)非系統風險降低。

( ) 6. 下列何者不是系統風險的敘述?(A)β係數 (B)可以分散 (C)市場風險 (D)可獲取額外的風險溢酬

( ) 7. 以下針對非系統風險的敘述,何者有誤?(A)可分散風險 (B)β值可代表之 (C)公司特有風險 (D)不可獲取額外的風險溢酬

( ) 8. 若一股票的預期報酬率等於無風險利率,則其貝它(β)係數為何?(A)0 (B)1 (C)-1 (D)不確定

( ) 9. 若某基金的風險值為30%,大盤指數風險值為20%,若兩者間的相關係數為0.5,則該基金的β值為何?(A)0.33 (B)0.75 (C)1.0 (D)1.2

( ) 10. A、B、C三檔股票的β值分別為0.8、1.2、1.5,若投入A、B、C的資金權重分別為30%、20%、50%,則此投資組合的β值為何?(A)1.23 (B)1.32 (C)1.36 (D)1.42

( ) 11. 若增加投資組合中的資產數目,則下列敘述何者正確?(A)提高投資組合之流動性 (B)提高風險分散效果 (C)提高投資組合的非系統風險 (D)增加資產的相關性

( ) 12. 下列敘述何者有誤？(A)投資組合兩種證券相關係數小於1，則投資組合風險會下降　(B)兩種風險性證券之報酬率變異數相等，相關係數為＋1，變異數不變　(C)兩種風險性證券之報酬率變異數相等，相關係數為－1，變異數不變　(D)以上皆是

( ) 13. 下列關於風險溢酬何者有誤？(A)市場報酬與無風險報酬之差異　(B)與非系統風險有關　(C)與系統風險有關　(D)與 β 值有關

( ) 14. 下列針對戰略型策略的敘述，何者正確？(A)長期規劃　(B)亦可稱為積極式的管理　(C)短期規劃　(D)屬於衛星的資產投資組合

( ) 15. 下列針對戰術型策略的敘述，何者正確？(A)長期規劃　(B)投資比較不會因為市場的變化而改變　(C)短期規劃　(D)以上皆非

證照題 ( ) 16. 大雄投資400元買甲股票，甲股票期望報酬率為10%；投資200元買乙股票，乙股票的期望報酬率為15%；投資400元買丙股票，丙股票的期望報酬率為17%，則此投資組合的期望報酬率為：(A)13.5%　(B)15%　(C)14%　(D)13.8%　　　　　　　　　　　　【2013-1 投信投顧人員】

( ) 17. 若由10種股票構成投資組合，每種股票在投資組合中的權重皆為0.1，若每種股票的預期報酬率者皆為20%，則此投資組合的預期報酬率為？(A)2%　(B)10%　(C)20%　(D)200%　　　　　　　　　【2013-1 投信投顧人員】

( ) 18. 當投資組合內個別資產間的相關係數為0時，代表：(A)無風險分散效果　(B)有風險分散效果　(C)風險分散達到最佳　(D)風險分散優於相關係數為－1之投資組合　　　　　　　　　　　　　　　【2013-1 投信投顧人員】

( ) 19. 一般說來，債券型基金之貝它(Beta)係數：(A)小於0　(B)小於1　(C)大於1　(D)無法判斷　　　　　　　　　　　　　　　【2013-1 投信投顧人員】

( ) 20. 當投資組合個別資產間之相關係數為-0.8時，投資人如何將投資組合之風險降為零？(A)增加投資資產的種類　(B)減少資產的種類　(C)增加貝它係數為-1之資產　(D)選項(A)、(B)、(C)皆非

【2013年第2次投信投顧人員】

( ) 21. 市場投資組合的風險為何？(A)僅有非系統風險　(B)貝它係數為1　(C)其標準差為0　(D)沒有風險　　　　　　　　　　【2013-4 投信投顧人員】

(　　) 22. 當我們在衡量風險時，都會提到貝它(β)係數，其所代表的意義乃是：
(A)用以衡量個別證券報酬率相對於市場投資組合報酬率的變動程度
(B)用以衡量某一投資組合所具有的總風險　(C)用以衡量投資人所關心
的下方風險　(D)選項(A)、(B)、(C)皆非　　　【2013-4 投信投顧人員】

(　　) 23. 下列哪一句話可以說明風險分散的道理？(A)不要將雞蛋放在同一個籃子
裡　(B)規律地定期投資　(C)當企業內部人士開始買進自家股票，就是
個好訊號　(D)投資是99%的努力　　　【2014-3 投信投顧人員】

(　　) 24. 下列有關風險分散的敘述，何者正確？(A)一個完全分散的投資組合，由
於風險均已分散，其報酬率應等於無風險利率　(B)完全分散風險的投資
組合，並未能將所有風險消除　(C)完全分散風險的投資組合，其報酬率
應較無風險利率為低　(D)選項(A)、(B)、(C)皆非　【2014-3 投信投顧人員】

(　　) 25. 類股共同基金相較於一般共同基金的主要差異在於：(A)非系統風險較大
(B)系統風險較大　(C)投資績效較佳　(D)管理費率較高

【2015-1 投信投顧人員】

(　　) 26. X股票在大盤下跌時，表現相當強的抗跌性；相反地，在大盤上漲時，
該股票卻上漲較少。請問X股票的特性是：(A)期望報酬率高於大盤平均
報酬率　(B)期望報酬率等於大盤平均報酬率　(C)貝它(Beta)係數小於1
(D)貝它(Beta)係數小於0　　　【2015-1投信投顧人員】

(　　) 27. 為了使投資組合之風險不要太高，選股時應：(A)集中某類股投資　(B)
選擇低成長之股票　(C)選擇高成長之股票　(D)選擇性質不同之股票投
資　　　【2015-4投信投顧人員】

(　　) 28. 建構投資組合的步驟依由上而下策略(Top down strategy)順序應該為：甲.
設定資產配置；乙.根據投資人目標與限制決定投資策略；丙.選擇投資
標的　(A)甲→乙→丙　(B)乙→丙→甲　(C)乙→甲→丙　(D)丙→乙→
甲　　　【2013-3 投信投顧人員】

(　　) 29. 投資人採用戰術性的資產配置(Tactical asset Allocation)比較是要：(A)掌
握總體經濟景氣循環來進出各類資產市場　(B)投資指數型基金　(C)認
為投資人無法獲得超額報酬　(D)將資金分配到各熱門產業

【2013-2證券投資分析人員】

( ) 30. 投資人採用策略性的資產配置【Strategic Asset Allocation】，一般是：
(A)認為投資人可以利用掌握總體經濟景氣循環來進出各類資產市場以獲得暴利　(B)認為投資人無法獲得正報酬　(C)認為投資人無法獲得內線消息　(D)相信市場是有效率的　　　　　【2015-3 證券投資分析人員】

二、問答與計算題

1. 投資人投資A與B兩檔基金，A為股票型基金、B為債券型基金，其預期報酬率分別為20%與5%，預期報酬率之標準差為25%與4%，若兩種基金之間的相關係數為-0.3，投資人投資於此兩種基金的權重為30%與70%，則投資組合預期報酬率與風險為何？

2. 下表為投資人所建構兩投資組合X與Y，每投資組合內各投資A、B、C、D、E共5種股票，其股票 β 值如下表所示：

公司	投資比重（%）		β 值
	X組合	Y組合	
A	20%	10%	1.2
B	10%	20%	1.3
C	10%	20%	0.7
D	30%	20%	0.9
E	30%	10%	1.0

(1) 若現在大盤上漲，請問何檔股票上漲最多？

(2) 若現在大盤下跌，請問何檔股票下跌最少？

(3) X與Y投資組合的 β 值各為何？

(4) X與Y投資組合何者風險較高？

3. 若某基金的 β 值為1.5，風險值為20%，大盤指數風險值為10%，請問兩者間的相關係數為何？

4. 請說明兩資產的相關係數為正與負值，表示何種意思？

5. 請說明系統風險與非系統風險之差異？

6. 通常動態資產配置依持有資產的時間，可分為哪兩種？

一、選擇題

1	2	3	4	5	6	7	8	9	10
A	A	B	A	D	C	D	C	B	A
11	12	13	14	15	16	17	18	19	20
C	B	B	A	C	D	C	B	B	D
21	22	23	24	25	26	27	28	29	30
B	A	A	B	A	C	D	C	A	A

二、簡答與計算題

1. 投資組合報酬率為9.5%；投資組合風險為7.17%。

2. (1) B漲最多，B股票 β 最大。

    (2) C跌最少，C股票 β 最小。

    (3) $\beta_x = 1.01$ ；$\beta_y = 0.8$。

    (4) $\beta_x > \beta_y$，X組合風險較高。

3. 相關係數為0.75。

4. 相關係數為正（負）值表示預期報酬率呈現完全同向（反向）變動。

5. (1) 系統風險是指無法藉由多角化投資將它分散掉的風險，又稱為不可分散風險，此類風險即為市場風險。

    (2) 非系統風險是指可以藉由多角化投資將它分散掉的風險，又稱為可分散風險，此類風險即為公司特有風險。

6. 戰略性資產配置與戰術性資產配置。

Chapter 13 投資理論

▼ 本章大綱

本章內容為投資理論，主要介紹效率市場假說、效率投資組合與投資理論模型，其內容詳見下表。

節次	節名	主要內容
13-1	效率市場假說	介紹效率市場的意義與種類。
13-2	效率投資組合	介紹可能投資集合、效率前緣與最佳投資組合。
13-3	投資理論模型	介紹兩個投資理論重要的模型—資本資產定價模型與套利定價模型。

基金經理人都希望能夠進行效率投資，使其基金具有卓越的績效表現。所以經理人必須明瞭市場具效率性對基金表現的重要性影響，以及如何應用各種投資理論來建構一個效率投資組合的重要性。以下本章將介紹效率市場假說、效率投資組合與投資理論等議題。

13-1 效率市場假說

當一個基金經理人，欲將資金投入金融市場進行資產配置時，若市場的效率不彰，會嚴重的影響投資組合效益。因此一個金融市場是否具有效率，攸關基金投資績效之優劣。所以效率市場的探討為基金管理學中一個重要的主題。以下將分別說明效率市場的意義與種類。

一、效率市場意義

效率市場假說（Efficient Market Hypothesis, EMH）係指金融市場的訊息都是公開、很容易取得的，且所有的訊息都能夠很快速的反應在資產價格上，因此投資人無法在資產獲得超額報酬。此假說為法瑪（Fama）於1970年歸納當時美國學術界的實驗研究結果。

效率市場假說中認為投資人是理性的，當市場訊息出現時，因為資訊不對稱或資訊解讀的時間差異，致使資產價格短期間偏離合理價值（例如：反應過度或反應不足），但投資人能很快的學習與調整，使得資產價格很迅速的回歸基本價值。所以投資人無法藉由目前所有公開資訊獲取超額報酬。圖13-1為資產價格對訊息反應的示意圖。

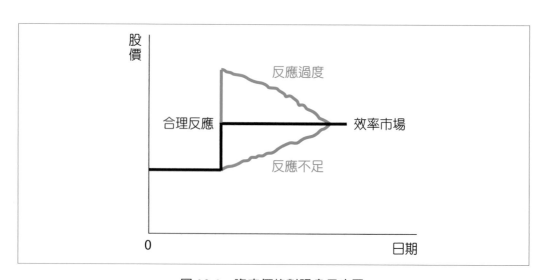

圖 13-1　資產價格對訊息反應圖

效率市場能夠存在，基本上有以下四點假設。

1. 市場內每個投資人都很容易且免費取得公開訊息。

2. 市場內沒有任何交易、稅負等成本。

3. 任何投資人都無法影響價格。

4. 每個投資人都是理性的，追求利潤極大化。

上述的假設，其實在眞實環境很難達成。首先，因爲市場資訊並不是每個人都能公平取得，通常公司內部人員或董事、證券分析師或政府官員等相關人員，相對於一般的散戶投資人而言較容易與迅速獲取資訊。再者，證券市場通常有證券交易稅、證券所得稅與交易手續費等交易成本的存在。此外，市場有些資本雄厚的法人是有機會操縱股價的，再加上市場投資人並非每個都很理性，有時基於某些特殊原因，無法追求利潤極大化。基於上述的原因，我們得知眞正一個完美的效率市場（Perfectly Efficient Market）是很難達成的。因此並非每個市場都能達到效率市場的境界，有些市場對資訊的反應程度較快速且完全，有些則不然。所以效率市場根據法瑪（Fama）於1970年的效率市場假說研究中，將效率市場分成以下三種種類。

二、效率市場種類

根據法瑪（Fama）於1970年歸納整理，將效率市場依照資訊內容的不同，區分爲弱式、半強式與強式效率市場三種假說，詳見表13-1。圖13-2則爲此三種效率市場的假說關係圖。

表13-1 效率市場種類	
種　類	說　明
弱式效率市場	➡ 目前股票的價格已經完全反映所有證券市場的「歷史資訊」，其歷史資訊包含過去的價格、報酬率與成交量之變化。 ➡ 投資人使用過去的「歷史資料」來分析目前的市場狀況，並無法獲取超額利潤。 ➡ 這也意謂著，在弱式效率市場中，「技術分析」無效。
半強式效率市場	➡ 目前股票的價格已經完全反映所有證券市場的「歷史資訊」與「現在公開的資訊」，其歷史資訊如上述；現在公開的資訊包含公司的股利殖利率、本益比、股價淨值比、營收成長率與相關的政治與經濟訊息。 ➡ 投資人使用過去的「歷史資料」與「現在公開的資訊」來分析目前的市場狀況，並無法獲取超額利潤。 ➡ 這也意謂著，在半強式效率市場中，「技術分析」與「基本面分析」皆無效。
強式效率市場	➡ 目前股票的價格已經完全反映所有證券市場的「歷史資訊」、「現在公開的資訊」與「未公開的資訊」，其歷史與現在公開資訊如上述；未公開的資訊包含公司未來營運方向、公司即將接到的訂單等公司內部訊息。 ➡ 投資人使用過去的「歷史資料」、「現在公開的資訊」與「未公開的資訊」來分析目前的市場狀況，並無法獲取超額利潤。 ➡ 這也意謂著，在強式效率市場中，「技術分析」、「基本面分析」與「內線交易」皆無效。

圖 13-2　三種效率市場的假說關係圖

13-2 效率投資組合

　　前一章我們從投資組合報酬與風險的介紹中得知，任兩資產所建構的投資組合報酬與風險，會隨著投資在資產的資金權重與兩者間的相關係數高低，而有所變化。根據1952年馬可維茲（Markowitz）所提出投資組合理論，我們必須在資產所建構的可能投資集合中，找到相同報酬率下，風險最小的效率投資組合；或在相同風險下，報酬率最高的效率投資組合。這些最有效率的投資組合所建構的曲線稱為效率前緣（Efficient Frontier）。此外，我們在效率的投資組合加入無風險資產，可以建構一個最佳的投資組合。以下我們將介紹眾多資產所建構的「可能投資集合」、最具效率投資的「效率前緣」以及「最佳的投資組合」。

一、可能投資集合

(一) 兩種資產的投資組合

　　任兩資產所建構的投資組合報酬與風險，會隨著投資在資產的資金權重與兩者之間的相關係數高低，而產生不同的投資可能集合。以下我們將舉例說明投資組合所可能建構的投資集合。

　　假設A、B兩資產的報酬率與風險分別為$(R_A, \sigma_A) = (25\%, 40\%)$、$(R_B, \sigma_B) = (10\%, 30\%)$。若兩資產的投資權重（$W_A, W_B$）與報酬率之相關係數（$\rho_{AB}$）如下表13-2，則兩資產的投資組合報酬率與風險值（R_P, σ_P）如下表所示。

權重	(W_A, W_B) (100%, 0%)	(W_A, W_B) (70%, 30%)	(W_A, W_B) (50%, 50%)	(W_A, W_B) (30%, 70%)	(W_A, W_B) (0%, 100%)
投資組合報酬率與風險值	(R_P, σ_P)	(R_P, σ_P)	(R_P, σ_P)	(R_P, σ_P)	(R_P, σ_P)
$\rho_{AB} = 1$	(25%, 40%)	(20.5%, 37%)	(17.5%, 35%)	(14.5%, 33%)	(10%, 30%)
$\rho_{AB} = 0.5$	(25%, 40%)	(20.5%, 33.4%)	(17.5%, 30.4%)	(14.5%, 28.0%)	(10%, 30%)
$\rho_{AB} = 0$	(25%, 40%)	(20.5%, 29.4%)	(17.5%, 25%)	(14.5%, 24.2%)	(10%, 30%)
$\rho_{AB} = -0.5$	(25%, 40%)	(20.5%, 24.7%)	(17.5%, 18%)	(14.5%, 18.2%)	(10%, 30%)
$\rho_{AB} = -1$	(25%, 40%)	(20.5%, 19%)	(17.5%, 5%)	(14.5%, 9%)	(10%, 30%)

表13-2　A、B兩資產的投資組合報酬率與風險值（R_P, σ_P）

我們根據表13-2所計算出之投資組合報酬率與風險值（R_P, σ_P），可以畫出圖13-3。從圖13-3得知，由兩種資產所建構的投資組合之投資可能集合，為一個凸向Y軸的投資曲線集合。當A、B兩資產報酬率之相關係數（ρ_{AB}）愈小，投資曲線集合愈凸向Y軸。

A與B兩資產報酬率之相關係數介於正1與負1之間，但通常兩資產報酬率的相關係數不會正好等於正1或負1。所以兩資產所建構的投資組合之投資曲線不會是AB兩點的最短連線（當$\rho_{AB}=1$）與最長連線（$\rho_{AB}=-1$）。因此由兩資產所建構的投資組合之投資可能集合，為一個隨著資產報酬率之相關係數（ρ_{AB}）變小，愈凸向Y軸的投資曲線集合。

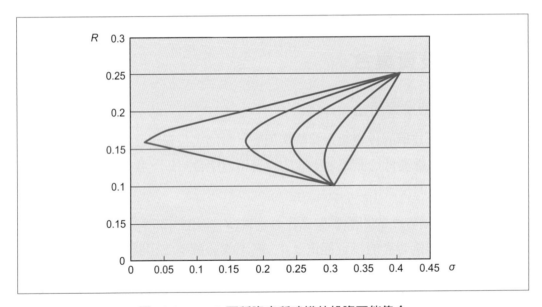

圖 13-3　A、B 兩種資產所建構的投資可能集合

(二) 多種資產的投資組合

我們由前述得知由任兩資產所建構的投資組合之投資可能集合，為一個凸向Y軸的投資曲線集合。當投資組合內的資產擴充為多種資產時，則投資可能曲線為一個凸向Y軸、且帶鋸齒弧線尾端[1]的投資曲線集合，如圖13-4所示。

---

1 因為任兩資產報酬的相關係數不太可能為正1，所以任兩資產的投資曲線皆凸向Y軸的弧線。

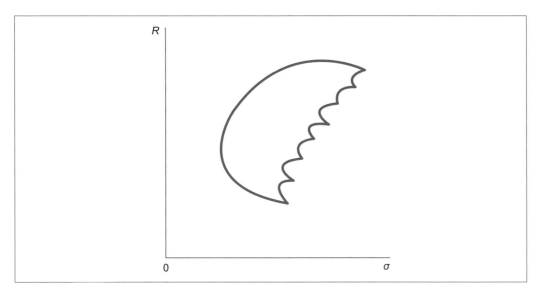

圖 13-4　多種資產所建構的投資可能集合

二、效率前緣

　　我們由前述得知多種資產所建構的投資組合，其投資可能曲線為一個凸向Y軸、且帶鋸齒弧線尾端的投資曲線集合。根據1952年馬可維茲（Markowitz）所提出的投資組合理論中，可以利用「平均數－變異數」（Mean-Variance, M-V）分析法則，來建構效率投資曲線。該法則即是在投資可能曲線中，在相同報酬率下，找出風險最小的效率投資組合；或在相同風險下，找出報酬率最高的效率投資組合。這些最有效率的投資組合所建構的曲線即稱為效率前緣（Efficient Frontier）。

　　以下利用圖13-5說明如何尋找效率前緣曲線。如果在投資組合所建構的投資可能集合中，我們首先固定一個風險值（σ_i），則對應投資可能集合可以找尋到X、Y、Z三種資產組合，其三種資產組合報酬率順序為$R_X>R_Y>R_Z$，根據M-V法則，因為X資產的報酬率最高，所以X資產組合為最有效率的投資組合。其次我們固定一個報酬率（R_i），則對應投資可能集合可以找尋到P、Q、R三種資產組合，其三種資產組合報酬率順序為$\sigma_P<\sigma_Q<\sigma_R$，根據M-V法則，因為P資產的風險值最高，所以P資產組合為最有效率的投資組合。

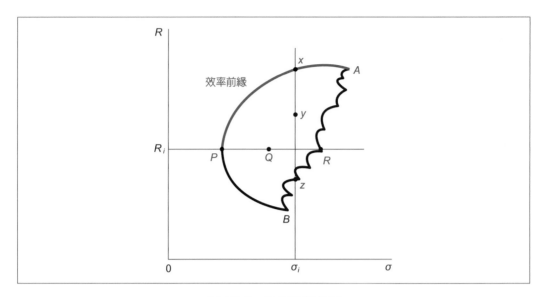

圖 13-5　效率前緣曲線

　　所以我們根據M-V法則，可在原先多種資產投資組合所建構的投資可能曲線中找到AP之間的弧線，此乃投資可能曲線中最具效率的投資組合曲線，此曲線又稱為效率前緣曲線。

三、最佳投資組合

　　通常投資人在進行投資時，大都會選擇多角化投資，其標的物除了具風險的資產外，仍有一些資金放在無風險（Risk-free）資產（例如，銀行定存或買公債）。在風險資產的選擇，上述已經介紹我們可以在效率前緣上，找任一資產組合，皆是效率投資組合（Efficient Portfolio）。若現在我們將一部分的資金投資在效率前緣線的任一投資組合上，再將另一部分的資金保留於定存（無風險資產），這兩種投資所建構的投資曲線，會因投資人選擇不同的效率投資組合，而有不同的結果。但效率前緣上僅有一效率投資組合可以與無風險資產組成最佳投資組合（The Optimal Portfolio）。

　　此投資組合必須選擇效率前緣與無風險資產相切的交點，如圖13-6所示的O點，此O點的投資組合即為最佳的投資組合。效率前緣O點與無風險資產相切的切線即為資本市場線（Capital Market Line, CML）。

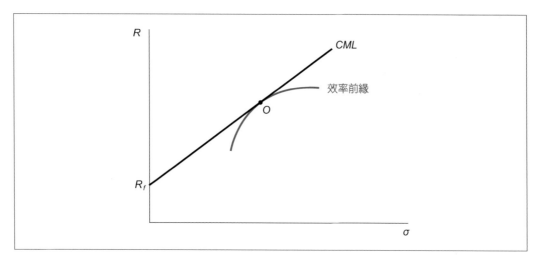

圖 13-6　資本市場線

　　在CML線上的任一個點，都是效率投資組合。投資人可以根據自己的風險
承擔能力來制訂投資策略。如果投資人可以承擔較高風險，則可以選擇效率前緣
O點右端的投資曲線進行投資，此時投資人利用無風險利率借出部分資金投資於
O點之效率投資組合。如果投資人風險承擔能力較低，則可以選擇效率前緣O點
左端的投資曲線進行投資，此時投資人可將部分資金投資於無風險資產，部分投
資於O點之效率投資組合。

市場焦點

群益客製化CAB搶進類全委市場

　　類全委保單成近期投資市場的新利器，吸引定存族的目光。國內擁有陣容堅強研究團隊的群益投信，運用自創的「CAB動態配置策略」，希望能兼顧資產配置、投資報酬及風險管控，並依客戶需求客製化最有效率投資組合。

　　「CAB動態配置策略」，Customized－根據客戶不同投資目標及投資限制，客製化最符合需求且最具效率的投資組合；Gain Alpha－領先採用景氣循環鐘，依全球及各區域景氣狀況，以質量雙管齊下方式，決定股債配置；Lower Beta－在決定投資組合時，同時運用各類資產間之相關係數與共變數，降低投資組合波動，並藉由質化投研策略，將投資組合效率前緣往上推，後續也會長期追蹤波動軌跡，建立更有效率的投資組合。

《資料來源：節錄自工商時報 2015/05/11》

↻ 解說

　　類全委保單是近年來新興的保險商品，保險公司將投資型保單的投資部分委由投信代為操作管理。藉由投信豐富的操盤經驗，依保單客戶的需求，運用動態配置策略，為客戶客製化最有效率投資組合。

13-3 投資理論模型

本節將介紹資本資產定價模式與套利定價模型等兩個財務領域重要的理論。

一、資本資產定價模型

(一) 模型的推演

在本書12-2節我們已經介紹 β 值之概念，每一股票或投資組合皆有其 β 值，β 值是用來衡量單一個股（或投資組合）與市場投資組合（大盤指數）的風險敏感度。通常 β 值愈大，代表個股相對於大盤指數的報酬率變動就愈大。因此每一個股的報酬率與 β 值呈正向的關係，如圖13-7所示。通常 β 值是用於衡量系統風險大小的指標，前述已有提到系統風險因不可分散，所以必須冒風險才可得到的額外報酬稱為風險溢酬。風險溢酬乃是個股報酬（R_f）與無風險利率（R_f）的差異（$R_i - R_f$）。

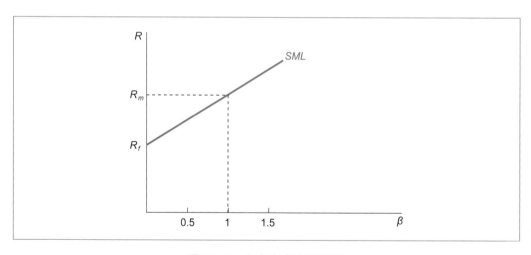

圖 13-7　資本資產定價模型

根據上述中，「個股的報酬率與 β 值呈正向的關係」與「β 值（系統風險）才可得到的額外報酬稱為風險溢酬」這兩個觀念，且「報酬對風險比率」（Reward to Risk Ratio）相對等原則，於圖13-7我們可得到個股報酬率（R_i）、β 值（β_i）與市場報酬率（R_m）、β 值（β_m）以及無風險報酬率（R_f）之間，將呈現以下關係式(13-1)：

$$\frac{R_m - R_f}{\beta_m} = \frac{R_i - R_f}{\beta_i} \Rightarrow \frac{R_m - R_f}{1} = \frac{R_i - R_f}{\beta_i}$$

$$\Rightarrow R_i - R_f = \beta_i(R_m - R_f)$$

$$\Rightarrow R_i = R_f + \beta_i(R_m - R_f) \quad\dots\dots\dots\dots\dots\dots \text{(13-1)}$$

由(13-1)式的關係式就是「資本資產定價模型」（Capital Asset Pricing Model, CAPM），其圖13-8所畫出的線就是證券市場線（Security Market Line, SML）。CAPM模型是在1960年代由夏普（Sharpe）、林特爾（Lintner）、崔納（Treynor）和莫辛（Mossin）等人在現代投資組合理論的基礎上發展而來的。根據CAPM得知，任一資產的報酬是由無風險利率與資產的風險溢酬所組成。其中風險溢酬是由該資產的 β 值所決定。因此資本資產定價模型通常被稱為「單因子模型」（One Factor Model）。其理論廣泛應用於投資決策與公司理財領域。

(二) 證券市場線與資本市場線之差異

由CAPM模型所推導出的證券市場線（SML），與效率前緣所衍生出的資本市場線（CML），在經濟涵義與圖形呈現上雖有許多相似之處，但仍有所不同。圖13-9為SML與CML線[2]之圖形對照圖，其兩者差異說明如下。

1. **經濟意涵上**：任一個股或投資組合都會落在SML線上，但只有效率投資組合才會落在CML線上。

2. **圖形呈現上**：SML與CML圖形的Y軸皆為預期報酬率，但SML的X軸為系統風險，CML的X軸則為總風險。

$$SML \Rightarrow R_i = R_f + \beta_i(R_m - R_f)$$

$$CML \Rightarrow R_p = R_f + \sigma_p\left[\frac{R_m - R_f}{\sigma_m}\right]$$

---

2 根據圖13-8的CML線之的效率投資組合(p)與整體市場投資組合(m)所對應的報酬與風險，基於CML線上任何一點斜率相同下，可得CML線為：
$$\frac{R_p - R_f}{\sigma_p} = \frac{R_m - R_f}{\sigma_m} \Rightarrow R_p = R_f + \sigma_p\left[\frac{R_m - R_f}{\sigma_m}\right]$$

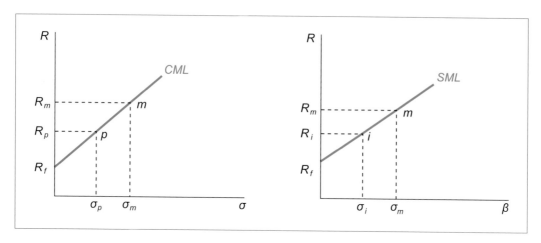

圖 13-8　SML 與 CML 線之圖形對照

(三) 證券市場線的變動

　　由資本資產定價模型所發展出來的證券市場線（SML），有可能因兩種情形導致整條線的移動。其一為通貨膨脹的影響，其二為風險迴避程度的改變。

1. 通貨膨脹的影響

　　證券的預期報酬是由無風險報酬率與證券的風險溢酬所組成。其中，無風險報酬率為一名目利率，根據費雪方程式（Fisher Equation）：名目利率等於實質利率加通貨膨脹率。所以當通貨膨脹率增加時，無風險利率就增加，將導致證券市場線（SML）向上平移。如圖13-9所示。

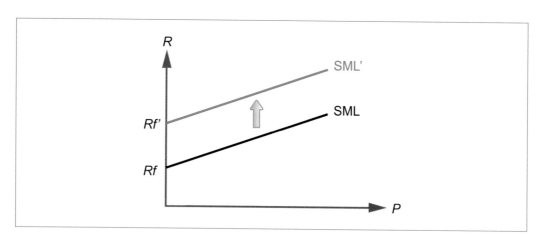

圖 13-9　風險程度改變對 SML 線的影響

2. 風險迴避程度的改變

當投資人投資證券時，可以忍受的風險程度增加時，則所要求的補償就愈高，於是此時證券市場必須提供更多的風險溢酬（$R_m - R_f$），才能滿足投資人的需求。若在無風險利率（R_f）與系統風險值（β）不變下，風險溢酬（$R_m - R_f$）增加，將使證券市場線（SML）的斜率變陡。如圖13-10所示。

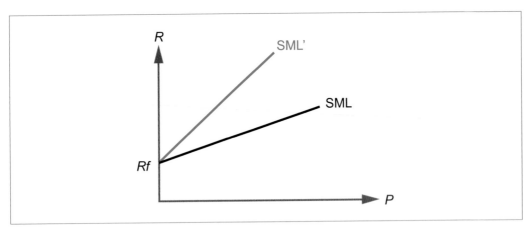

圖 13-10　風險規避程度改變對 SML 線的影響

 例13-1　CAPM

假設A基金 β 值為1.1，市場報酬為10%，無風險利率為4%，則

(1) 風險溢酬為何？

(2) A基金預期報酬為何？

解

(1) 風險溢酬 $= (R_m - R_f) = (10\% - 4\%) = 6\%$

(2) A基金預期報酬

$R_A = R_f + \beta_A(R_m - R_f) = 4\% + 1.1 \times (10\% - 4\%) = 10.4\%$

例13-2 CAPM

假設B基金預期報酬為14%，市場風險溢酬為6%，市場報酬為8%，則
(1) 無風險報酬為何？
(2) B基金的β值為何？

解

(1) 無風險報酬

市場風險溢酬＝$(R_m-R_f)=(8\%-R_f)=6\%$ ➜ $R_f=2\%$

(2) B基金的β值

根據CAPM ➜ $R_B=R_f+\beta_B(R_m-R_f)=2\%+\beta_B\times(6\%)=14\%$

➜ $\beta_B=2$

二、套利定價模型

　　套利定價理論（Arbitrage Pricing Theory, APT），1976年由羅斯（Ross）所提出，其理論為當證券市場達成均衡時，個別證券的預期報酬率是由無風險利率與風險溢酬所組成，且預期報酬率會與多個因子共同存在著線性關係。前述CAPM則認定只有一個因子β會對預期報酬率造成影響；但套利定價理論認為不只一個因子，而是有許多不同的因子都會對預期報酬率造成衝擊，因此套利定價理論是「多因子模型」（Multiple Factor Model）。其影響模型之因子包含未預期的長短期利率利差、通貨膨脹率、工業生產產值成長率等因素，其模型說明如(13-2)式：

$$E(R_i) = R_f + b_1[E(R_1) - R_f] + b_2[E(R_2) - R_f] + \cdots + b_n[E(R_n) - R_f]$$

$$= R_f + b_1\lambda_1 + b_2\lambda_2 + \cdots + b_n\lambda_n \dots\dots\dots\dots\dots(13\text{-}2)$$

$E(R_i)$：第 i 種證券之預期報酬率

R_f：無風險利率

b_i：該證券對特定因子的敏感度。i=1, 2……n

λ_i：各個特定因子所提供的平均風險溢酬。i=1, 2……n4

例13-3 ● APT

假設影響投資組合有兩個因素，第一因素敏感度係數為0.8，第二因素敏感度係數為1.2，無風險利率為6%。若第一、二因素之風險溢酬分別為4%及6%，則請問無套利機會下，投資組合之期望報酬率為何？

解

投資組合之期望報酬率

$$R_P = R_f + b_1 \lambda_1 + b_2 \lambda_2 = 6\% + 0.8 \times 4\% + 1.2 \times 6\% = 16.4\%$$

新知速報

➜ 構建靈活的收益投資組合

https://www.youtube.com/watch?v=0QbmyE0djy4

影片簡介
建構一個有「效率投資組合」必需要考慮報酬與風險的平衡。多元資產入息投資策略，投資人可藉由投資不同資產獲取更高報酬率，並降低投資風險。

➜ 希債陸股黑天鵝　點燃全球系統風險？！

https://www.youtube.com/watch?v=7ysWoFFQcj4

影片簡介
前陣子全球金融市場黑天鵝漫飛，從希臘的債信危機、中國股市的崩跌等事件，點燃全球的「系統風險」。所以投資人進行投資時，須進行分散風險。

一、選擇題

( ) 1. 通常資產價格能完全且迅速反應市場上所有相關訊息，我們稱為(A)完全市場　(B)效率市場　(C)理性市場　(D)理想市場

( ) 2. 請問無法利用過去歷史資料來獲取超額報酬的是何種效率市場？(A)弱式效率市場　(B)半強式效率市場　(C)強式效率市場　(D)以上皆是

( ) 3. 現在即時且公開的資訊，在何種效率市場中最具有獲利價值？(A)弱式效率市場　(B)半強式效率市場　(C)強式效率市場　(D)以上皆是

( ) 4. 若利用技術分析可以獲利，則何種效率市場不成立？(A)只有弱式效率不成立　(B)只有半強式效率不成立　(C)只有半強式與強式效率不成立　(D)弱式、半強式及強式效率均不成立

( ) 5. 若目前的股票價格已充分反應過去已公開之價格資訊，則該市場之效率性屬於何種？(A)弱式　(B)半強式　(C)強式　(D)半弱式

( ) 6. 如果符合弱式效率市場假說，但不符合半強式效率市場假說，則利用下列何種分析將無法獲取超額報酬？(A)成交量變化　(B)公司宣告股利發放　(C)現在公布的財務資料　(D)以上皆非

( ) 7. 下列何者符合半強式效率市場假說？(A)投資人經由技術分析無法獲得超額報酬　(B)市場中目前股價可反應所有已公開的資訊　(C)內線交易可以賺取超額報酬　(D)以上皆是

( ) 8. 下列何者符合強式效率市場假說？(A)內線交易無法賺取超額報酬　(B)現在訊息無法賺取超額報酬　(C)歷史股價資料無法賺取超額報酬　(D)以上皆是

( ) 9. 若一個市場符合半強式效率假說時，投資人須從事何種行為，才有機會獲取超額報酬？(A)研究技術分析　(B)研究基本分析　(C)研究報紙所有資訊　(D)獲取內線消息

( ) 10. 請問一個市場連內線消息都無法獲取超額報酬，則該市場是屬於何種效率市場假說？(A)弱式　(B)半強式　(C)強式　(D)弱式及半強式

( ) 11. 何謂效率投資組合？(A)風險最小之投資組合　(B)在相同風險下，期望報酬率最大之投資組合　(C)期望報酬率最大之投資組合　(D)以上皆是

( ) 12. 根據CAPM，證券之 β 值愈大，則其系統風險為何？(A)愈大　(B)愈小　(C)不變　(D)不一定

( ) 13. 請問資本資產定價模式(CAPM)認為最能完整解釋投資組合報酬率的是何者？(A)無風險資產　(B)總風險　(C)系統風險　(D)非系統風險

( ) 14. 若無風險利率為4%，市場期望報酬率為8%，若某股票之 β 值為1.2，則其期望報酬率為何？(A)6.4%　(B)7.2%　(C)8.8%　(D)9.6%

( ) 15. 請問在CAPM模式中，若已知A基金的預期報酬率為26%，A基金的 β 值為1.5，無風險利率為5%，則市場預期報酬率為何？(A)10%　(B)12%　(C)16%　(D)19%

( ) 16. 請問在CAPM模式中，若已知B基金的預期報酬率為12%，無風險利率為4%，市場預期報酬率8%，則B基金的 β 值為何？(A)1.0　(B)1.2　(C)1.5　(D)2

( ) 17. 下列敘述何者正確？(A)當投資人風險趨避增加時，SML線會變陡　(B)市場通貨膨脹率增加時，SML線會上移　(C)當投資人風險趨避增加時，證券市場必須提供更多的風險溢酬　(D)以上皆是

( ) 18. 請問APT與CAPM兩者最大的差異為APT如何？(A)只有強調市場風險　(B)不須強調分散風險　(C)包含多項系統風險因素　(D)包含多項非系統風險因素

( ) 19. 有關資本資產訂價理論(CAPM)與套利訂價理論(APT)之敘述，何者正確？(A)CAPM是單因子模型；APT則為多因子模型　(B)CAPM與APT皆探討單一證券的預期報酬率　(C)CAPM與APT皆受無風險利率影響　(D)以上皆是

( ) 20. 請問套利定價理論(APT)模式中，若A投資組合受兩因子影響，兩因子係數為分別1.2、1.6，風險溢酬分別為4%及6%，市場無風險利率為2%，在無套利機會下，A組合之期望報酬率為何？(A)16.4%　(B)18.2%　(C)19.8%　(D)20.6%

( ) 21. 下列有關效率前緣之敘述何者正確？(A)落在效率前緣皆為效率投資組合　(B)效率前緣的投資組合皆是相同風險下，報酬最高　(C)效率前緣的投資組合皆是相同報酬下，風險最小　(D)以上皆是

( ) 22. 下列敘述何者為非？(A)個別證券 β 值，可依權重相加成投資組合的 β 值 (B)個別證券預期報酬率，可依權重相加成投資組合的預期報酬率 (C) 個別證券風險值，可依權重相加成投資組合的風險值 (D)以上皆非

( ) 23. 下列有關於資本資產定價模式的敘述，何者正確？(A)所有投資組合皆是 效率投資組合 (B)建構資本市場線 (C)多因子模型 (D)所有的投資組 合皆會落在證券市場線上

( ) 24. 請問有關SML與CML之敘述何者正確？(A)兩者投資組合皆是效率投資 組合 (B)兩者圖形的X軸皆為系統風險 (C)兩者圖形的X軸皆為總風險 (D) 兩者圖形的Y軸皆為預期報酬率

( ) 25. 關於CAPM與APT之敘述，下列何者有誤？(A)皆為對資產作評價之模型 (B)皆為效率投資組合 (C)皆認為非系統風險無法解釋期望報酬 (D)以 上皆非

證照題 ( ) 26. 依效率市場假說，限制股價的漲跌幅，將使股價反映訊息的時間：(A)延 長 (B)加速 (C)不受影響 (D)不一定 【2014年第3次投信投顧人員】

( ) 27. 若目前之證券價格充分且正確反應所有公開及未公開資料，則市場符合 何種效率市場假說？(A)強式 (B)半強式 (C)弱式 (D)超弱式

【2013年第4次投信投顧人員】

( ) 28. 由無風險資產報酬延伸與效率前緣相切的直線稱為：(A)證券市場線 (SML) (B)資本市場線(CML) (C)效用曲線 (D)無異曲線

【2014年第3次投信投顧人員】

( ) 29. 根據CAPM，「高風險，高報酬」中之風險是指：(A)可分散風險 (B) 不可分散風險 (C)總風險 (D)CAPM中無明確定義

【2015年第1次投信投顧人員】

( ) 30. 在CAPM模式中，若證券 β 值減少，則整條證券市場線應：(A)平行上移 (B)平行下移 (C)平行右移 (D)保持不變 【2015年第1次投信投顧人員】

( ) 31. 根據CAPM，下列哪一種風險無法獲得溢酬？(A)證券發行人信用風險 (B)利率風險 (C)匯率風險 (D)通貨膨脹風險

【2015年第1次投信投顧人員】

(　) 32. 在CAPM模式中，若無風險利率下降 3%，則證券市場線之截距應：(A)上移3%　(B)下移3%　(C)不變　(D)以上皆非【2013年第1次投信投顧人員】

(　) 33. 在CAPM模式中，若證券β值減少，則：(A)風險減少，預期報酬減少　(B)風險增加，預期報酬增加　(C)風險不變，預期報酬增加　(D)風險增加，預期報酬不變　　　　　　　　　　　【2013年第2次投信投顧人員】

(　) 34. 主張任何證券之期望報酬率僅決定於市場投資組合期望報酬率之理論為：(A)資本資產定價模式(CAPM)　(B)套利定價理論(APT)　(C)選擇權定價模式(OPM)　(D)效率市場假設(EMH)　　　【2013年第2次投信投顧人員】

(　) 35. 依據CAPM若市場上之A股票的預期報酬率為13%，且市場預期報酬率為16%，無風險利率為6%。則A股票的貝它(β)值為多少？(A)0.7　(B)0.65　(C)0.55　(D)0.45　　　　　　　　【2013年第2次投信投顧人員】

(　) 36. A股票之期望報酬率等於13％，其貝它係數為1.2。設無風險利率為5％，市場預期報酬率等於10％。根據CAPM，該證券的價格：(A)低估　(B)高估　(C)公平　(D)無法得知　　　　　　【2013年第3次投信投顧人員】

(　) 37. 根據CAPM模式，一個公平定價的證券之貝它(Beta)值：(A)為正　(B)為負　(C)為零　(D)選項(A)、(B)、(C)皆有可能【2013年第3次投信投顧人員】

(　) 38. 持有一貝它值為2.0之股票，在市場平均報酬率為12％，其要求報酬率為18％；若無風險利率不變，且市場平均報酬率增加為14％，則該股票要求報酬率將為：(A)18％　(B)20％　(C)22％　(D)24％

【2013年第4次投信投顧人員】

(　) 39. 若某個別證券的報酬位於SML之上方，表示：(A)個別證券未能提供預期報酬率　(B)價格被低估　(C)對該證券的需求將會減少　(D)價格被高估　　　　　　　　　　　　　　　　【2014年第1次投信投顧人員】

(　) 40. 在市場投資組合右上方之投資組合，其市場投資組合與無風險資產權重可能為多少？(A)0.7及0.3　(B)0.9及0.1　(C)-0.27及1.2　(D)1.3及-0.3

【2014年第1次投信投顧人員】

本章習題

二、問答與計算題

1. 請問效率市場的意義為何？

2. 請問效率市場可分為哪三種層級？

3. 何謂平均數－變異數分析法則？

4. 何謂風險溢酬？

5. 根據CAPM模型，請回答下列4個問題：

   (1) 假設A股票，其β值為1.2，市場報酬為10%，無風險利率為4%，則A股票預期報酬為何？

   (2) 假設B股票預期報酬12%，其β值為0.8，無風險利率為4%，則市場報酬為何？

   (3) 假設C股票預期報酬12%，其β值為1.8，市場報酬為10%，則無風險利率為何？

   (4) 假設D股票預期報酬10%，市場報酬為6%，無風險利率為2%，則β值為何？

6. 根據APT模型，影響投資組合有三個因素，其因素敏感度係數分別為1.2、0.8與1.0，其三因素之風險溢酬分別為2%、4%與6%，無風險利率為4%，請問無套利機會下，投資組合之期望報酬率為何？

7. 請說明證券市場線與資本市場線之差異為何？

8. 請問證券市場線(SML)若通貨膨漲與風險迴避程度的改變，將導致整條線的如何移動？

9. 若A證券的報酬率標準差為20%，市場報酬率16%，其報酬標準差為12%，若此A證券與市場相互之間報酬率的相關係數為0.75，無風險利率為6%，則請問A證券的預期報酬為何？

10. 若一檔基金的報酬率為25%，該基金崔納指數0.16，此時無風險利率為5%，請問市場報酬率為何？

一、選擇題

1	2	3	4	5	6	7	8	9	10
B	D	A	D	A	A	D	D	D	C
11	12	13	14	15	16	17	18	19	20
B	A	C	C	D	D	D	C	D	A
21	22	23	24	25	26	27	28	29	30
D	C	D	D	B	A	A	B	B	D
31	32	33	34	35	36	37	38	39	40
A	B	A	A	A	A	D	C	B	D

二、簡答與計算題

1. 金融市場的訊息是公開且很容易取得，且所有的訊息都能夠很快速的反應在資產價格上，因此投資人無法在資產獲得超額報酬。

2. 弱式、半強式與強式效率市場。

3. 在投資可能曲線中，在相同報酬率下，找出風險最小的效率投資組合；或在相同風險下，找出報酬率最高的效率投資組合。

4. 投資組合必須冒風險才可得到的額外報酬。

5. (1) $R_A = 11.2\%$　(2) $R_m = 14\%$　(3) $R_f = 7.5\%$　(4) $\beta_D = 2$

6. $R_P = 15.6\%$

7. (1) 經濟意涵上：任一個股或投資組合都會落在SML線上，但只有效率投資組合才會落在CML線上。

   (2) 圖形呈現上：SML與CML圖形的Y軸皆為預期報酬率，但SML的X軸為系統風險，CML的X軸為總風險。

8. (1) 通貨膨脹率增加時，將導致證券市場線(SML)向上平移。

   (2) 風險迴避程度增加時，將使證券市場線(SML)的斜率變陡。

9. $R_A = 18.5\%$

10. $R_m = 21\%$

Chapter

投資策略、
風格與行為

14

▼ 本章大綱

本章內容為投資策略、風格與行為，主要介紹基金經理人的投資策略管理、基金的投資風格、以及經理人的投資行為。其內容詳見下表。

節次	節名	主要內容
14-1	經理人的投資策略	介紹積極型、消極型與保險型投資組合管理策略。
14-2	基金的投資風格	介紹基金的投資風格分析、與晨星投資風格箱。
14-3	經理人的投資行為	介紹五種基金經理的特殊投資行為。

每位基金經理人，都有其不同的投資策略、投資風格以及投資行為。經理人的投資策略與風格的制定，以及是否具理性的投資行為，對於基金的績效表現具有很大的影響。以下本章將針對經理人投資策略、投資風格，以及投資行為進行介紹。

14-1　經理人的投資策略

　　當基金經理人在進行選股時，為了降低風險，會避免過度集中投資於少數資產，於是會建構一個多角化的投資組合，以達分散風險之目的。通常投資組合的管理方式，基本上是根據市場的效率性高低來決定的。

　　若市場效率性較低，標的物價格容易出現失真的情形，所以市場具有套利投機的機會，因此具有分析能力的投資人，應該採取「積極型投資組合管理策略」，試圖去尋找被高估或被低估的標的，隨時進場交易，以獲取超額報酬。

　　若市場效率性較高，標的物價格幾乎都反應完市場的訊息，所以價格不管利用各種分析工具，也很難找到被高估或被低估的標的，所以可以採取「消極型投資組合管理策略」，較省時省力。

　　除了上述積極型與消極型投資組合管理策略外，近年來，許多基金都強調具保本特性，且又希望能兼顧獲利機會，於是衍生出了「保險型投資組合管理策略」，希望能滿足穩健保守的投資人需求。以下本節將介紹這三種經理人的投資組合管理策略。

一、積極型投資組合管理策略

　　所謂的「積極型投資組合管理策略」又稱「主動式投資組合管理策略」，其特點在於基金經理人會隨著市場價格變化，動態調整投資組合內容，使投資組合的報酬與風險達到一個最佳狀況。因此要隨時維持一個最佳狀況，投資人必須「適時」的調整標的物的「內容」與「數量」，若以股票為例，就是必須做好「擇時策略」、「擇股策略」與「擇量策略」。以下將分別說明之：

(一) 擇時策略

　　「擇時策略」就是經理人依據市場的狀況，選擇適當的時機進場與出場，使投資組合維持在最佳狀況。通常要精準的預測市場趨勢是一件不容易的事情，經理人可透過市場的景氣面、資金面與股票籌碼面等因素的變化來作判斷，並可藉由技術分析工具的輔助，選擇在多頭市場剛萌芽時進場買進股票，待空頭市場剛罩頂時賣出股票，使得投資組合能在最佳時機進出場。

(二) 擇股策略

「擇股策略」就是經理人依據各種分析工具，選擇具有獲利機會的股票進場買賣，使投資組合維持在最佳狀況。通常要選擇有機會獲利的股票，可以從股票基本面為主、技術面分析為輔著手進行挑選。除了選擇被高估（或低估）的股票，或者選擇現在市場的強勢股（或弱勢股）[1]進行買賣操作外，仍需選擇具題材的股票進行操作，並忌諱投資組合內有太多同質股票，這樣才能使投資組合內的標的為最優質的選擇。

(三) 擇量策略

「擇量策略」就是經理人需隨時透過各種計算分析工具，去調配好投資組合內各種資產的數量與持有的時間，使投資組合維持在最佳狀況；此策略亦即「動態資產配置」（Dynamic Asset Allocation）。例如：在多頭市場時，可以增加高β值股票部位的數量及持有時間，並減少低β值股票部位的數量及持有時間；反之，在空頭市場時，可以增加低β值股票部位的數量及持有時間，並減少高β值股票部位的數量及持有時間，隨時調整投資組合的資產配置，可使投資組合內的標的物數量維持在最佳狀況。

二、消極型投資組合管理策略

所謂的「消極型投資組合管理策略」又稱「被動式投資組合管理策略」，其特點在於經理人建構投資組合後，就鮮少隨著市場的變化去調整投資組合的內容。其目的不藉由擇股、擇時或擇量策略來提高投資報酬，只求投資組合報酬能貼近某些被追蹤的指數報酬（例如：臺灣50股價指數），並沒有以擊敗標的指數為目標。通常要使投資組合報酬盡量能貼近被追蹤的指數報酬，其投資組合的建構方法有以下三種方式：

(一) 完全複製法

「完全複製法」是建構一個和想追蹤的指數所包含的成分股，完全相同的投資組合。此方法的優點是投資組合報酬能很密切的與被追蹤的指數報酬相仿；其缺點須買進被追蹤的指數的所有成分股，必須耗費大額資金與交易成本；以及不一定能完全買到成分股的投資權重。

---

[1] 所謂強勢股（弱勢股）是指一段期間內股價持續上漲（下跌）的股票。

(二) 抽樣近似法

「抽樣近似法」是建構一個和想追蹤的指數所包含的成分股，相似的投資組合即可。因為前述完全複製法須耗費大額資金與交易成本，因此我們只要透過抽樣方式，選取想追蹤的指數之成分股中，最具代表性或權值較大的股票，來模擬建構一個投資組合。此方法的優點是所發費的資金與交易成本較少；但其缺點因無法完全複製被追蹤指數所有的成分股，所以可能投資績效和被追蹤指數存在較大的報酬誤差。

(三) 合成複製法

「合成複製法」是建構一個和想追蹤的指數所包含的成分股，相似的績效表現即可。通常不直接去購買標的成分股，而是利用其他的金融商品（例如：期貨、選擇權等），去模擬複製出所要追蹤的指數績效表現。此方法的優點是所發費的資金與交易成本較少；但其缺點因其操作衍生性商品風險較大，須做好風險管控，不然除了有可能出現投資績效和被追蹤指數之間，存在較大的報酬誤差外，還可能出現嚴重的損失。

 市場焦點

被動操盤憑啥打敗巴菲特成贏家

2013年的美國股市，創下1997年以來最大年度漲幅，史坦普500指數年度漲幅29.6%，加上股息之後更高達32.4%，不僅遠遠超出所有投資專家的預估，也讓股神巴菲特顏面無光。

巴菲特的波克夏公司股價漲幅在2013年超越史坦普，但是以5年的長期績效來評估，波克夏公司Ａ股淨值在過去5年成長86%，低於史坦普指數的128%，是巴菲特從1965年接掌公司以來，操作績效（從1969年開始計算）首度輸給大盤，2013年的大漲，正式終結了股神44年的不敗神話。

相較於黯然神傷的巴菲特，以追蹤大盤為策略的ETF則大獲全勝，其中最具代表性的應該就是ETF之王－先鋒全股市指數基金（VTI），這支規模超

過新台幣1兆元、帳上同時持有超過3,600檔股票的龐然大物，去年吸引了超過60億美元（約新台幣1,800億元）的新資金之後，竟然還能繳出超過30%的年度投資報酬率，比史坦普指數漲幅還略高一籌，績效不僅名列前茅，還因為淨值大漲，讓原本已經非常低的管理費用降到史無前例的0.05%。

先鋒VTI的投資人躺著、睡著、玩著，幾乎不繳任何管理費用，就落袋30%的獲利，讓全世界投資人為之瘋狂。在先鋒VTI領軍衝刺之下，ETF在2013年徹底為基金管理寫下了新的歷史。過去10年在金融市場呼風喚雨，引領風騷的對沖基金，市場龍頭地位即將被ETF取代。因為透明、低手續費、高流動性當道，ETF即將取代對沖基金，成為投資人最主要的資產。

因ETF大獲全勝，與基金公司不斷創新操作策略有關。其中最熱門的話題，就是「智慧型投資策略」（Smart Beta）的產生。過去基金公司的股票投資組合，略分起來只有追蹤加權指數、跟著指數調整的「被動式」基金，或者像對沖基金、巴菲特那樣積極尋找潛力標的的「主動式」基金。

但是金融海嘯之後，對沖基金與巴菲特式的主動式基金受到重創，基金公司痛定思痛，檢討後發現具有「高股息、低波動、高流動性」的股票，雖然較不容易大漲，卻同時具有抗跌的特性。幾乎所有大型基金公司都投入資源，重新思考如何修改被動式的投資策略，將「高股息、低波動、高流動性」等因素，加進被動投資的投資組合模型當中；也就是說，指數型基金不再只是單純根據總市值的權重調整，而會對高股息、低波動性、高流動性等特性，給予更高的權重，讓整個基金的表現更為穩健，更能夠避開金融海嘯時的整體系統風險。

《資料來源：節錄自今週刊 2014年890期》

解說

近年來，全球強調被動式管理的ETF的操作績效，都幾乎優於主動式管理的基金。其主因跟許多ETF採取創新操作策略有關，因為現行ETF追蹤指數，不再只是單純的只根據總市值的權重調整，而會對「高股息、低波動、高流動性」的股票，給予更高的權重，讓整個基金的表現更為穩健。

三、保險型投資組合管理策略

所謂的「保險型投資組合管理策略」乃利用投資組合保險（Portfolio Insurance）策略[2]的觀念，其操作特點在於基金經理人利用各種金融工具的搭配，建構一個能夠保護原始本金，且又能隨著市場成長而獲利的投資組合。此種投資策略大致有以下兩種策略。

(一) 固定比例投資組合保險策略

「固定比例投資組合保險策略」（Constant Proportion Portfolio Insurance, CPPI）就是經理人將保留一固定比例資金投資於無風險資產（如：債券）上，再將少部分資金投資於風險資產（如：股票）；且根據整個投資組合價值的變化，動態調整風險資產和無風險資產的投資比例。

當市場行情上漲時，整個投資組合價值增加，於是投資於風險資產的比例就提高，以獲取更大的獲利空間；反之，當市場行情下跌時，整個投資組合價值減少，於是投資於風險資產的比例就減少，以降低損失的機會，並須設定好損失程度，以避免損失本金。

CPPI投資策略，通常會先設定一個投資組合價值的底限（Floor），隨後再設定投資於風險資產的槓桿乘數（Multiplier），以決定期初投資於風險資產（Exposure）的部位；隨後再根據投資組合的價值變化，機動的調整風險資產比例，並嚴格管控部位風險，以免觸及投資組合價值的底限。有關CPPI投資策略的風險資產的投資部位，可由下式14-1表示之。

$$E_t = Min [M \times (A_t - F), A_0] \quad\text{.......................} (14\text{-}1)$$

E_t：在t期時，風險資產部位

M：槓桿乘數

A_t：在t期時，基金的價值

F：基金設定價值底限

A_0：基金期初價值

---

2 投資組合保險策略可分為兩大類：「靜態」與「動態」投資組合保險策略。「靜態」投資組合保險策略，乃期初對投資組合所建置的保險部位，持有至到期都不會再調整。「動態」投資組合保險策略，乃對投資組合所建置的保險部位，會隨著時間變化而調整。本處所介紹的「固定比例投資組合保險策略」(CPPI)與「時間不變投資組合保護策略」(TIPP)都是屬於動態投資組合保險策略的一種。

以下我們舉一例子來說明之。假設某基金經理人，操作一檔旗下擁有100億元資金的基金，若將此基金採CPPI投資策略，將基金設定價值底限為95億元，且槓桿乘數為3。該基金可投入的風險資產為15億元[3×(100–95)]，所以該基金期初將投入85億元(100–15)於無風險資產。

若經過一段期間後，基金的價值已經上漲至110億元，則風險資產可增加至45億元[3×(110–95)]，無風險資產則降為65億元(110–45)。若基金的價值已經降至95億元，已觸及基金設定價值底限，則風險資產部位降為零，將所有資金都投入至無風險資產。

由上述範例得知：CPPI投資策略可在保護固定金額的資產下，又兼顧行情上漲帶來的獲利，並在行情不佳時又有停損機制。但採此策略的缺點：若一開始投資就遇到行情不佳，可能就觸及價值底限，將迫使所有資金投入無風險資產，未來將無法進行操作與獲利。此外，CPPI為了達到準確的保本目的，必須在風險資產與無風險資產之間，不斷的轉換調整，交易成本是否會有侵蝕獲利也是須考慮的重點。

(二) 時間不變投資組合保保護策略

「時間不變投資組合保護策略」（Time Invariant Portfolio Protection, TIPP）與上述的「固定比例投資組合保險策略」的操作目的大致一致。都是經理人將保留一固定比例資金投資於無風險資產（如：債券）上，再將少部分資金投資於風險資產（如：股票）；且根據整個投資組合價值的變化，動態調整風險資產和無風險資產的投資比例。

但兩者唯一的差別，就是「價值底限的設定與調整」。CPPI的底限價值雖是一個固定金額，但隨著時間與投資組合的變動，底限價值占投資組合價值的比例會變動；但TIPP的底限價值占投資組合價值的比例，當投資組合價值增加時，底限價值亦隨調高；但投資組合價值減少時，底限價值則維持原來水準，不再調整。有關TIPP投資策略的其風險資產的投資部位、與基金的價值底限，可分別由式14-2與14-3表示之。

$$E_{t+1} = M \times (A_t - F_{t+1}) \quad\text{.................................. (14-2)}$$

$$F_{t+1} = Max(A_t \times \lambda, F_t) \quad\text{........................... (14-3)}$$

E_{t+1}：在t+1期時，風險資產部位

M：槓桿乘數

A_t：在t期時，基金的價值

F_{t+1}：在t+1期時，基金價值底限

F_t：在t期時，基金價值底限

λ：資產保障比例

F：基金設定價值底限

A_0：基金期初價值

　　以下我們以CPPI投資策略的例子，來繼續說明TIPP投資策略。若將此基金採TIPP投資策略，該基金擁有100億元資金，基金設定資產保障比例(λ)為95%，則資產保障價值為95億元(100×95%)，且槓桿乘數為3。該基金期初可投入的風險資產為15億元[3×(100–95)]，所以該基金期初將可投入85億元(100–15)於無風險資產。

　　若經過一段期間後，基金的價值已經上漲至110億元，則基金價值底限調高至104.5億元，則資產保障價值為104.5億元(110×95%)，此時風險資產可投資額度調整為16.5億元[3×(110–104.5)]，無風險資產則提高為93.5億元(110–16.5)。若又經過一段期間，基金的價值已經降至105億元，則基金價值底限仍為上次調整後的104.5億元，此時風險資產可投資額度降為1.5億元[3×(105–104.5)]，無風險資產的部位則為103.5億元(105–1.5)。

　　由上述範例得知：TIPP投資策略可在保護固定金額的資產下，又兼顧行情上漲帶來的獲利，且會不斷墊高價值底限，並在行情不佳時又有停損機制。但TIPP投資策略與CPPI投資策略也有相同的缺點，就是有可能一開始就遇到行情不佳，須全部資金都投入無風險資產的問題；以及風險資產與無風險資產之間，不斷的轉換調整，交易成本是否會有侵蝕獲利的問題。

　　此外，TIPP會不斷墊高價值底限，將使投資於風險資產資金減少，所以市場行情大漲時，績效表現會不如CPPI投資策略；但行情不佳時，更能夠保護原來獲利，所以鎖住下檔獲利能力優於CPPI投資策略。有關CPPI與TIPP投資策略的比較，整理於表14-1。

表14-1　CPPI與TIPP投資策略的比較

	CPPI投資策略	TIPP投資策略
價值底限	價值底限金額固定	價值底限比例，機動調整且只升不降
槓桿乘數	固定	固定
保本機制	有	有
鎖利機制	無	有
操作績效	較TIPP波動大	較CPPI穩定

14-2 基金的投資風格

　　每檔基金在成立之初，有些已經被設定好要投資哪些標的股票，所以投資風格較明確；但有些並沒有被嚴格的限制要投資哪些標的物，所以基金存續一段期間後，由於基金經理人的偏好，使得基金具有某些風格屬性。學術界與實務界對基金的投資風格屬性，都有其分析與觀察方式。以下我們將介紹幾種基金的投資風格屬性的分析、以及知名基金評等公司－晨星對基金投資風格的分類。

一、基金風格分析

　　目前被廣泛的運用來分析基金風格屬性的方法，大致有以下三種：

(一) 持股風格分析

　　持股風格分析（Holdings Based Style Analysis, HBSA）主要透過基金的實際持股特性（如：規模、本益比等）來分析基金的風格。其分析基金歷史的持股明細、投資區域、產業類別等，來判斷該基金是屬於何種投資風格。雖此種方法可以實際得知基金的實際投資風格，但礙於持股明細揭露的週期過長，且無法正確的取得資訊，所以操作上有其限制。

(二) 報酬風格分析

　　報酬風格分析（Return Based Style Analysis, RBSA）乃由1988年夏普（Sharpe）所提出，該方法在探討「基金的報酬」與其「各種特徵資產報酬」之間的關係。該分析風法以基金的歷史報酬率為因變數，各種特徵資產的報酬率為

自變數（如：大型股、小型股、價值股、成長股等各類資產），隨後進行迴歸分析，試圖找出能夠解釋基金歷史報酬率的特徵資產。以下式14-4為該方法的迴歸式：

$$R_P = b_1 \times F_1 + b_2 \times F_2 + \cdots\cdots + b_n \times F_n + e_P \dots\dots\dots\dots\dots\dots (14\text{-}4)$$

R_p：基金的報酬率

b_i：第i種資產報酬率與基金報酬率的迴歸係數

F_i：第i種資產報酬率

e_p：不能解釋基金的報酬率（殘差項）

(三) Brinson分析法

Brinson分析法乃由布林森（Brinson）分別1986與1991年所提出，Brinson分析法乃在於分析基金的績效來源是來自哪些因素，其認為基金的超額報酬歸因於二大因素－「資產配置」（Asset Allocation）、「證券選擇」（security selection）。該分析法將基金的報酬（R）來源拆解分別來自於「資產配置報酬」（R_a）、「證券選擇報酬」（R_s）、「前述兩項因素的交互報酬」（R_{as}）、以及「指標指數報酬率」（R_b）。其基金的報酬的拆解式，如下14-5式。

$$R = R_a + R_s + R_{as} + R_b \dots\dots\dots\dots\dots\dots\dots (14\text{-}5)$$

二、晨星的投資風格箱

全球知名的基金評鑑機構－晨星，為了協助投資人清楚的了解每一檔基金的投資風格，於1992年設立晨星投資風格箱（Morningstar Style Box）分析法。該分析方法將以影響基金績效表現的兩個面向為區分基準，基準乃基金所投資股票的「規模」（Size）和持股的「風格」（Style）。

在股票規模方面，以基金持有的股票「市值」為基礎，把基金所投資的股票規模定義為：「大型股票」、「中型股票」和「小型股票」。在持有風格方面，以基金持有的股票「價值增長」特性為基礎，把基金所投資的股票價值增長定義為：「價值型」、「均衡型」和「成長型」。如圖14-1所示，晨星投資風格箱是一個正方型，並劃分為九個方格。縱軸描繪股票市值規模的大小，分為大

型、中型、小型。橫軸描繪股票的價值增長，分為價值型、均衡型、增長型。該圖14-1的藍色區塊所顯示的基金投資風格，即為「大型價值型」。

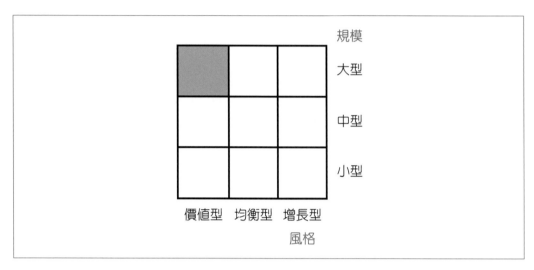

圖 14-1　晨星投資風格箱

　　投資人可透過晨星投資風格箱的九個方格，讓基金的投資風格一目了然，投資風格箱簡單直觀地展現基金的資產配置風格，投資者得以依據基金的投資組合而不是根據基金的名稱或基金章程來評價基金。另一方面，投資者還可藉此了解基金的風險程度。從理論上看，投資風格箱左上方，即大型價值型股票承擔的風險較低；而右下方，即小型成長型股票承擔的風險較高。一般而言，風險程度是自左向右遞增。

　　此外，投資者可以把自己所投資基金與同類基金，在風格上進行對比，從而制定一個風險和收益適度分散的基金組合。並且還可以將同一檔基金，過去不同時段的投資風格進行對比，倘若變化迥異，則說明基金經理人的投資策略已有所改變。

14-3 經理人的投資行為

在以理性預期為基礎的效率市場假說（Efficient Market Hypothesis, EMH）中，認為投資人是理性的，且市場具有效率，投資人能夠迅速的整合市場上所有的相關訊息，給予股票合理的評價。但自從1980年代以後，有眾多的研究發現，市場上存在著許多效率市場假說無法解釋的異常現象。其主要原因可能在於投資人面臨決策時，並非完全遵循傳統財務理論所假設的效用極大化原則，而是受行為財務學（Behavioral Financial）中所謂的投資人心理因素的影響。投資人的行為一旦牽涉到複雜的心理層面，市場的反應也就不如理論上那樣地具有效率。

一般而言，基金經理人的投資行為是較散戶投資人理性且專業，雖然基金經理人比較能夠運用各種分析工具，較正確的解讀資訊內涵與財務報表數據，進而進行各種的投資策略。但基金經理人仍然會出現不理性且無效率的交易行為，以下本節將介紹幾種基金經理人的特殊交易行為。

一、從眾行為

所謂的從眾行為（Herd Behavior）乃指投資人一窩蜂同時在某時點買進或賣出某些特定股票的交易行為。通常基金經理人會出現從眾行為，大致有五個理由。

(一) 名譽考量

通常基金經理人的操盤績效，常常會與其他的基金經理人相互比較，為了避免操作績效落後給其他經理人，而被替換或解聘。經理人會盡量避免投資在太過獨特或冷門的投資標的，盡可能與其他經理人作相同的投資，以免績效落後，因而形成集體從眾現象。例如：有些經理人利用長期指標所篩選出的股票，往往要花一段很長的時間才能獲得好的績效表現，此時他們寧可重視短期的指標，跟隨同業進行短線的追高殺低策略，以獲取短期績效，不然他們有可能因績效太差而被提前解僱。

(二) 資訊來源相似

大部分的基金經理人，都會採用相同的股市分析工具或指標來進行分析投資，所以常常會出現對某些股票，何時買賣的訊息相似度很高，因此容易出現在某一時期作出相同的買賣行為，進而造成集體的從眾行為。例如：基金經理人常常使用相同的技術面或基本面分析指標，來篩選值得投資的股票，然後出現不約而同的從眾買賣行為。

(三) 資訊瀑布流

通常某些經理人因個人的能力或資訊不足，常常會去觀察其他經理人的交易所透露的隱含訊息，且彼此會相互的推測他人訊息並模仿跟隨之，而造成集體的從眾行為。此種因相互模仿的行為就像瀑布往下匯集般的聚集，而形成資訊瀑布流的從眾現象。例如：年輕或經驗不足的基金經理人，會去模仿經驗豐富與操作績效優秀的基金經理人之持股內容。

(四) 經驗分享

通常基金經理人會相互的資訊交流與經驗分享，這樣可能會出現集體同時偏好或刻意規避某些特性的股票，因而形成從眾現象。例如：部分基金經理人常與公司大股東資訊交流後，聯合炒作某些特性之股票。

(五) 窗飾效果

通常基金經理人，在年報或季報不願樂見自己的投資組合內，出現虧損過多的股票，所以在年末或季末通常會將那些「賠錢貨」集體出清的從眾行為；或者將原先投資組合內有獲利的股票，集體炒作以美化帳面的從眾行為。例如：基金經理人常在年底或季底為了美化基金帳面價值，集體炒作原投資組合內有獲利的股票，進而形成年底或季底的法人作帳行情。

二、正向與反向交易行為

基金經理人在實際交易行為中，常常會出現「追高殺低」的正向回饋交易策略（Positive Feedback Trading Strategy）、或者「買低賣高」的反向投資策略（Constrain Strategy）。

(一) 正向回饋交易策略

所謂的正向回饋交易策略，即買進強勢股票，賣出弱勢股票，或稱動能策略（Momentum Strategy）。一般而言，市場會存在「反應不足」（Underreaction）的情形，也就是過去表現較好或差的股票，股價並未完全反應完真實價值。所以過去表現好的股票可能會繼續向上修正，過去表現差的股票可能會繼續向下修正，此時買進前期強勢股，同時賣出前期弱勢股，可獲取超額報酬。

(二) 反向投資策略

所謂的反向投資策略，此策略恰好與正向回饋交易策略相反：即買進弱勢股票，賣出強勢股票。一般而言，認為市場會有「過度反應」（Over reaction）的情形，也就是過去表現較好的股票，股價會被高估；反之，過去表現較差的股票，股價會被低估。因此經過一段時間後，過去表現好的股票可能會繼續向下修正，過去表現差的股票可能會繼續向上修正。此時買進前期弱勢股，同時賣出前期強勢股，將能獲取超額報酬。

 市場焦點

不當羊群　避免追高殺低

投資人常會跟隨市場熱潮，這種所謂的羊群心理或從眾心態，尤其在經濟過熱或市場泡沫時會更加明顯。當全市場一頭熱、瘋迷股市時，往往會吸引大部分的投資人跟進，結果就追在高點，這也是為什麼市場上，熱募的基金往往績效表現皆不如預期。

復華投信總經理表示，「買在低點，賣在高點」是投資賺錢的簡單道理，但人們實際處理自己財富的方式，卻往往「追在高點，殺在低點」，且容易在短期間買進、賣出。至於會出現這兩個錯誤的投資行為，除了吸收到不正確的資訊之外，主要就是肇因於三個因素，包括多頭的時候無法忍受低報酬、空頭的時候沒有勇氣加碼，以及不相信景氣循環。

更慘的是，當損失出現時，投資人往往不願正面面對壞消息的事實，且不採取理性的心態去冷靜思考下一步，甚至不敢做任何動作，可能只是等待

市場轉多再進場。其實經濟或股市都是會循環的，只是在投資的世界裡，人類的行為難免受到天性及情緒影響，而建立正確的觀念與知識，破解人性的弱點，避免錯誤的投資行為並分辨資訊的真假，才是達成投資理財目標的正途。

　　畢竟每位投資人的投資目標及風險承受度都不同，投資任何市場或商品之前，一定要付出時間和精力研究投資標的是否符合自己的需求，而不是人云亦云地盲目投資。

《資料來源：節錄自經濟日報 2014/09/01》

🕙 **解說**

　　市場上投資人常常會出現「追高殺低」的盲目「從眾行為」，既使專業的基金經理人也不例外。通常投資人的投資行為難免受到天性及情緒影響，所以如何破解人性的弱點，建立正確的理財觀念與知識，才是投資理財的正途。

三、過度自信

　　所謂的過度自信（Overconfidence）乃基金經理人對於自己的專業能力有過度高估的情形發生。通常基金經理人總認為自己的操盤能力能夠贏過大盤指數、或其他基金績效，然而事實並非如此。通常過度自信的投資者，在市場中會頻繁交易，使得成交量變大且造成市場的變動過大。且因過度自信所產生頻繁交易的成本，可能使得經理人無法獲得更高的收益。通常經理人會出現過度自信的原因，大致有以下四個原因：

(一) 易取偏誤（Availability Heuristic）

　　通常基金經理人根據個人的經歷、閱歷、專長，在腦海中會有獨特記憶庫。當在進行投資時，有時會根據自己腦中記憶庫資料，只要容易聯想到的事件，就認為會常常發生，而忽略該事件實際上的發生機率，而導致過度自信的情形。

(二) 知識幻覺（Illusion of Knowledge）

通常基金經理人會相信自己隨著擁有知識與資訊的數量增加，也認為對事情的預測準確度亦隨之增加，但其實不然。雖然知識與資訊增加，確實能增加對投資準確性的判斷，但必須建立在經理人能夠確切的分辨資訊的品質、以及對資訊正確的解讀能力。所以經理人常常是增加了知識與資訊的數量，但對投資判斷的準確度並未同步提升，進而造成過度自信的情形。

(三) 後見之明（Hindsight）

通常基金經理人在前幾次準確的預測投資結果後，會認為有能力判斷未來市場走勢。於是產生對市場可預測的錯覺，認為都能準確的預測投資方向，進而產生過度自信的情形。

(四) 控制幻覺（Illusion of Control）

基金經理人有時會認為某些事件的發生，可能是自己的投資行為造成，誤以為自己對某些事物具有控制能力。但實際上，事件的發生與經理人的投資行為並無關係，因而有過度自信的情形發生。

四、處分效應

所謂的處分效應（Disposition Effect）是指投資人即早賣掉有資本利得的股票，繼續持有資本損失的股票，亦即「售盈持虧」效應。雖然基金經理人較散戶投資人專業，但面對股票獲利與損失時的心態反應皆大同小異。

根據期望理論的解釋，投資人在面對獲利時，價值函數為凹函數，投資心態為風險趨避者，會願意實現已確定獲利的部分，所以會出清具有資本利得的股票；但在面對損失時，價值函數為凸函數，投資心態為風險愛好者，不願意實現已確定損失的部分，所以會繼續保留具有資本損失的股票。

五、自利行為

基金經理人的自利行為（Self-interest Behavior）乃源起於基金經理人與投資人之間，因利益不一致所產生的代理問題（Agency Problems）。因為經理人著眼於自己的薪資與財富極大化，投資人乃著眼於基金價值極大化，所以兩者的利益衝突。一般而言，會造成經理人自利的行為，大致有兩個主要原因：

(一) 資訊不對稱

因為基金經理人與投資人之間，存在著資訊不對稱的情形，投資人無法觀察到經理人所建構的投資組合，是否以價值極大化的原則出發，還是以自身的利益為考量，所以經理人具有道德危險。例如：基金經理人會私下勾結上市公司或市場炒手，讓自己獲得非法利益，卻損失基金價值的行為。

(二) 薪酬獎金制度

因為在競爭激烈的基金行業裏，市場會定期檢視經理人的操作績效，基金經理人的薪酬獎金亦常與績效表現相連結。因此經理人可能會出現短期選擇持有一個高風險投資組合，以增加短期績效的表現，但長期並不一定對績效有利。例如：某些在年中操作績效不佳的經理人，常在年末要結算基金績效時，可能在自利的動機驅使下，透過較高風險的財務槓桿操作，企圖拉高高績效，以扭轉頹勢，希望能反敗為勝。

市場焦點

再爆經理人不法炒股　坑殺勞退基金逾6千萬

　　國內勞保、勞退基金代操，再爆發經理人勾結股市炒手弊案！據瞭解，此次弊案是股市某投顧分析師從2011年起，結合上櫃佳總、佶優員工大量買賣股票，製造交易活絡假象，待拉高3檔股票股價後，再透過白手套找來投信基金經理人買進相關股票，藉此牟取暴利，事後支付數百萬元回扣給經理人。

　　檢調初步掌握，涉炒股不法獲利超過新台幣1.2億元，疑因此導致多家共同基金及勞退、勞保基金損失，損失總額達6,639萬多元。金管會強調，為避免基金經理人炒股、收回扣，目前對投信業者已引進資金池的概念，公司先列入合格標的，經理人必須從中做選擇。同時，基金經理人上班期間，智慧型手機、電子通訊產品等，都須交由公司暫管。

　　另外，證交所現在針對股價異常的個股查核，也會納入基金投資進出狀況，各投信公司定期還要稽查基金經理人帳戶，以及配偶、未成年子女帳戶，並強化法治教育。投信投顧公會也指出，本次應是針對之前普格案的重啟調查，但若發現有任何基金經理人因個人行為損及整體投信產業形象，絕對不予原諒且祭出重罰。

《資料來源：節錄自卡優新聞網 2014/07/17》

⟳ 解說

　　市場上偶發基金經理人為了自利行為，私下勾結上市公司或市場炒手，炒作股票，藉此牟取暴利，但卻損害基金的價值。國內金管會為避免基金經理人涉及炒股、收回扣的情形再次發生，目前對投信業者已引進「資金池」的概念，讓投信將合格標的列入資產池中，然後經理人必須從中做選擇。希望藉此能杜絕基金炒作的弊案再度發生。

新知速報

▶ 主動型管理與被動型管理基金的分別

https://www.youtube.com/watch?v=PI7fO3ZketA

影片簡介

影片藉由兄妹二人外出駕車的方式不同，但最終都差不多時間到達目的。透過比喻，讓投資人明瞭主動與被動類型基金管理方式的差別。

▶ 陸股暴跌逾6% 張盛和：不要一窩蜂

https://www.youtube.com/watch?v=SuQSEi_IzeE

影片簡介

股市出現從眾行為是常見的情形，不僅專業投資人會出現，散戶恐更甚。前些日子，中國上證指數暴跌，財政部長ㄟ特別提醒投資人不要一窩蜂，只看漲不看跌。

▶ 投資避免追高殺低 人性還是最需克服

https://www.youtube.com/watch?v=9CKgpJvSs6I

影片簡介

在股市裡，投資人常常會出現追高殺低的情形。如何克服人性，專家建議要建立投資紀律。基金則可藉由電腦程式，來建立停利或停損，以避免盲從。

▶ 經理人勾炒手 坑殺1.2億勞退基金

https://www.youtube.com/watch?v=iDpjSpvjs98

影片簡介

基金經理人常會發生自利的行為，私下勾結炒手，炒作股票，藉此牟取暴利。國內勞退基金的代操基金經理人，就是勾結市場炒手，坑殺勞工退休基金。

本章習題

一、選擇題

( ) 1. 下列針對積極型投資組合管理策略的敘述，何者有誤？(A)市場通常效率較低　(B)可能可以獲取超額報酬　(C)須仔細擇股　(D)鮮少隨著市場的變化去調整投資組合

( ) 2. 下列針對消極型投資組合管理策略的敘述，何者有誤？(A)市場通常效率較高　(B)複製指數標的　(C)通常不須仔細擇股　(D)通常採抽樣近似法較能貼近被追蹤指數

( ) 3. 下列何者非追縱指數時，採用完全複製法的特性？(A)市場通常效率較低　(B)須買入所有標的股　(C)耗費成本較高　(D)最能貼近指數

( ) 4. 下列針對保險型投資組合管理策略的敘述，何者有誤？(A)通常具保本功能　(B)槓桿效果高　(C)大部分資金投入固定收益證券　(D)會隨時調整風險資產

( ) 5. 通常利用報酬風格分析法探討基金風格，會將哪一變數當因變數？(A)各種資產報酬　(B)基金預期報酬率　(C)基金歷史報酬率　(D)基金超額報酬率

( ) 6. 請問晨星投資風格箱分析法，是以哪兩個面向分析基金風格？(A)股票的規模和持股風格　(B)股票的報酬與風險　(C)股票的價格與規模　(D)持股時間與績效

( ) 7. 何謂動能策略？(A)追高殺低　(B)買低賣高　(C)反向投資策略　(D)買弱勢股賣強勢股

( ) 8. 何謂反向投資策略？(A)買小型股賣大型股　(B)買低價股賣高價股　(C)買價值股賣成長股　(D)買弱勢股賣強勢股

( ) 9. 請問基金經理人若過度自信下列何者可能會出現哪些情形？(A)交易頻繁　(B)易取偏誤　(C)知識幻覺　(D)以上皆是

( ) 10. 下列對於處分效應的敘述何者有誤？(A)對股票售盈持虧　(B)對股票追高殺低　(C)面對股票獲利與損失投資人心態不同　(D)散戶與機構投資人皆會發生

( ) 11. 請問處分效應中，投資人在面對獲利時，價值函數為何？(A)凹函數　(B)凸函數　(C)水平線　(D)垂直線

(　　) 12. 下列何者可能不是基金經理人，發生自利行為的原因？(A)代理問題　(B)資訊不對稱　(C)薪資獎金制度　(D)基金操作風格

證照題 (　　) 13. 積極的投資組合管理包括：(A)擇時(Market Timing)　(B)選股(Security Selection)　(C)跟隨指數(Indexing)　(D)擇時及選股

【2011-4 證券投資分析人員】

(　　) 14. 投資管理中，所謂被動式管理(passive management)是指投資組合通常將資金投資於：(A)國庫券　(B)銀行定存　(C)β值大於1之證券　(D)市場指數之投資組合　　　　【2012-1 證券投資分析人員】

(　　) 15. 被動式(Passive)投資組合管理目的在：(A)運用分散風險原理，找出效率投資組合，獲取正常報酬　(B)運用隨機選股策略，選取一種股票，獲取隨機報酬　(C)運用選股能力，照出價格偏低之股票，獲取最高報酬　(D)運用擇時能力，預測股價走勢，獲取超額報酬

【2013-3 證券投資分析人員】

(　　) 16. 採取集中投資標的策略的共同基金：(A)其報酬率通常較高　(B)系統風險較大　(C)貝它係數接近0　(D)經理人自認擁有選股能力

【2013-2 投信投顧業務員】

(　　) 17. 主動式投資組合管理(Active Portfolio Management)在擇時能力方面有賴於何種分析？而在擇股能力方面則有賴於何種分析？(A)技術、技術　(B)基本、技術　(C)技術、基本　(D)基本、基本 【2013-2 投信投顧業務員】

(　　) 18. 保守的投資者安排資產組合時：(A)採取風險中立態度　(B)偏好投機股　(C)採取趨避風險　(D)不考慮投資風險　　　【2013-3 投信投顧業務員】

(　　) 19. 建構消極性投資組合時，應考慮：(A)交易成本　(B)追蹤誤差　(C)股價是否低估　(D)選項(A)與(B)皆須考慮　　　【2014-3 投信投顧業務員】

(　　) 20. 若某基金增加股票投資部位後，股價指數隨之上漲，但同期間基金淨值卻下跌，則表示基金經理人：甲.具有較佳的選股能力；乙.具有較佳的擇時能力；丙.具有較差的選股能力(A)僅乙與丙　(B)僅丙　(C)僅甲　(D)僅乙　　　　【2015-3 投信投顧業務員】

(   ) 21. 投資經理人總是將其基金的50%投資於市場投資組合，另50%投資於無風險資產，這類的投資為：(A)被動的投資策略　(B)荒謬的投資策略　(C)主動積極的市場擇時策略　(D)冒險的投資策略

【2015-4 投信投顧業務員】

(   ) 22. 若採用固定投資比例策略限制股票資產在40%，起始投資組合之股票為80萬元，其餘則持有現金，若三個月後股票資產上漲28萬元，則此時投資人應採取何種動作？(A)賣出價值9.6萬元的股票　(B)賣出價值10.8萬元的股票　(C)賣出價值16.8萬元的股票　(D)不買不賣

【第25屆理財規劃人員】

二、問答與計算題

1. 通常投資組合管理策略依市場效率性，可分哪兩類？

2. 請問消極型(被動式)投資組合管理策略通常要使投資組合報酬能盡量貼近被追蹤的指數報酬，其投資組合的建構方法有以下三種方式？

3. 請問保險型投資組合管理策略，大致可分為哪兩種策略？

4. 請問CPPI與TIPP兩者在何處的設定上具有差異？

5. 若採某基金經理人，擁有100億元資金，若將此基金採CPPI投資策略，將基金設定價值底限為90億元，且槓桿乘數為2，則該基金可投入的風險資產與無風險資產各為何？

6. 請問研究基金投資風格分析中，Brinson分析法，主要探討基金的哪兩個構面？

7. 請問晨星投資風格箱分析法，是以哪兩個面向分析基金風格？

8. 何謂從眾行為？

9. 請問基金經理人發生從眾的原因有哪些？

10.何謂正向回饋交易策略？

11.何謂反向投資策略？

12.請問基金經理人發生過度自信的原因有哪些？

13.何謂處分效應？

14.請問處分效應中，投資人在面對獲利與損失時，價值函數各為何？

15.請問基金經理人發生自利行為的原因有哪些？

一、選擇題

1	2	3	4	5	6	7	8	9	10
D	D	A	B	C	A	A	D	D	B
11	12	13	14	15	16	17	18	19	20
A	D	D	D	A	D	C	C	D	A
21	22								
A	C								

二、簡答與計算題

1. 積極型投資組合管理策略與消極型投資組合管理策略。

2. 完全複製法、抽樣近似法、合成複製法。

3. 固定比例投資組合保險策略、時間不變投資組合保護策略。

4. 價值底限的設定與調整。

5. 風險資產為20億元、無風險資產為80億元。

6. 資產配置、證券選擇。

7. 股票的規模、持股的風格。

8. 投資人一窩蜂同時在某時點買進或賣出某些特定股票的交易行為。

9. 名譽考量、資訊來源相似、資訊瀑布流、經驗分享、窗飾效果。

10.買進強勢股票，賣出弱勢股票。

11.買進弱勢股票，賣出強勢股票。

12.易取偏誤、知識幻覺、後見之明、知識幻覺。

13.投資人即早賣掉有資本利得的股票，繼續持有資本損失的股票。

14.面對獲利時，價值函數為凹函數；面對損失時，價值函數為凸函數。

15.資訊不對稱、薪酬獎金制度。

附錄

中英文索引

» 0~4劃

Brinson分析法	14
KD值	10
子基金　Sub-funds	6
干預基金　Intervention Fund	8
不可分散風險　Undiversifiable Risk	12
不配息　Accumulation	2
不動產　Real Estates	1
不動產投資信託證券　Real Estate Investment Trusts：REITs	2,5
不動產資產信託　Real Estate Asset Trust：REAT	5
不動產證券化　Real Estate Securitization	5
互助會　Rotating Savings and Credit Association	1
公司型基金　Corporate Type Fund	2
分銷費　Distribution Fee	2
反向投資策略　Constrain Strategy	14
反應不足　Underreaction	14
心理線　Psychology Line：PSY	10

» 5劃

主權財富基金　Sovereign Wealth Fund：SWF	8
代理問題　Agency Problems	14
半強式效率市場　Semi-strong form Efficient Market	13
可分散風險　Diversifiable Risk	12
外幣　Foreign Currency	1
平均成本法　Dollar-Cost Averaging	11
平均數－變異數　Mean-Variance：M-V	13
平準基金　Stabilization Fund	8
平滑異同移動平均線　Moving Average Convergence Divergence：MACD	10
平衡型基金　Balanced Fund	2
正向回饋交易策略　Positive Feedback Trading Strategy	14
生命週期基金　Life Cycle Fund	7
由上而下　Top Down	9
由下而上　Bottom Up	9
申購或贖回手續費　Front-end/Back-end Load	2
目標日期基金　Target Date Fund	7
目標風險基金　Target Risk Funds：TRF	7

» 6劃

交易所交易基金　Exchange Traded Funds：ETF	5
交易所交易產品　Exchange Traded Products	5

全球型基金　Global Fund　2

全球環境基金　Global Environmental Facility：GEF　7

全球總體　Global Macro　4

全權委託投資業務　Discretionary Investment Business　3

共同信託基金　Collective Trust Fund　7

共同基金　Mutual Fund　2

共變異數　Covariance　12

同時指標　Coincident Indicators　9

多因子模型　Multiple Factor Model　13

成長加收益型基金　Growth and Income Fund　2

成長型基金　Growth Fund　2

成長型產業　Growth Industry　9

成長期　Expansion Stage　9

成熟期　Maturing Stage　9

收益型基金　Income Fund　2

收購基金　Buyout Fund　8

次級趨勢　Secondary Trends　10

老虎基金　Tiger Fund　4

自利行為　Self-interest Behavior　14

行為財務學　Behavioral Financial　14

» 7劃

利率敏感產業　Interest-ensitive Industry　9

夾層投資基金　Mezzanine Fund　8

完美的效率市場　Perfectly Efficient Market　13

技術面分析　Technical Analysis　9

投資　Investment　1

投資組合　Portfolio　12

投資組合保險　Portfolio Insurance　14

投機　Speculation　1

沖銷型主權財富基金　Sterilization-oriented Fund　8

私募股權基金　Private Equity Fund：PE　8

私募基金　Privately Offered Fund　8

系統風險　Systematic Risk　12

貝他　β係數　Beta Coefficient　12

邪惡基金　Vice Fund　7

防禦型產業　Defensive Industry　9

» 8劃

乖離率　Bias　10

固定比例投資組合保險策略　Constant Proportion Portfolio Insurance：CPPI　14

固定收益型基金　Fixed Income Funds　　　　　　　　　　1

定存　Certificate Deposit　　　　　　　　　　　　　　　1

易取偏誤　Availability Heuristic　　　　　　　　　　　　14

波浪理論　The Wave Principle　　　　　　　　　　　　　10

直接投資基金　Direct investment Fund　　　　　　　　　8

知識幻覺　Illusion of Knowledge　　　　　　　　　　　　14

股票　Stocks　　　　　　　　　　　　　　　　　　　　1

股票型基金　Stock Fund　　　　　　　　　　　　　　　1,2

金融商品　Financial Assets　　　　　　　　　　　　　　1

雨傘型基金　Umbrella Fund　　　　　　　　　　　　　　6

非系統風險　Unsystematic Risk　　　　　　　　　　　　12

» 9劃

保本型基金　Guaranteed Fund　　　　　　　　　　　　　7

保本率　Principal Guaranteed Rate　　　　　　　　　　　7

保管費　Custodian Fee　　　　　　　　　　　　　　　　2

保證型基金　Principal Guaranteed Fund　　　　　　　　7

信用保證基金　Credit Guarantee Fund　　　　　　　　　8

契約型基金　Contractual Type Fund　　　　　　　　　　2

威廉氏超買超賣指標　Williams Overbought / Oversold Index：WMS　　10

封閉型基金　Closed-end Type Fund　　　　　　　　　　2

後見之明　Hindsight　　　　　　　　　　　　　　　　14

持股風格分析　Holdings Based Style Analysis：HBSA　　14

指數股票型基金　Exchange Traded Funds：ETF　　　　2

指數型基金　Index Fund　　　　　　　　　　　　　　　2

相對強弱指標　Relative Strength Index：RSI　　　　　　10

相關係數　Correlation Coefficient　　　　　　　　　　　12

美國長期資本管理公司　Long Term Capital Management：LTCM　　4

風險溢酬　Risk Premium　　　　　　　　　　　　　　　12

風險資產　Exposure　　　　　　　　　　　　　　　　　14

» 10劃

原物料基金　Materials Fund　　　　　　　　　　　　　　2

夏普指數　Sharpe Index　　　　　　　　　　　　　　　11

套利定價理論　Arbitrage Pricing Theory：APT　　　　　13

套利型基金　Arbitrage Fund　　　　　　　　　　　　　4

弱式效率市場　Weak-form Efficient Market　　　　　　　13

效率市場假說　Efficient Market Hypothesis：EMH　　　　13

效率投資組合　Efficient Portfolio　　　　　　　　　　　13

效率前緣　Efficient　　　　　　　　　　　　　　　　　13

時間不變投資組合保護策略　Time Invariant Portfolio Protection：TIPP　　14

格林威治非傳統投資公司　Greenwich Alternative Investments：GAI　　4

氣候變遷基金　Climate Change Fund　　7

消費物價指數　Consumer Price Indices：CPI　　9

特別時機基金　Opportunities Fund　　7

特殊策略型　Specialty Strategies Group　　4

能量潮指標　On Balance Volume：OBV　　10

能源基金　Energy Fund　　2

草創期　Pioneering Stage　　9

衰退期　Declining Stage　　9

退休基金　Pension Fund; Retirement Fund　　8

配息　Distribution　　2

» 11劃

動能策略　Momentum Strategy　　14

動態資產配置　Dynamic Asset Allocation　　12,14

區域型基金　Regional Fund　　2

參與率　Participation Rate　　7

國內基金　Domestic Fund　　2

國外基金　Offshore Fund　　2

基本面分析　Fundamental Analysis　　9

基本趨勢　Primary Trends　　10

專戶管理基金　Discretionary Management　　3

崔納指數　Treynor Index　　11

強式效率市場　Strong form Efficient Marke　　13

從眾行為　Herd Behavior　　14

控制幻覺　Illusion of Control　　14

晨星　Morningstar　　11

晨星投資風格箱　Morningstar Style Box　　14

晨星星等評級　Morningstar Rating　　11

淨資產價值　Net Asset Value：NAV　　2

理柏　Lipper　　11

理財規劃　Financial Planning　　1

產業基金　Sector Specific Fund　　2

票券　Bills　　1

移動平均線　Moving Averages Curve：MA　　10

組合型基金　Fund of Fund　　6

處分效應　Disposition Effect　　14

被動式管理　Passive Management Strategy　　2

貨幣市場基金　Money Market Fund　　2

» 12劃

傑森指數	Jensen Index	11
創業投資基金	Venture Capital；VC	8
單一國家型基金	Country Fund	2
單因子模型	One Factor Model	13
報酬風格分析	Return Based Style Analysis；RBSA	14
報酬風險比率	Return to Risk Ratio；R/R Ratio	11
報酬率	Returns	11
循環型產業	Cyclical Industry	9
景氣循環	Business Cycles	9
期貨	Futures	1
期貨基金	Future Fund	2
無人基金	Unmanned Fund	7
無風險報酬	Risk-free Rate	12
絕對報酬基金	Commodity Traded Advisor；CTA	7
貴金屬基金	Precious Metals Fund	2
費雪方程式	Fisher Equation	13
超額報酬	Excess Return	12
量子基金	Quantum Fund	4
開放型基金	Open-end Type Fund	2
黃金	Gold	1

» 13劃

債券	Bonds	1
債券型基金	Bond Fund	2
葛蘭碧八大法則	Joseph Granville Rules	10
資本市場線	Capital Market Line；CML	13
資本資產定價模型	Capital Asset Pricing Model；CAPM	13
資訊比率	Information Ratio；IR	11
資產配置	Asset Allocation	12,14
資產配置基金	Asset Allocation Fund	7
過度反應	Over reaction	14
過度自信	Overconfidence	14
過橋基金	Bridge Fund	8
道氏理論	The Dow Theory	10
道德基金	Ethical Fund	7
預防型主權財富基金	Preventive Fund	8

» **14劃**

實體商品	Physical Assets	1
槓桿乘數	Multiplier	14
漲跌比率	Advance Decline Line：ADR	10
管理費	Management Fee	2
精品基金	Paradigm Life Fund	7
綠色氣候基金	Green Climate Fund：GCF	7
認股權證	Warrants	1
認股權證基金	Warrant Fund	2
領先指標	Leading Indicators	9

» **15劃以上**

影子基金	Mirror Fund	6,7
標準差	Standard Deviation	11
標準普爾	Standard & Poor's：S&P	11
賭博	Gambling	1
戰略性資產配置	Strategic Asset Allocation	12
戰略型主權財富基金	Strategy-oriented Fund	8
戰術性資產配置	Tactical Asset Allocation	12
積極成長型基金	Aggressive Growth Fund	2
選擇權	Options	1
儲蓄型主權財富基金	Savings-oriented Fund	8
儲蓄型保險	Saving Deposited Insurance	1
趨向指標	Directional Movement Index：DMI	10
趨勢交易型	Directional Trading Group	4
避險型基金	Hedge Fund	4
轉換費	Transfer Fee	2
穩定型主權財富基金	Stabilization-oriented Fund	8
藝術品	Fine Arts	1
證券市場線	Security Market Line：SML	13
證券選擇	security selection	14
寶石	Gemstone	1
礦產基金	Mining Fund	2
躉售物價指數	Wholesale price Indices：WPI	9
騰落指標	Advance Decline Line：ADL	10
護本型基金	Principal Protected Fund	7
權益市場中立型	Equity Market Neutral	4
權益證券多空型	Long/Short Equity Group	4

國家圖書館出版品預行編目資料

基金管理 / 李顯儀　編著. --初版.--
　新北市：全華圖書，2016.05
　　面　；　公分
　ISBN 978-986-463-234-3(平裝)
　1. 基金管理 2. 投資
563.5　　　　　　　　　　　　105007259

基金管理

作者 / 李顯儀

發行人 / 陳本源

執行編輯 / 陳諮毓

封面設計 / 蕭暄蓉

出版者 / 全華圖書股份有限公司

郵政帳號 / 0100836-1 號

印刷者 / 宏懋打字印刷股份有限公司

圖書編號 / 08233

初版一刷 / 2016 年 05 月

定價 / 新台幣 420 元

ISBN / 978-986-463-234-3

全華圖書 / www.chwa.com.tw

全華網路書店 Open Tech / www.opentech.com.tw

若您對書籍內容、排版印刷有任何問題，歡迎來信指導 book@chwa.com.tw

臺北總公司(北區營業處)
地址：23671 新北市土城區忠義路 21 號
電話：(02) 2262-5666
傳真：(02) 6637-3695、6637-3696

中區營業處
地址：40256 臺中市南區樹義一巷 26 號
電話：(04) 2261-8485
傳真：(04) 3600-9806

南區營業處
地址：80769 高雄市三民區應安街 12 號
電話：(07) 381-1377
傳真：(07) 862-5562

歡迎加入

全華會員

● 會員獨享

會員享購書折扣、紅利積點、生日禮金、不定期優惠活動…等。

● 如何加入會員

填妥讀者回函卡直接傳真 (02) 2262-0900 或寄回，將由專人協助登入會員資料，待收到
E-MAIL 通知後即可成為會員。

如何購買 全華書籍

1. 網路購書

全華網路書店「http://www.opentech.com.tw」，加入會員購書更便利，並享有紅利積點
回饋等各式優惠。

2. 全華門市、全省書局

歡迎至全華門市（新北市土城區忠義路 21 號）或全省各大書局、連鎖書店選購。

3. 來電訂購

(1) 訂購專線：(02) 2262-5666 轉 321-324
(2) 傳真專線：(02) 6637-3696
(3) 郵局劃撥（帳號：0100836-1　戶名：全華圖書股份有限公司）
※ 購書未滿一千元者，酌收運費 70 元。

OpenTech 全華網路書店
.com.tw

全華網路書店 www.opentech.com.tw
E-mail: service@chwa.com.tw

※ 本會員制如有變更則以最新修訂制度為準，造成不便請見諒。